国家社科基金项目（18CFX081）

法天下学术文库

外空安全国际法保障研究
——以"人类命运共同体"理论为视角

WAIKONG ANQUAN GUOJIFA
BAOZHANG YANJIU
YI RENLEIMINGYUNGONGTONGTI LILUN WEI SHIJIAO

聂明岩 著

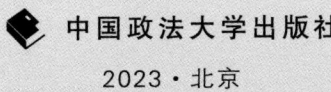

中国政法大学出版社

2023·北京

声　　明　　1. 版权所有，侵权必究。

　　　　　　2. 如有缺页、倒装问题，由出版社负责退换。

图书在版编目（ＣＩＰ）数据

外空安全国际法保障研究/聂明岩著.—北京：中国政法大学出版社，2023.5
ISBN 978-7-5764-1003-7

Ⅰ.①外… Ⅱ.①聂… Ⅲ.①空间法－研究 Ⅳ.①D999.1

中国国家版本馆 CIP 数据核字(2023)第 134046 号

出 版 者	中国政法大学出版社
地　　址	北京市海淀区西土城路 25 号
邮寄地址	北京 100088 信箱 8034 分箱　邮编 100088
网　　址	http://www.cuplpress.com (网络实名：中国政法大学出版社)
电　　话	010-58908586(编辑部) 58908334(邮购部)
编辑邮箱	zhengfadch@126.com
承　　印	固安华明印业有限公司
开　　本	720mm×960mm　　1/16
印　　张	17.25
字　　数	300 千字
版　　次	2023 年 5 月第 1 版
印　　次	2023 年 5 月第 1 次印刷
定　　价	79.00 元

前 言
PREFACE

  1957年苏联第一颗人造卫星的成功发射给美国及其盟友带来的最大担心便是对其国家安全的威胁。从这个角度看,外空安全问题在人类具备外空活动能力之初便与国家安全密切相关。随着外空技术的不断进步以及人类对外空利用的多元化和综合化,外空安全的内涵不断发生变化,国际社会也从最初的以防止外空武器化和军备竞赛(Security)为最重要关注点逐渐演变为兼顾外空活动安全与可持续发展(Safety)。而伴随人类对外空探索的深入,这一范畴又逐渐从地球静止轨道之下扩展至地月空间以及月球及其他天体。

  从法律保障层面看,以1967年《关于各国探索和利用包括月球和其他天体在内外层空间活动的原则条约》为代表的五大条约确定了开展外空活动应遵守的基本原则和规则,条约的适用范围涵盖外层空间,包括月球及其他天体。然而,囿于条约缔结时的冷战背景加之技术不断发展带来的挑战,现行国际条约体系已无法满足保障外空安全的需要。1979年《关于各国在月球及其他天体上活动的协定》的失败开启了外空国际规则的"软法"时代,"硬法"与"软法"的并存曾在一段时间内相对有效地维持了外空活动的安全和秩序,但其缺陷也非常明显。而对于月球及其他天体开发等国际规则相对缺失的领域,以美国为代表的空间强国开始试图通过制定国内法律、政策和提出单边倡议的方式塑造符合其国家利益的规则体系。这些问题都亟须对现行国际规则进行完善或制定新的多边国际规则予以解决。

  "人类命运共同体"理论是中国提出的全球治理理念,具有深刻内涵。该理论对现行国际法原则具有深化作用,对保障外空安全国际法规则的制定和完善同样具有重要的指导意义。本书以"人类命运共同体"理论为指导,针对现行保障外空安全国际法原则和规则开展论述,结合外空安全国际法保障最新发展,从基本原则和具体规则两个层面提出完善外空安全国际法的思路,同时探讨具体的实践路径，以期为实现外空安全国际法治贡献中国方案。

本书的研究框架分为四大部分，共六章，简述如下：

第一部分包括第一章，梳理界定核心概念，在分析、总结现有学术成果的基础上，对作为本书理论基础的"人类命运共同体"理论在外空安全国际法治理中的促进意义进行分析、阐释。从国际法原则、理念，实践路径以及在其他"全球公域"的进展等几个层面进行总结，阐释"人类命运共同体"理论对外空安全国际法治理的可适用性及具体进路，为后文研究奠定基础。

第二部分包括第二章，归纳现行外空法基本原则并探讨相关原则对外空安全保障的意义，同时分析其存在的缺陷与不足。

第三部分包括第三章、第四章及第五章。围绕外空安全内涵的几个层次，分别从外空武器化与军备竞赛、包含空间碎片治理等在内的外空活动安全与可持续性发展以及月球及其他天体安全开发三个角度进行总结，分析现有法律规则存在的不足及面临的挑战，同时关注这些领域法律规则的最新发展。

第四部分包括第六章，提出在"人类命运共同体"理论的指导下为实现外空安全国际法治目标，对现行外空法基本原则及保障外空安全的具体国际法规则的完善建议，并提出促进经深化和完善的原则及国际规则得到国际社会普遍认可和接受的实践路径建议。

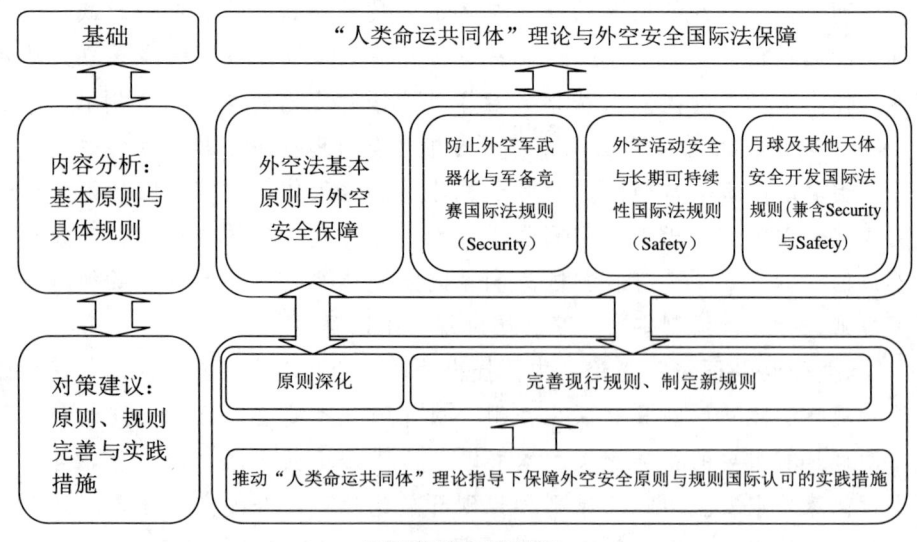

研究框架思路简图

前 言

  从人类具备外空活动能力至今，已经过去了六十余年的时间。外空早已不仅仅是空间强国争夺的战略制高点了，外空技术的应用已经影响到人类生活的方方面面，未来对于月球及其他天体资源的探索和开发则可能关系全人类的进步和可持续发展。因此，针对外空安全的保障问题应从内涵上予以全面、综合考量，从法律原则和规则的完善和制定上则应坚持全局性的共同利益观。"人类命运共同体"理论的深刻内涵为保障外空安全相关原则和规则的完善和制定提供了指引，为外空活动安全、稳定和可持续地开展以及外空命运共同体的建立创造了契机。

目录

前言 ·· 001

第一章 "人类命运共同体"理论与外空安全国际法保障概述 ········ 001
第一节 "人类命运共同体"理论与外空安全的基本内涵 ········ 002
一、"人类命运共同体"理论的内涵及外空命运共同体的提出 ········ 002
二、外空安全内涵与外空安全保障 ··· 005
第二节 "人类命运共同体"理论对国际法基本原则的塑造及制度化路径:基于现有研究成果的总结 ········ 010
一、"人类命运共同体"理论对国际法基本原则的影响 ························· 010
二、"人类命运共同体"理论制度化路径 ·· 017
第三节 "人类命运共同体"理论对外空安全国际法保障的指导意义 ········ 019
一、"人类命运共同体"理论对其他"全球公域"国际法治理的指导意义:作为外空安全国际法保障的参考 ········ 019
二、"人类命运共同体"理论在外空安全国际法治理中的贯彻 ········ 022
第四节 本章小结 ········ 023

第二章 外空法基本原则与外空安全保障 ········ 025
第一节 外空活动全人类共同利益原则 ········ 025

一、全人类共同利益原则的来源及内涵 …………………………… 026
　　二、外空活动全人类共同利益原则与外空安全保障 …………… 027
　第二节　为和平目的探索和利用外空原则 …………………………… 030
　　一、"和平目的"与"仅用于和平目的" ………………………… 030
　　二、关于"和平目的"内涵的争议 ……………………………… 032
　第三节　外空不得据为己有原则 ……………………………………… 035
　　一、外空不得据为己有原则的内涵及争议 ……………………… 035
　　二、外空不得据为己有原则与全人类共同继承财产原则 …… 036
　　三、外空不得据为己有原则与外空安全保障 …………………… 037
　第四节　外空国际合作原则 …………………………………………… 038
　　一、《外空条约》对外空国际合作原则的法律规制 …………… 039
　　二、外空合作原则的权威解释及实践 …………………………… 040
　　三、外空国际合作原则与外空安全保障 ………………………… 043
　第五节　外空可持续发展原则 ………………………………………… 044
　　一、作为国际环境法基本原则的可持续发展原则的内涵 …… 045
　　二、外空可持续发展原则与外空活动安全保障 ……………… 047
　第六节　宇航员救助原则 ……………………………………………… 048
　　一、《外空条约》与《营救协定》 ………………………………… 049
　　二、宇航员救助原则与月球及其他天体开发活动的安全保障 ……… 050
　第七节　外空活动信息公开透明原则 ………………………………… 052
　　一、外空活动信息公开透明原则的法律依据 …………………… 052
　　二、外空活动信息公开透明原则与外空安全保障 …………… 054
　第八节　和平解决外空争端原则 ……………………………………… 055
　　一、外空争端的主要类型 ………………………………………… 056
　　二、外空争端解决机制：外空安全的制度性保障 ……………… 059
　第九节　本章小结 ……………………………………………………… 062

目 录

第三章 防止外空武器化与军备竞赛的国际法规则："硬法"与"软法"的并存与协调 ………………………………… 064

第一节 防止外空武器化及军备竞赛的"硬法"规则 ……… 066
一、传统"硬法"与防止外空武器化及军备竞赛 ……………… 066
二、通过"硬法"规制外空武器化及军备竞赛的新尝试 ……… 078

第二节 "软法"规则的发展与防止外空武器化及军备竞赛 …… 087
一、以《ICoC草案》为代表的建立外空活动透明度与信任措施的"软法"规则 …………………………………………… 087
二、直接推动防止外空武器化及军备竞赛的"软法"规则 …… 093

第三节 防止外空武器化与军备竞赛国际规则制定的新发展及"硬法"与"软法"关系的协调 ……………………… 100
一、影响防止外空军备竞赛与武器化国际规则制定的新因素 …… 100
二、防止外空武器化及军备竞赛"硬法"与"软法"规则的比较及协调 ………………………………………………… 108

第四节 本章小结 ………………………………………… 115

第四章 保障外空活动安全与可持续性的国际法规则：以"软法"为主的规则模式 ……………………………………… 118

第一节 威胁外空活动安全与可持续性的因素及国际规则的发展历程 … 119
一、外空活动安全及可持续性的主要威胁因素：国际规则制定的动因 …………………………………………………… 119
二、从碎片治理规则向外空交通管理规则的发展：从单一走向综合 … 127

第二节 空间碎片减缓与主动移除法律规则 ……………… 131
一、空间碎片减缓法律规则：国际规则与国内实践 …………… 131
二、空间碎片主动移除：法律挑战及解决思路 ………………… 144

第三节 外空交通管理与外空活动长期可持续性规则 …… 150
一、外空交通管理的关键要素：技术与法律要求 ……………… 151

二、2019年《外空活动长期可持续性准则》与外空交通管理 ……… 157

三、国内外空交通管理规则和标准的实施对国际法的塑造作用：
机遇与挑战 …………………………………………………… 162

第四节 保障外空活动安全与可持续性："软法"的意义及对国际规则
未来发展的新需求 …………………………………………… 167

一、"软法"对空间碎片减缓规制的有效性 …………………… 167

二、保障外空活动安全及可持续性对国际规则发展的新需求 … 171

第五节 本章小结 ………………………………………………… 174

第五章 月球及其他天体安全开发的国际法规则：单边措施对国际规则的挑战 …… 177

第一节 月球及其他天体开发法律规则制定的新发展与争议 …… 178

一、以资源开发为主要关切的美国2015年《外空资源探索与
利用法案》 …………………………………………………… 179

二、美国月球探索和开发的综合计划：从《2020行政命令》到
《阿尔忒弥斯协定》 …………………………………………… 184

三、月球及其他天体探索开发的双轨格局形成及其对国际规则制定的
挑战 …………………………………………………………… 191

第二节 从月球资源开发到地月空间战略布局：月球及其他天体开发
完全非军事化面临的现实挑战 ……………………………… 195

一、美国对地月空间的战略布局及其对月球及其他天体安全开发的
潜在影响 ……………………………………………………… 196

二、美国地月空间战略布局对月球及其他天体完全非军事化规则的
挑战 …………………………………………………………… 201

第三节 月球及其他天体开发活动的安全（Safety）保障 ……… 205

一、《外空条约》第9条与避免外空活动有害干扰 ……………… 206

二、《阿尔忒弥斯协定》与安全区制度建立 …………………… 207

第四节 月球及其他天体安全开发国际规则的制定：单边措施的影响及未来选择 ………………………………………………………… 214
　一、单边措施对月球及其他天体安全开发国际法规则制定的影响 … 214
　二、月球及其他天体安全开发多边国际规则：作为未来选择的可行性 ……………………………………………………………… 218
第五节 本章小结 …………………………………………………… 221

第六章 "人类命运共同体"理论指导下外空安全国际法完善路径建议 …………………………………………………………… 223

第一节 "人类命运共同体"理论指导下外空法基本原则的完善 …… 223
　一、以"人类命运共同体"理论完善外空法基本原则的基本遵循 … 223
　二、"人类命运共同体"理论指导下完善外空法基本原则的思路 … 226
第二节 保障外空安全国际法规则的完善思路 ……………………… 234
　一、以《PPWT草案》为基础推动建立"硬法"与"软法"相结合的外空军控国际规则 ……………………………………………… 234
　二、以完善"软法"规则为契机推动制定外空交通管理规则 …… 241
　三、促成《阿尔忒弥斯协定》框架下活动与中、俄月球科研站项目在安全保障规则上的合作以推动国际规则制定 ……………… 247
第三节 推动"人类命运共同体"理论指导下保障外空安全原则与规则国际认可的实践措施 ………………………………… 251
　一、以政府间和非政府间国际组织为平台推动国际社会对"人类命运共同体"理念的认可 ………………………………………… 252
　二、通过我国发起的外空国际合作组织与项目践行"人类命运共同体"理念 ……………………………………………………… 254
第四节 本章小结 …………………………………………………… 257

结　论 ……………………………………………………………… 260
后　记 ……………………………………………………………… 263

第一章
"人类命运共同体"理论与外空安全国际法保障概述

自"人类命运共同体"理论[1]提出后,在我国理论界受到了相当的重视,研究成果汗牛充栋。[2]研究者主要从"人类命运共同体"的内涵、渊源、"人类命运共同体"理念的实现路径、中国开展构建"人类命运共同体"的具体实践以及构建"人类命运共同体"的可行性措施等诸多角度做了系统梳理和综合性分析。即便是对于"人类命运共同体"是"价值共同体"还是"实体共同体"的界定问题也还存在争论,[3]但从总体研究情况看,国内学术界已经初步形成了对于"人类命运共同体"理论和构建"人类命运共同体"的不同角度的研究。当然,二者之间存在着相当程度的交叉与融合。

本书以国际法一般原则为基础,以外空法基本原则、规则为直接依据,以"人类命运共同体"理论为指导思想分析完善保障外空安全国际规则的措施,同时探讨将该理论具体适用至外空安全治理问题之中的实现路径,推动建立外空命运共同体。学术界虽然针对"人类命运共同体"概念的理解达成

---

[1] 学术界对"人类命运共同体"的表述存在"理论""理念""思想"等差异,本书以"人类命运共同体"为理论基础,因此采用"理论"这一表述,但是在全书中,将依据分析讨论内容的不同背景以及不同研究者和文件表述予以分别使用,不做特别区分。

[2] 关于"人类命运共同体"理论的国内外研究,诸多学者做过专门的统计分析。自2013年起至今,以"人类命运共同体"为关键词的研究成果逐年增加,研究成果最多的年份突破了1000篇。针对"人类命运共同体"研究本身的综述和研究也逐渐增多。相关统计研究例如杨抗抗:"'人类命运共同体'研究:文献回顾与进路展望",载《重庆邮电大学学报(社会科学版)》2020年第3期,第1~8页;陶鑫杰、路丙辉:"'人类命运共同体'研究:现状、热点与展望——基于对CNKI核心期刊的文献计量分析",载《西安电子科技大学学报(社会科学版)》2020年第3期,第87~94页;秦龙、刘培功:"'人类命运共同体'研究的现状、热点与演化路径——基于CiteSpace可视化工具知识图谱分析的研究视角",载《河南社会科学》2020年第4期,第28~38页。

[3] 有关"价值共同体"与"实体共同体"的争议和讨论,参见本章下文第一节中有关"人类命运共同体"内涵的分析。

了越来越多的共识但仍旧存在认识分歧，[1]因此需要予以进一步界定。而本书的研究对象，即"外空安全"，其确切含义也随着外空活动的不断发展而有所变化。因此，本章首先对所涉重要概念予以界定，为后续讨论奠定基础。其次，在现有研究的基础上，总结"人类命运共同体"的理论内涵对国际法原则、理念的深化作用以及"人类命运共同体"理论的制度化路径。最后，在对比分析"人类命运共同体"理论对规制其他"全球公域"国际法部门的指导意义的基础上，探讨"人类命运共同体"理论对外空国际治理尤其是外空安全国际法治理的重要意义。

第一节 "人类命运共同体"理论与外空安全的基本内涵

一、"人类命运共同体"理论的内涵及外空命运共同体的提出

（一）"人类命运共同体"理论的基本内涵

"人类命运共同体"理论的内涵丰富、深刻，在不同领域表现出不同的指导意义和思路。所以，对其内涵进行全面的概括有很大难度。本部分仅从宏观角度作初步概括，为后文的讨论框定基本范围。之后的章节针对"人类命运共同体"理论对国际法原则、规则，外空法原则、规范以及外空安全治理的指导意义的分析同样会涉及对该理论内涵的展开和探讨。

有学者对"人类命运共同体"进行了细化和拆分，分别从利益共同体、情感共同体、命运共同体等角度阐释其内涵，并将最终落脚点依归至政治共同体。[2]这一观点将"人类命运共同体"理论的内涵在价值上拆解为利益、情感、命运几个层次，其最终目标是构建一个政治共同体，而这个政治共同体可以被理解为实体的共同体。[3]那么，值得思考的问题便是，"人类命运共同体"是否可以作为实体共同体予以建构？此外，研究者虽然对这一理念进行

---

[1] 关于"人类命运共同体"理念研究分歧的总结，可以参见张相君、魏寒冰："人类命运共同体理念的国内研究述评：共识、分歧与展望"，载《北京化工大学学报（社会科学版）》2020年第4期，第1~9页。

[2] 康健："从利益共同体到命运共同体"，载《北京大学学报（哲学社会科学版）》2018年第6期，第5~10页。

[3] 对"实体共同体"概念的详尽阐述，可参见周安平："人类命运共同体概念探讨"，载《法学评论》2018年第4期，第23~24页。

了拆分，但是仅从该理念包含的相关内涵出发进行展开，并未直接涉及"人类命运共同体"这一术语的概念。如果单纯从这一术语出发的话，可以发现，"人类命运共同体"是主体与内容结合的一种结构，主体是人类，内容是命运。[1]

"人类命运共同体"是最大的人类共同体，全人类都居于一个超级共同体之中。从这个层面看，以主权国家为主体，且以实现政治利益为主要目的而建立的政治共同体仍旧着眼于推动实现国家的全球正义，而不是人类的全球正义。正如研究者所指出的："人类命运共同体着眼于全人类全球正义，本质上削弱了国家主权的绝对性和排他性。"[2]从该术语内容角度看，命运二字意味着全人类对于彼此同呼吸、共命运的价值共识。第二次世界大战之后联合国建立，在相当程度上保障了世界的和平与安全，实质上已经表明人类社会具备了一定程度的价值共识。换言之，"人类命运共同体"作为价值共同体已经存在了，实体共同体尚不存在，[3]在以国家为主体的全球治理结构中，短期内无法构建实体"人类命运共同体"。

"人类命运共同体"理念作为习近平新时代中国特色社会主义思想的重要内容，[4]是我国贡献给全球治理的重要理论，其重要意义在于进一步细化和推动了全球正义的内涵，在科技日益发达、全球交往日益密切的背景下积极推动拓展更高程度的全球共识，是价值共同体。[5]本书采用"人类命运共同体"理论（理念）的表述方式，其目的便在于从价值共同体角度出发，探讨该理论（理念）对国际法原则的深化意义，同时关注推动实现深化、完善国际法原则和规则的路径。当然，即便诸多研究者的文章采用了"构建"命运共同体或"人类命运共同体"的说法，但大多数分析仍以"理论"的指导意

---

[1] 周安平："人类命运共同体概念探讨"，载《法学评论》2018年第4期，第18页。

[2] 参见周安平："人类命运共同体概念探讨"，载《法学评论》2018年第4期，第19、27~28页。

[3] 对于"人类命运共同体"实体共同体的构建的想法应谨慎提出，不然很容易引起国际社会关于中国试图重建"天下秩序"，取代现有国际组织，建设中国主导的新的全球组织的担忧。显然，这并非"人类命运共同体"理念的本意。相关分析参见杨永红："防止对人类命运共同体理念的曲解"，载http://www.xinhuanet.com/world/2018-02/23/c_129814891.htm，最后访问日期：2022年4月1日。

[4] 习近平：《决胜全面建成小康社会 夺取新时代中国特色社会主义的伟大胜利——在中国共产党第十九次全国代表大会上的报告》，人民出版社2017年版，第25页。

[5] 周安平："人类命运共同体概念探讨"，载《法学评论》2018年第4期，第23~24页。

义为切入点探讨其对现行法律原则、规则、制度和机制的完善和改进。

(二) 外空的"全球公域"性质与外空命运共同体

被称为"外空宪章"[1]的1967年《外空条约》[2]规定了开展外空活动应遵守多个基本法律原则。例如:"外空活动全人类共同利益"原则、"外空不得据为己有"原则以及"外空国际合作"原则等。[3]这些基本原则的提出确定了外层空间"全球公域"(Global Commons)的性质。[4]换言之,任何国家对于外层空间均不享有主权,世界各国享有外层空间自由探索和利用的权利,[5]但同时也要尊重其他国家在外层空间的合法利益。而从具体实践层面看,技术发展程度不同的国家对外空利用的利益诉求并不十分一致,有时甚至可能因此产生冲突。但从宏观角度看,保障外层空间的安全,维护外空活动的长期和可持续发展已经在世界各国之间形成了一定的价值共识。"人类命运共同体"是中国贡献给全球治理的重要思想理念,蕴含深刻的推动全球正义的内涵,这在外层空间这一"全球公域"的治理中,尤其是已经形成一定价值共识的外空安全治理中具有重要的指导意义。

2022年1月28日,国务院新闻办公室发布了《2021中国的航天》白皮

---

[1] See Qizhi He, "The Outer Space Treaty in Perspective", 25 *Journal of Space Law* 93, pp. 93~100 (1997).

[2] 即《关于各国探索和利用包括月球和其他天体在内外层空间活动的原则条约》,联合国大会1966年12月19日第2222(XXI)号决议通过,1967年1月27日在伦敦、莫斯科和华盛顿特区开放供签署,1967年10月10日生效,为行文方便,以下简称《外空条约》。

[3] 关于此处所列举的几项外空法基本原则的具体分析,可以参见本书第二章(第一节、第三节、第四节)的分析。

[4] 1967年《外空条约》的相关规定对于外层空间"全球公域"的性质进行了较为明确的确认,不过美国前总统特朗普于2020年4月6日发布的行政命令(Donald J. Trump, "Executive Order 13914—Encouraging International Support for the Recovery and Use of Space Resources", 6 April, 2020, https://www.presidency.ucsb.edu/documents/executive-order-13914-encouraging-international-support-for-the-recovery-and-use-space)明确提出外层空间对于人类活动具有法律和物理的特殊性,美国并不将之视为"全球公域"。对此,学术界产生了较为明显的分歧,See Anja Nakarada Pečujlić, "Outer Space As a Global Common", 28 September, 2021, https://www.cirsd.org/en/expert-analysis/outer-space-as-a-global-common; John S. Goehring, "Why Isn't Outer Space a Global Commons?", 11 *Journal of National Security Law & Policy*, pp. 573, 573~590 (2021). 虽然这项行政命令主旨在于推动其本国相关实体对于天体资源的开发和利用,但是对外空性质的此种界定对于外空安全(Space Security)国际法规则的制定亦有深远影响。对于美国相关国内法和政策的具体分析,可以参见本书第五章第一节的内容。

[5] 《外空条约》第1条、第2款。

书（《2021白皮书》）[1]，为我国未来五年外空活动的发展确定了基本原则和思路。继"人类命运共同体"理念被多项与外空活动及外空安全相关的联合国大会决议纳入之后，[2]《2021白皮书》首次确定了在外空领域构建"人类命运共同体"的思路，为外空命运共同体的构建勾勒了基本框架。[3]

《2021白皮书》的前言指出未来五年我国航天活动的发展目标包括："……为服务国家发展大局、在外空领域构建'人类命运共同体'、促进人类文明进步作出更大贡献。"在正文第一部分，作为开启全面航天强国新征程的发展宗旨，《2021白皮书》指出："应和平利用外层空间，维护外空安全，在外空领域推动构建'人类命运共同体'，造福全人类。"同样是在第一部分，为阐释合作共享的发展原则，《2021白皮书》再次提到在外空领域推动构建"人类命运共同体"。在结束语部分，《2021白皮书》提到在新的历史起点上，中国要推进航天强国建设，秉持"人类命运共同体"理念，参与外空全球治理与合作，维护外空安全，促进外空活动长期可持续发展。

从《2021白皮书》的阐释看，在外空领域构建"人类命运共同体"的内涵在于秉持"人类命运共同体"理念，推动外空全球治理的发展，从而实现外空安全与外空活动长期可持续发展。作为具体推进措施，白皮书重点提及了合作共享原则，但事实上，还有诸多其他措施贯穿在白皮书全文的各个部分。

二、外空安全内涵与外空安全保障

（一）外空安全的传统内涵

界定外空安全的内涵颇为困难，因为外空活动涵盖的范围十分宽泛，况且安全本身便是一个很难界定的术语。1967年《外空条约》直接使用"安全"这一术语的条款只有第3条一个条款。其规定如下："各缔约国在进行探

---

[1] 中华人民共和国国务院新闻办公室："2021中国的航天"，载http://www.scio.gov.cn/ztk/dtzt/47678/47826/index.htm，最后访问日期：2022年4月1日。

[2] 2017年底召开的第72届联合国大会，通过《止外空军备竞赛进一步切实措施》和《不首先在外空放置武器》两份决议，纳入了"人类命运共同体"理念，并获大会表决通过，这是人类命运共同体理念第一次被写入联大安全决议。对两份决议的具体分析参见本书第三章第二节。

[3] 我国外交部发言人早在2018年6月便提到过构建外空命运共同体的概念，相关内容可以参见"中方：愿为实现外空命运共同体愿景作出新的更大贡献"，载https://www.chinanews.com.cn/gn/2018/06-21/8543242.shtml，最后访问日期：2022年4月1日。

索和利用外层空间（包括月球和其他天体）的各种活动方面，应遵守国际法和《联合国宪章》，以维护国际和平与安全，促进国际合作和了解。"

从表述上看，这一条规定的主要目的是确定包括《联合国宪章》在内的国际法规则在外层空间的可适用性，其中所提到的安全是指国际整体的和平与安全。而《外空条约》制定于冷战背景下，又决定了其在很大程度上反映了彼时国际社会对于避免外空军备竞赛以及推动外层空间和平利用的强烈要求。[1]《外空条约》的制定拉开了通过国际规则保障外层空间和平利用的序幕，外层空间的军事利用本身与外空安全密切相关，但在《外空条约》中，外空安全这一术语并未被单独提及。

随着外空活动的不断发展，国际社会对于外空安全的认识愈加清晰。有研究者将外空安全的概念界定为："安全与可持续的进入、使用外层空间，且免受空基武器的威胁。"[2]也有学者将之表述为："外空资产免受不合理的人为和自然干扰的状态。"[3]两个概念中，前者包含了安全进入外层空间和使用外层空间以及避免在外空部署武器三个层面的意思，对于在外空部署武器行为是否涵盖外空武器化的全部内容，概念未作说明。后者则主要针对外空资产的安全使用展开，而对于破坏安全的来源，则分为人为和自然两类，但对于这类行为的具体内涵未作明确区分。

2015年7月1日，我国《国家安全法》正式通过。[4]该法第32条对于外空安全保障的规定如下："国家坚持和平探索和利用外层空间……增强安全进出、科学考察、开发利用的能力，加强国际合作，维护我国在外层空间……的活动、资产和其他利益的安全。"从《国家安全法》本条规定来看，我国确定的外空安全的概念囊括了上述两个概念的基本内涵，同时提及了进入、使用外层空间以及外空资产安全，还兼顾了其他可能的利益，但是对于可能威胁或不当干扰外空安全的因素同样未作展开说明。

---

[1] See Ivan A. Vlasic, "The Space Treaty: A Preliminary Evaluation", 55 *California Law Review*, pp. 507, 513~515 (1967).

[2] Ruwantissa Abeyratne, *Space Security Law*, Springer, 2011, p. 15.

[3] Nina-Louisa Remuss, "Space and Security", in Christian Bruenner, Alexander Soucek (eds.), *Outer Space in Society, Politics and Law*, Springer, 2011, p. 519.

[4]《中华人民共和国国家安全法》，2015年7月1日第十二届全国人民代表大会常务委员会第十五次会议通过，为表述方便，本书所引之中华人民共和国法律，统一省去"中华人民共和国"字样，后不赘述。

从外空活动发展及外空规则制定历程看,最初国际社会最为关注的威胁外空安全的因素是空间强国之间开展外空军备竞赛以及在外层空间包括月球及其他天体部署武器的行为。[1]而随着外空技术不断被应用至越来越多的民用领域,国际社会最初对于外空武器化和军备竞赛的关注逐渐转移至更为具象化的外空资产保护之上。而在和平与发展成为时代主题的大背景下,国际社会也逐渐意识到,比外空军备竞赛和外空武器更为现实的构成对外空资产安全威胁的因素是外空环境的人为破坏,其中最重要的表现是空间碎片的逐渐增加以及空间轨道的日益拥堵使外空物体碰撞风险增大。[2]人类社会寻求安全和可持续地进入和使用外层空间,就必须面对上述威胁外空使用和外空资产安全的因素,而上述因素也自然变成了"外空安全"的应有内涵。[3]

(二)外空安全内涵的最新拓展

1957年苏联第一颗人造卫星发射成功后,对于美国及其盟友而言,更多的是惧怕来自外层空间的某个角落的攻击。[4]这在本质上表明当时的空间强国对于外空安全的担忧实则是源于对破坏地球上的和平与安全的考量,贯穿

---

[1] 关于防止外空武器化及军备竞赛国际法规则的相关问题,参见本书第三章的内容。

[2] 关于外空资产保护、外空活动安全及外空长期可持续性发展国际法规则的具体分析,参见本书第四章第二、三节的内容。

[3] 在学术界关于外空安全的诸多讨论研究中,重点关注的两个层面即为外空武器化与军备竞赛以及空间碎片治理问题。但是,在英语学术界,对于"外空安全"一词的表述存在"Space Security"和"Space Safety"的区分。有学者认为"Space Security"的具体含义经历了几个发展阶段,在不同阶段中其含义的外延也不甚相同。传统意义上(冷战期间),"Space Security"与军事术语紧密相连,更加关注不同利益团体之间的战略平衡;冷战结束之后,"Space Security"的含义则逐渐涵盖了外层空间军事利用和外层空间环境保护两个方面的内容;时至今日,"Space Security"的内涵包括外层空间军事利用以及防务、空间资产面临的人为的以及来自外空的自然的安全威胁以及来自外层空间本身的对于安全的威胁。See Michael Sheehan,"Defining Space Security", in Kai-Uwe Schrogl(eds.), *Handbook of Space Security: Policies, Applications and Programs*, Springer 2015, pp. 10~21. 而关于"Space Safety"的内涵,有学者从狭义角度进行定义,认为其包括空间碎片的防控、空间态势感知以及国际外空交通规则等方面的内容,See Joseph N. Pelton, Ram S. Jakhu, "Introduction to Space Safety Regulations and Standards", in Joseph N. Pelton, Ram S. Jakhu(eds.), *Space Safety Regulations and Standards*, Elsevier Publisher 2010, pp. xli-xxii. 总体而言,英文学术界中的"Space Security"一词的用法更多地倾向于涉及外空武器化与军备竞赛内容的"外空安保"范畴,"Space Safety"则更加倾向于保障民用空间活动长期可持续发展。本书对于"Space Security"和"Space Safety"的概念在全文表述中不做特别区分,以"安全"一词指代,具体国际规则和文件涉及内容有特别指向性或规则自身采用某特殊说法抑或论述中需要突出"安全"的不同层次含义时,则以英文表述特别标注。

[4] Joanne Irene Gabrynowicz, "One Half Century and Counting: The Evolution of U. S. National Space Law and Three Long-Term Emerging Issues", 4 *Harvard Law & Policy Review*, pp. 405, 406(2010).

1967年《外空条约》的原则和理念也主要是对这种担忧的回应。直至外空资产自身的价值及其所涉的重大利益受到重视，外空安全的内涵才逐渐转变。然而，时至今日，人类的外空活动已经发生了变化，这些变化再一次要求国际社会重新思考外空安全的内涵。

从法律规定上看，以1967年的《外空条约》为代表的条约体系的规制对象包括了外层空间、月球及其他天体，1979年《月球协定》[1]更是直接针对月球及其他天体的专门规则。但事实上，在条约通过之后相当长的一段时间里，月球及其他天体的开发并非国际社会关注的重点，世界各国将目光聚焦在了地球静止轨道以下的空间范围，对于外空安全保障的理解也以此空间范围为重点。对于月球及其他天体的开发探索虽也有相关实践，但并未成为外空活动的主流。因此，条约存在的相关问题并未对外空活动造成较大阻碍。而随着空间技术的不断进步，越来越多的国家开始具备月球及其他天体探索、开发的能力，对于月球及其他天体资源的利用也逐渐变得可能。在此背景下，现行条约存在的缺失便可能成为威胁未来月球及其他天体开发活动安全的诱因。以美国为代表的空间强国开始以国内立法和政策等单边措施保障其本国在此领域活动的安全，并提出了针对从地球静止轨道之上直至月球的这一广阔的地月空间的战略设想。[2]这种单方面对人类社会在外层空间的活动进行空间上分层的做法自身并不会改变外空安全内涵，在月球及其他天体开展的活动仍旧需要考虑与防止武器化和军备竞赛相关的"Security"层面以及在月球及其他天体开展活动的可持续性的"Safety"层面。然而，这种通过国内法律、政策和相关措施推动的地月空间战略以及月球及其他天体开发的思路本质上摆脱了现行国际规则的束缚，对原本就不健全的保障外空安全的国际规则体系造成了极大挑战，而地月空间与月球及其他天体自身的特殊性也决定了现行专注于地球静止轨道之下的相关国际规则无法被直接适用至这一领域，因月球及其他天体开发而带来的相关问题应被视为外空安全的内涵最新拓展并予以特别关注。

（三）影响外空安全保障的最新因素

影响外空安全保障的因素与外空安全的内涵密切相关，伴随影响外空安全保障因素的不断复杂化，外空安全内涵也在不断发展，而这些因素都将对

---

[1]《关于各国在月球及其他天体上活动的协定》（以下简称《月球协定》）。
[2] 具体分析可参见本书第五章第二节。

国际规则的制定和实施产生影响。详言之：

（1）从参与主体角度看，私人实体为主要参与者的外空商业活动开始遍及外空活动的各个领域，私人实体对于安全、稳定法律环境的需求刺激国家采取相应的措施。外空商业活动并非新兴事物，国际社会很早便开始针对外空商业化所涉的领域以及法律方面的相关问题开展详尽讨论，[1]而开展外空商业活动的主体则以非政府实体为主。早在1997年，私人实体外空活动营收便超过了政府主导的外空活动，并且私营部门的空间活动在全球占比逐渐增加。[2]随着以美国太空探索技术公司（Space X）为代表的诸多私营企业不断取得外空技术上的突破，国际社会逐渐意识到，私人实体主导的外空商业活动已经逐渐成为一个新的外空竞赛领域。[3]而正是为了满足私人实体外空商业活动的新需求，以美国为代表的相关国家才开始逐渐突破现有国际规则体系，推出单边国内措施。可以想见，对于私人实体利益的保护将是未来完善外空安全法律保障措施过程中的重要影响因素。

（2）国内立法及相关单边倡议逐渐挑战现行保障外空安全的国际规则体系，甚至可能主导未来规则的制定。一方面，现行以国家为主要规制对象的国际空间法规则无法适应私人实体主导的商业活动的新发展；另一方面，自1979年《月球协定》失败之后，新的国际条约难产，外层空间法的发展逐渐走向"外空软法"和"国内立法"阶段。[4]此外，现行条约自身规定的模糊和原则性为相关国家通过国内立法（包括单边倡议）推动外空新领域的立法留下了巨大空间。其中具有典型意义的事例包括2015年美国通过制定《外空资源探索与利用法案》为私人实体进行小行星矿产资源开采提供了法律依据。[5]另外一个典型事例则是美国国家航空航天局（NASA）于2020年发布的《阿尔忒弥斯协

---

[1] See Boeckstiegel Karl-Heinz (ed.), "Project 2001"-Legal Framework for the Commercial Use of Outer Space: Recommendations and Conclusions to Develop the Present State of the Law, Carl Heymanns, 2002.

[2] J. A. Vedda, "Space Commerce", in: E. Ssadeh (ed.), Space Politics and Policy: An Evolutionary Perspective, Kluwer Academic Publishers, 2002, pp. 201~227.

[3] 相关论述可以参见［美］蒂姆·费恩霍茨：《新太空竞赛》，杨依译，中信出版社2020年版，第174~194页。

[4] 关于外空活动国际法规则发展阶段的具体分析，参见本书第五章第四节的内容。

[5]《美国2015年外空资源探索与利用法案》的具体内容，See "U. S. Commercial Space Launch Competitiveness Act-Title Ⅳ: Space Resource Exploration and Utilization", 114-90 (11/25/2015). 有关该法案的具体分析参见本书第五章第一节。

定》[1]，该协定提出了探索、研究和商业利用月球及其他天体的几项基本原则，目前已经有若干国家表示同意参与美国的这一倡议。无论是2015年的《外空资源探索与利用法案》还是2020年的《阿尔忒弥斯协定》都对外空天体资源的合理开发提出了挑战，美国通过单边国内立法和国内倡议的方式制定的规则和协定可能引发世界各国对月球及其他天体资源的争夺，从而引发冲突、威胁外空安全。

综上所述，从内涵角度看，本书兼顾传统意义上的防止外空军备竞赛及武器化，保障外空活动安全及长期可持续发展以及由月球及其他天体开发引起的对地月空间的最新战略考量和月球及其他天体开发活动的安全保障。从影响外空安全保障的因素角度看，无论是外空活动商业化、外空活动参与主体多元化还是单边措施的挑战都不仅仅影响月球及其他天体开发这一新领域，对传统外空安全保障尤其是相关国际规则的制定和实施也有极大影响。

第二节 "人类命运共同体"理论对国际法基本原则的塑造及制度化路径：基于现有研究成果的总结

外空法是国际法的一个部门，包括《联合国宪章》在内的国际法原则和规则同样适用于外空活动。[2]而作为新的全球治理理论，"人类命运共同体"理论对现行国际法基本原则具有重要的推动和深化作用，这对于外空活动开展及外空安全保障同样具有重要意义。现代国际法因循从法"理念"到法"制度"的制度化路径，[3]依照这一思路，在总结现有研究的基础上，本节重点关注如下问题：其一，"人类命运共同体"理论对国际法基本原则和理念的影响；其二，"人类命运共同体"理论的制度化路径。

一、"人类命运共同体"理论对国际法基本原则的影响

关于"人类命运共同体"的理论内涵，学者们的观点集中在全球治理方

---

[1] 关于《阿尔忒弥斯协定》的具体内容，See "The Artemis Accords: Principles for a Safe, Peaceful, and Prosperous Future", NASA, 15 May, 2020, https://www.nasa.gov/specials/artemis-accords/index.html. 具体分析参见本书第五章第一节。

[2] 《外空条约》第3条。

[3] 张乃根："试论人类命运共同体制度化及其国际法原则"，载中国国际法学会主办：《中国国际法年刊（2019）》，法律出版社2020年版，第3~5页。

案、世界秩序规范、人类共同价值、国际法治概念、大国外交方略和对外话语体系等几个方面。[1]从这些角度看,"人类命运共同体"理论涵盖了国际法、国际关系和国际政治等多个领域。总体而言,"人类命运共同体"理念作为全球治理方案和世界秩序规范的重要表现形式便是国际法,作为共同价值和国际法治概念更要以国际法为载体,作为外交方略和对话体系则应以国际法规则为基本遵循。从理论内涵角度看,全球治理与世界秩序方案、人类共同价值与国际法治、大国外交方略与对外话语体系三组表达各异的概念之间其实很难作出非常明确的区分,且三组概念相互之间也存在着诸多交叉和融合,不同专业的研究者侧重的角度不同,因此对于相关概念的用法也存在差异。对此,本节不作具体划分,重点关注"人类命运共同体"理论对国际法的基本原则和理念的影响。

1648年结束30年战争的威斯特伐利亚和会及为此签订的威斯特伐利亚系列和约从国际法实践上奠定了近代国际法发展的基础。[2]然而,学术界一直存在的有关"国际法是不是真正的法"的讨论,[3]从另一个侧面揭示了国际法的重要特征。国际社会并不存在如国内那般的强制执行、实施法律的机构,国际法的效力自始受到质疑。故而,国际法规则的遵守和实施更多地依赖国际社会对国际法的基本理念和基本原则的普遍认同。而针对现行国际法,有研究者从发展的源头角度提出威斯特伐利亚系列和约是西方国家为分割世界、主宰世界而为之,本身蕴含了西方文明的价值标准,战后国际关系的快速变迁进一步要求国际法理念的变革。[4]有学者将之概括为,狭隘的国际法观导致治理模式的失灵、片面的国际法治目标价值导致治理手段失灵、滞后的

---

[1] 参见李丹、李凌羽:"构建人类命运共同体的理论内涵与实践路径研究评析",载《理论月刊》2020年第1期,第22~25页。

[2] 对于威斯特伐利亚系列条约对近代国际法影响的详细分析,可以参见李明倩:《〈威斯特伐利亚和约〉与近代国际法》,商务印书馆2017年版,第215~254页。

[3] 对国际法是不是真正的法的讨论并不少见,See Abdul Hamid Kwarteng, "Is International Law Really Law?", 5 Asian Research Journal of Arts & Social Sciences 1, pp. 1~9 (2018); Constantine J. Petallides, "International Law Reconsidered: Is International Law Actually Law?", Inquiries Journal: Social Sciences, Art and Humanities http://www.inquiriesjournal.com/articles/715/2/international-law-reconsidered-is-international-law-actually-law.

[4] 马忠法、葛淼:"论'和'文化语境下的国际法治建设",载《河北法学》2020年第1期,第6~11页。

国际法规则导致治理工具的失灵。[1]国际法的内在缺陷要求国际社会适时重新审视国际法的基本理念和基本原则，走出大国政治、强权政治和零和博弈的阴影，[2]逐步推动构建新的国际法律共同体，[3]以应对国际社会新的发展需求。"人类命运共同体"理论所蕴含的治理观、人权观、发展观、责任观[4]为国际法理念和原则的进一步发展提供了新的思路和可能性。

总体而言，"人类命运共同体"理论一方面在很大程度上承继了现代国际法已经确定的基本理念和基本原则，另一方面对之有所深化、整合与升华，[5]并可能在此基础上推动形成新的国际法基本原则。有学者在梳理"人类命运共同体"理论蕴含国际法意蕴的发展过程时，提出其传承并延续了"和平共处五项原则"，[6]而"和平共处五项原则"本身便是中国对国际法基本原则的形成所做的贡献，是当代国际法认可的基本原则的组成部分。此外，大多数学者则是在"人类命运共同体"理论自身蕴含的五项原则的基础上探讨其

---

〔1〕 李寿平："人类命运共同体理念引领国际法治变革：逻辑证成与现实路径"，载《法商研究》2020年第1期，第45～47页。

〔2〕 学者指出，国际法的历史一直贯穿着两条主线：其一是大国权力政治不断沿"恶法亦法"的逻辑塑造实证法；其二是自然法以普遍性适用于国际关系及其行为主体国家。参见江河："从大国政治到国际法治：以国际软法为视角"，载《政法论坛》2020年第1期，第47～48页。另有学者指出，欧洲中心主义塑造的国际法推行的"文明标准"本身是西方国家推行强权政治，垄断"文明标准"鉴定权的表现，参见韩逸畴："从欧洲中心主义到全球文明——国际法中'文明标准'概念的起源、流变与现代性反思"，载《清华大学学报（哲学社会科学版）》2020年第5期，第7～9页。

〔3〕 关于国际法律共同体构建的相关论述，参见肖永平："论迈向人类命运共同体的国际法律共同体建设"，载《武汉大学学报（哲学社会科学版）》2019年第1期，第135～141页。

〔4〕 对此的相关论述，参见杨泽伟："新时代中国国际法观论"，载《武汉科技大学学报（社会科学版）》2020年第5期，第470～473页。

〔5〕 杜焕芳、李贤森："人类命运共同体思想引领下的国际法解释：态度、立场与维度"，载《法制与社会发展》2019年第2期，第171页。

〔6〕 例如，有学者指出，人类命运共同体思想，在国际法上包含了"和平共处五项原则"，参见"人类命运共同体与国际法"课题组："人类命运共同体的国际法构建"，载《武大国际法评论》2019年第1期，第9页。另有学者提出："构建人类命运共同体具有制度化特征的五项国际法原则，是在'百年未有之大变局'的新形势下对中国倡导的和平共处五项原则之传承和发展，即从侧重于新中国双边外交的和平共处五项原则，发展到如今基于多边外交和着眼于改进全球治理体系的人类命运共同体五项原则。"参见张乃根："试论人类命运共同体制度化及其国际法原则"，载中国国际法学会主办：《中国国际法年刊（2019）》，法律出版社2020年版，第25页。另有学者指出："和平共处五项原则与构建人类命运共同体是有机联系的整体。两者均具有法律和政策效力，共同构成完整的中国世界观。"参见柳华文："推动构建人类命运共同体：法律化及其落实"，载《厦门大学学报（哲学社会科学版）》2019年第6期，第34～35页。

对国际法基本原则的继承和发展,即持久和平、普遍安全、共同繁荣、开放包容和清洁美丽原则。[1]现行的被普遍接受的国际法基本原则主要源于《联合国宪章》[2]及《国际法原则宣言》[3]等国际文件的界定,其中《国际法原则宣言》于1970年以联合国大会全体一致的方式通过,在国际社会上首次以联合国大会宣言的方式列举并确认了国际法基本原则,[4]即:禁止以武力相威胁或使用武力、和平解决国际争端、不干涉内政、国际合作、民族自决、国家主权平等以及善意履行国际义务原则。[5]"人类命运共同体"理论蕴含的国际法基本原则对上述原则的承继和深化可以被概括为如下几个方面:

(1) 持久和平原则。从威斯特伐利亚和约体系到《联合国宪章》,宗旨均是维护和平。[6]总的看来,持久和平原则与禁止以武力威胁或使用武力以及和平解决国际争端国际法原则相契合,[7]是实现"人类命运共同体"的基石,[8]但持久和平的实现又依赖于各国的独立平等,[9]这其实与不干涉内政

---

[1] 针对"人类命运共同体"理念蕴含的这五项原则(或其中某项原则)开展研究的学术成果众多。相关成果例如张乃根:"试论人类命运共同体制度化及其国际法原则",载中国国际法学会主办:《中国国际法年刊(2019)》,法律出版社2020年版,第16~25页;马忠法:"构建人类命运共同体理念的演进及其蕴含的国际法思想",载《辽宁师范大学学报(社会科学版)》2020年第4期,第6~10页;马忠法:"论构建人类命运共同体的国际法治创新",载《厦门大学学报(哲学社会科学版)》2019年第6期,第26~29页;李猛:"全球治理变革视角下人类命运共同体理念的国际法渊源及其法治化路径研究",载《社会科学研究》2019年第4期,第72~74页;"人类命运共同体与国际法"课题组:"人类命运共同体的国际法构建",载《武大国际法评论》2019年第1期,第15~24页;宋乐静:"人类命运共同体制度化建设的国际法保障及其作用研究",载《理论月刊》2020年第10期,第119~121页。

[2] 参见《联合国宪章》第2条。

[3] 《关于各国依联合国宪章建立友好关系及合作之国际法原则之宣言》,A/RES/2625(XXV),1970年10月24日联合国大会第1883次全体会议通过。

[4] 参见杨泽伟:《国际法》(第3版),高等教育出版社2017年版,第52页。

[5] 《关于各国依联合国宪章建立友好关系及合作之国际法原则之宣言》,A/RES/2625(XXV),1970年10月24日联合国大会第1883次全体会议通过。

[6] 张乃根:"试论人类命运共同体制度化及其国际法原则",载中国国际法学会主办:《中国国际法年刊(2019)》,法律出版社2020年版,第25页。

[7] 参见马志强、张梓良:"人类命运共同体理念的国际法阐释",载《河南工业大学学报(社会科学版)》2020年第3期,第52页。

[8] "持久和平"作为"基石"的说法在诸多研究者的论述中都有所表现,参见徐宏:"人类命运共同体与国际法",载http://www.cssn.cn/fx/201906/t20190611_4914943.shtml,最后访问日期:2022年4月1日。

[9] "人类命运共同体与国际法"课题组:"人类命运共同体的国际法构建",载《武大国际法评论》2019年第1期,第15~16页。

以及国家主权平等原则紧密相关。

（2）普遍安全原则。有研究者将普遍安全视作实现持久和平的根本保障，[1]是"人类命运共同体"理念的支撑。[2]也有学者提出安全以和平为前提，普遍安全原则在字面上与现行国际法基本原则并无对应，但第二次世界大战之后以联合国为基础建立起来的一项重要国际机制便是集体安全机制，普遍安全原则在很大程度上深化了集体安全机制，将联合国保障机制的外延扩展到了整个国际社会。[3]

（3）共同繁荣原则。该原则对应了大变局背景下联合国与全球治理的重要新议题之一，即解决南北失衡问题，促进共同发展。[4]是当代国际社会两大主题中"发展"的重要方面。也是"人类命运共同体"的经济基础。对此，学者更多的是从"互利共赢"（或"合作共赢"）原则的角度作出了相应阐述。[5]比照现行国际法基本原则，共同繁荣原则是对国际合作原则以及和平共处五项原则中表述的平等互利原则的延伸和发展。面对国际经济日益全球化的社会，作为保障社会和平发展的经济基础，互利共赢、共同繁荣应是日益受到关注的重要原则。

（4）开放包容原则。近现代国际法是西方文明竞争优势的产物。开放包容原则的一个重要方面在于文明上的交流互鉴，[6]是中国秉持的和谐价值的重要表现。[7]另一个层面也蕴含了文化宽容理念，摒弃文化沙文主义，文化

---

[1]"人类命运共同体与国际法"课题组："人类命运共同体的国际法构建"，载《武大国际法评论》2019年第1期，第16页。

[2]宋乐静："人类命运共同体制度化建设的国际法保障及其作用研究"，载《理论月刊》2020年第10期，第118页。

[3]张乃根："试论人类命运共同体制度化及其国际法原则"，载中国国际法学会主办：《中国国际法年刊（2019）》，法律出版社2020年版，第25页。

[4]刘恩东："大变局下的联合国与全球治理新议题"，载《人民论坛》2021年第12期，第95页。

[5]参见马忠法、云新雷："构建人类命运共同体的国际法精神——以新型国际关系为研究视角"，载《广西社会科学》2021年第4期，第84~84页；程亚萍："论人类命运共同体构建的国际法价值基础"，载《广西社会科学》2020年第8期，第106页；王连伟、夏文强："人类命运共同体：全球秩序的中国方案"，载《哈尔滨工业大学学报（社会科学版）》2021年第4期，第41页。

[6]相关阐释参见何志鹏、魏晓旭："开放包容：新时代中国国际法愿景的文化层面"，载《国际法研究》2019年第5期，第3~18页。

[7]参见马忠法、葛淼："论'和'文化语境下的国际法治建设"，载《河北法学》2020年第1期，第15~18页；罗国强、徐金兰："人类命运共同体的国际法价值研究"，载《新疆大学学报（哲学·人文社会科学版）》2020年第2期，第19~22页。

自卑和文化冲突等不健康的文化理念。[1]从国际法基本原则的角度看，开放包容在很大程度上是对国家主权平等、民族自决以及尊重和保障人权等原则的综合阐释和深度概括。[2]

（5）清洁美丽原则。从措辞上看，清洁美丽更多是针对生态环境保护问题而提出的。对此，有学者从国际环境法视角进行过分析。[3]从国际法基本原则角度看，其对应了可持续发展原则。从1987年世界环境与发展委员会发布《我们共同的未来》，[4]提出可持续发展的概念始至2015年联合国大会通过《2030可持续发展议程》，[5]可持续发展已经成了一项新的国际法原则。[6]清洁美丽是可持续发展的要求，也是人与自然共生共存和谐关系的保障。[7]

在论述"人类命运共同体"理论蕴含理念和基本原则时，诸多学者认为现行国际法理念和原则已经无法适应时代的发展和要求，需要进一步变革。如上述，"人类命运共同体"理论在充分承继基础上对现行国际法基本原则也有所深化。此外，越来越多的学者认可"人类命运共同体"理论正在逐渐推动新的（具有新的内涵的）国际法原则的形成。简述如下：

（1）人类共同利益原则。"人类命运共同体"理论蕴含深刻的共同利益观，强调应超越狭隘民族国家短期利益而追求人类长远共同利益的集合，追求本国利益时应兼顾他国的合理关切。[8]现行诸多国际法律文件，尤其是针对

---

[1] 何志鹏："人类命运共同体理念中的底线思维"，载《国际法学刊》2019年第1期，第36页。

[2] "人类命运共同体与国际法"课题组："人类命运共同体的国际法构建"，载《武大国际法评论》2019年第1期，第20页。

[3] 参见吴昂："人类命运共同体视域下国际环境法治实现研究"，载《中国矿业大学学报（社会科学版）》2021年第2期，第13~26页。

[4] "Our Common Future, From One Earth to One World: An Overview by the World Commission on Environment and Development", https://sustainabledevelopment.un.org/content/documents/5987our-common-future.pdf.

[5] "Transforming our world: the 2030 Agenda for Sustainable Development", A/RES/70/1, Resolution adopted by the General Assembly on 25 September, 2015.

[6] 对可持续发展原则的提出、发展以及其作为国际法基本原则的相关论述，参见张弛："论可持续发展原则与国际法"，载《求索》2011年第11期，第161~163页；胡德胜："可持续发展是国际法的一项基本原则"，载《郑州大学学报（哲学社会科学版）》2001年第2期，第50~54页。

[7] "人类命运共同体与国际法"课题组："人类命运共同体的国际法构建"，载《武大国际法评论》2019年第1期，第22页。

[8] 马忠法："论构建人类命运共同体的国际法治创新"，载《厦门大学学报（哲学社会科学版）》2019年第6期，第25页。

"全球公域"进行规制的国际条约、决议也涵括了人类共同利益原则，[1]该原则具备了国际法基本原则的一般特征，[2]随着"人类命运共同体"理念不断受到国际社会的认可，人类共同利益原则也有可能逐渐演变为国际法基本原则。

（2）包含共商、共建、共享原则（"三共"原则）在内的新型国际合作理念和原则。国际合作原则是国际社会普遍认可的国际法基本原则，不过开展国际合作所应遵循的原则一直并未跳脱欧美中心主义的影响。[3]"人类命运共同体"理念蕴含的"三共"全球治理规则分别从前提条件、实施路径以及宗旨目标三个层面对国际合作原则进行了具体化。[4]事实上，"三共"原则不仅仅是对国际合作原则的单纯具体化，其自身也逐渐成了全球共识，具备了国际法基本原则的特征。[5]

（3）蕴含共同、综合、合作、可持续的新安全观的普遍安全原则。如上述，普遍安全原则与现代国际法基本原则相契合，但是在实践中，安全不共享仍然是困扰人类社会的全球性困境。[6]普遍安全原则蕴含的新安全观本质上是一种共享的安全观，从参与主体、涵盖范围、实现方式和实现目标几个角度全面阐释了国际社会实现普遍安全的内涵，是对联合国框架下现有的"国家安全""合作安全"及"人类安全"[7]概念的归纳和深化。

（4）灵活多元的争端处理原则。如上述，和平解决国际争端是当代国际

---

[1]《联合国海洋法公约》《南极公约》以及《外空条约》都有关于保护全人类共同利益的阐述，对这一原则的具体介绍可以参见本书第二章第一节的内容。

[2] 李寿平："人类命运共同体理念引领国际法治变革：逻辑证成与现实路径"，载《法商研究》2020年第1期，第52~54页。

[3] 对国际合作的详尽分析，参见郭树勇："人类命运共同体面向的新型国际合作理论"，载《世界经济与政治》2020年第5期，第24~25页。

[4] 杨泽伟："共商共建共享原则：国际法基本原则的新发展"，载《阅江学刊》2020年第1期，第87页。

[5] 杨泽伟："共商共建共享原则：国际法基本原则的新发展"，载《阅江学刊》2020年第1期，第88~89页。对"三共"原则的具体论述，参见龚柏华："'三共'原则是构建人类命运共同体的国际法基石"，载《东方法学》2018年第1期，第30~37页。

[6] 王连伟、夏文强："人类命运共同体：全球秩序的中国方案"，载《哈尔滨工业大学学报（社会科学版）》2021年第4期，第37页。

[7] 对联合国框架下三类安全的介绍和归纳，参见"人类命运共同体与国际法"课题组："人类命运共同体的国际法构建"，载《武大国际法评论》2019年第1期，第16~19页。

法的一项重要基本原则。"人类命运共同体"理论对对话、协商包括调解等蕴含中国智慧的争端解决方式进行了强调,本质上秉持的是灵活多元的争端处理观。[1]另外,"三共"原则也从争端预防和争端解决两个层面进一步夯实了和平解决国际争端原则。[2]

二、"人类命运共同体"理论制度化路径

在探讨"人类命运共同体"理论制度化路径或者构建"人类命运共同体"的过程中,应避免陷入一个误区,即将"人类命运共同体"作为超越国家主权的"世界政府"去构建。"人类命运共同体"既不是彻底的国家利益至上的传统国际关系体系也不是纯粹意义上的以国际大同为目标的国际主义。[3]因此,本书更倾向于在理论和理念层面理解"人类命运共同体",并在此基础上探讨制度化的路径。

(1) 无论是探讨"人类命运共同体"理论的制度化路径,还是构建"人类命运共同体",实施主体尤其值得关注。有学者提出,以国家和国际组织(包括个人)为主要参与主体构建现代国际法秩序是"人类命运共同体"理论制度化的重要基础,"人类命运共同体"的内涵关注的是人类的命运,其目标在于促使各国、各国际组织都有共同维护人类整体利益、促进国际合作的义务。[4]也有学者提出,应以主权国家为实施主体,以生命共同体为基本共识。总的看来,关于人类命运共同体的主体是人类还是国家,目前在国内学术界仍存在分歧。[5]

(2) "人类命运共同体"理论的立足点为全人类,关乎整个国际社会,

---

[1] 黄瑶:"论人类命运共同体构建中的和平搁置争端",载《中国社会科学》2019年第2期,第130~131页。

[2] 杨泽伟:"共商共建共享原则:国际法基本原则的新发展",载《阅江学刊》2020年第1期,第91~92页。

[3] 邹克渊:"国际海洋法对构建人类命运共同体的意涵",载《中国海洋大学学报(社会科学版)》2019年第3期,第13~14页。

[4] 李韶华:"习近平构建人类命运共同体新理念的国际法意义",载《长江论坛》2019年第4期,第7~8页。

[5] 张相君、魏寒冰:"人类命运共同体理念的国内研究述评:共识、分歧与展望",载《北京化工大学学报(社会科学版)》2020年第4期,第1~9页。

所以关于其起源的讨论一直就存在着天下主义、世界主义的观点。[1]如上述，"人类命运共同体"理论是基于当前世界性挑战的分析阐述的基本价值追求，也是基于中国实践经验提出的全球合作的治理方案。[2]无论如何，"人类命运共同体"理念与国际法的关系密不可分。上文已就该理论对国际法理念和原则的整合与深化进行了阐释，而在"人类命运共同体"理论的制度化路径选择上，国际法也被视为重要的制度基础。[3]这实质上是要求中国以"人类命运共同体"理论为指导，积极参与国际规则的制定，[4]建立健全相关国际法机制。[5]

（3）依据《国际法院规约》第38条，国际法的渊源包括国际条约、国际习惯及一般法律原则。随着国际关系的日益复杂化，作为重要国际法渊源的条约的达成愈加困难，因此"国际软法"的地位应该得到足够的重视。[6]目前看来，条约（尤其是具有全球意义的多边条约）的缔结和"国际软法"的形成的重要推动力量是以联合国为代表的国际组织。"人类命运共同体"理念的重要制度保障是国际法，其得以实践的重要平台便是以联合国为代表的国际组织。在维护以《联合国宪章》为核心的国际秩序和国际制度的基础上，借

---

[1] 佀连涛："人类命运共同体与新时代的中国法学"，载《贸大法学》2019年第0期，第242~244页。

[2] 有研究者在总结梳理诸多文献的基础上提出："人类命运共同体"是基于当代大势对人类社会形成的新认知、新理念和新价值，给全球治理提供了新思想、新思路和新方案。参见孔梁成："从'人类共同关切事项'到'人类命运共同体'——全球治理法学范式的升级和嬗变"，载《法学论坛》2021年第4期，第149页。另有研究者提出："人类命运共同体"理念是中国在新时代向国际社会贡献的全球治理新方案，……中国在全球治理中提出的方案是推动构建相互尊重、公平正义、合作共赢的新型国际关系。参见张玥："从'中华文明'到'全球治理'——试论'一带一路'背景下'人类命运共同体'的构建与巩固"，载北京社会主义学院编：《统一战线与"一带一路"：2019统一战线前沿问题研究文集》，学苑出版社2019年版，第116页。

[3] 蔡高强、焦园博："'人类命运共同体'语境下的国际法价值理性的增进"，载《北京理工大学学报（社会科学版）》2019年第4期，第163页。

[4] 相关论述参见张乃根："试析人类命运共同体视野下的国际立法——以联合国国际法委员会晚近专题为重点"，载《国际法学刊》2020年第1期，第13~32页；张玥："从'中华文明'到'全球治理'——试论'一带一路'背景下'人类命运共同体'的构建与巩固"，载北京社会主义学院编：《统一战线与"一带一路"：2019统一战线前沿问题研究文集》，学苑出版社2019年版，第116页。

[5] 殷文贵："动机·前景·理路：人类命运共同体理念的国外认知与评价"，载《云南民族大学学报（哲学社会科学版）》2020年第2期，第25页。

[6] 对"国际软法"在维护国际秩序中的作用的分析，参见本书第三章第三节的内容。

助联合国平台阐发"人类命运共同体"理念,[1]是该理念制度化的实践的重要方式。有研究者指出,相比于其他领域,中国最有可能率先实现增强其规则影响力和话语权的领域是国际经济领域。[2]因此,除了联合国平台之外,有经济联合国之称的世界贸易组织(WTO)也是推动"人类命运共同体"理念制度化的重要平台。而除了 WTO 这一平台之外,中国发起的"一带一路"倡议同样是推动"人类命运共同体"理念在国际经济规则制定上发挥影响力的重要平台,[3]并且这一平台将发挥日益重要的作用。除了联合国、WTO及"一带一路"倡议等着眼于全球事务的多边国际组织或倡议,诸多双边和区域性机构和组织同样可以作为推动"人类命运共同体"理念制度化的平台。[4]

第三节 "人类命运共同体"理论对外空安全国际法保障的指导意义

一、"人类命运共同体"理论对其他"全球公域"国际法治理的指导意义:作为外空安全国际法保障的参考

国际关系的日益复杂、国际交往的日益密不可分以及科学技术的进步不断拓展着人类的生存和活动空间,从不同角度扩展了国际法的研究范畴,国

---

[1] 参见彭芩萱:"人类命运共同体的国际法制度化及其实现路径",载《武大国际法评论》2019 年第 4 期,第 15~16 页。

[2] 张相君:"论国际秩序规则供给的路径选择——基于人类命运共同体理念",载《国际观察》2019 年第 5 期,第 63~64 页。

[3] 无论是作为构建"人类命运共同体"的平台还是作为推动"人类命运共同体"理念制度化的重要方式,"一带一路"倡议都有非常重要的地位,诸多学者对此作了分析、阐释。参见卫跃宁、廉睿:"'一带一路'、法律多元与人类命运共同体建构",载《青海民族研究》2019 年第 4 期,第 1~6 页;张玥:"从'中华文明'到'全球治理'——试论'一带一路'背景下'人类命运共同体'的构建与巩固",载北京社会主义学院编:《统一战线与"一带一路":2019 统一战线前沿问题研究文集》,学苑出版社 2019 年版,第 115~124 页;顾华详:"论比较法学研究与'一带一路'国际法治",载《湖南财经经济学院学报》2019 年第 5 期,第 44~60 页。

[4] 研究者对以双边和区域机构和组织为依托的"人类命运共同体"制度构建的作过相应总结,包括:依托中非合作论坛的中非命运共同体;依托各类双边机制的双边命运共同体;依托中国-东盟 10+1、10+3 机制的中国-东盟命运共同体;依托亚太经合组织的亚太命运共同体;依托中国-拉美命运共同体论坛的中拉命运共同体;依托亚信会议、博鳌亚洲论坛的亚洲命运共同体;依托中阿合作论坛的中阿命运共同体;依托上海合作组织的上合命运共同体等。参见王明国:"人类命运共同体的国际制度基础",载《教学与研究》2021 年第 5 期,第 80~81 页。

际法部门也愈加细化和专业化。"人类命运共同体"理论自身针对全球治理的所有范畴，但在不同部门中，其体现也有所不同。上文述及的"人类命运共同体"理论最先制度化的领域应为国际经济领域。除此之外，其他重点国际领域还包括打击恐怖主义、国际环境保护、国际卫生与健康、网络、海洋及极地等。总的看来，打击恐怖主义、国际环境保护、国际卫生与健康等领域具有全局性意义，网络、海洋、极地以及外空等则是具有全球影响的重要部门。这些部门本身也同样存在打击恐怖主义、环境保护以及卫生及健康等关乎国际社会全局的问题，但同时也有由领域的特殊性带来的其他方面的问题。本书以外空安全为研究对象，因此下文中仅针对"人类命运共同体"理念对海洋、极地以及网络这些与外层空间性质相同或类似的"全球公域"（或具有一定"全球公域"外在特征的领域）治理的深化推动意义进行分析。

海洋、极地和外空的具体国际法规则虽有诸多不同之处，但都具备"全球公域"的性质。网络空间在法律性质上存在主权和自由之争，[1]并非"全球公域"性质，不过作为新兴的第五空间，[2]其相关规则与上述领域也有诸多相似和重叠之处。研究者认为，人类共同利益与国家利益之间的张力凸显了"全球公域"治理的困境，"人类命运共同体"理念则为"全球公域"的治理提供了新思路。因此有必要从权力、利益、责任和价值层面构建"全球公域"共同体。[3]从具体领域的角度而言：

（1）海洋治理领域。研究者普遍认同在21世纪的世界政治格局中，海洋安全、海洋资源、海上运输、海洋矿产资源和能源对于世界的和平与发展具有极其重要的影响。[4]而确定现行海洋治理基本国际法规则的《联合国海洋

---

〔1〕 以美国为代表的发达国家主张将网络空间概念视为"全球公域"，学者认为，这有利于美国最大限度地开发利用网络空间、维护美国霸权、销售美国价值观。2017年《塔林手册》（2.0版）认为对网络空间"全球公域"的定性在法律之外的方面可能是有用的，但我们并不能接受这一定性，原因是其忽略了网络空间概念和网络行动那些涉及主权原则的地域属性。参见黄志雄主编：《网络主权论——法理、政策与实践》，社会科学文献出版社2017年版，第134~136页。

〔2〕 对作为"第五空间"的网络空间的性质、作用及发展趋势的介绍及分析，参见陈光文："第五空间争夺日趋激烈，网络安全事关国家安全"，载http://opinion.people.com.cn/n/2015/0809/c1003-27433497.html，最后访问日期：2022年4月1日。

〔3〕 陈秋丰："全球公域治理与人类命运共同体的构建"，载《国际论坛》2021年第3期，第55~58页。

〔4〕 对上述海洋治理的具体领域的国际法规则体系的介绍、论述与解析，参见杨泽伟主编：《中国国家权益维护的国际法问题研究》，法律出版社2019年版，第1~12、48~69、70~84页。

法公约》在解释、适用和执行方面常常引发争议,[1]在历史性权利、岛屿与岩礁制度、群岛制度以及国际海底开发制度等方面存在不足,[2]因此有必要将"人类命运共同体"理念融入全球海洋治理规则体系,打造海洋命运共同体。[3]显然,海洋命运共同体的概念与外空命运共同体虽针对不同领域,但内涵相似。

(2)极地治理领域。针对极地问题,有研究者分别从南极和北极的现行国际法规则框架出发,分析现行规则的不足,探讨"人类命运共同体"理论对极地治理的重要性以及践行该理论的内涵、时代价值和举措等。[4]在外空安全国际法治理中,对"人类命运共同体"理论的践行会面临相同或类似问题。

(3)网络治理领域。世界互联网大会组委会在2019年发布《携手构建网络空间命运共同体》概念文件,并在2020年世界互联网大会暨互联网发展论坛举办之际又发布了《携手构建网络空间命运共同体行动倡议》[5],这表明"人类命运共同体"理论在网络这一新兴空间的国际治理中的重大意义,而网络空间命运共同体也是推动"人类命运共同体"构建的有效途径。[6]针对网络空间进行规制的国际法规则目前并未形成完整的体系,从国际社会相关实

---

[1] 朱锋:"从'人类命运共同体'到'海洋命运共同体'——推进全球海洋治理与合作的理念和路径",载《亚太安全与海洋研究》2021年第4期,第2~5页。

[2] 唐刚:"人类命运共同体理念融入全球海洋治理体系变革的思考",载《南海学刊》2021年第1期,第60~61页。

[3] 除上引朱锋、唐刚之外,持类似观点的研究成果众多,研究者们试图从不同视角推动"人类命运共同体"理念在海洋治理、维护海洋秩序过程中的落实,推动构建"海洋命运共同体"。参见邹克渊:"国际海洋法对构建人类命运共同体的意涵",载《中国海洋大学学报(社会科学版)》2019年第3期,第13~14页;刘巍:"海洋命运共同体:新时代全球海洋治理的中国方案",载《亚太安全与海洋研究》2021年第4期,第32~45页。除了依据"人类命运共同体"理念展开对海洋治理新秩序构建的整体性研究之外,也有学者对相关区域性海域治理和合作问题予以关注,参见涂少彬:"全球治理视阈下南海安全合作机制的建构",载《法商研究》2019年第6期,第163~176页。

[4] 参见李雪平:"人类命运共同体理念的南极实践:国际法基础与时代价值",载《武大国际法评论》2020年第5期,第1~17页;白佳玉:"中国积极参与北极公域治理的路径与方法——基于人类命运共同体理念的思考",载《人民论坛·学术前沿》2019年第23期,第88~96页。

[5] 详细信息参见"世界互联网大会组委会发布《携手构建网络空间命运共同体行动倡议》",载 https://www.chinanews.com.cn/sh/2020/11-18/9341770.shtml,最后访问日期:2022年4月1日。

[6] 范大祺:"共建网络空间命运共同体是推动人类命运共同体建设的有效途径",载 http://www.cac.gov.cn/2018-05/04/c_1122784189.htm,最后访问日期:2022年4月1日。

践以及学者研究看，网络空间的国际治理最受关注的议题包括网络空间中国家责任的归属和管辖权的确定以及包括网络战、网络间谍、网络犯罪、网络恐怖主义等内容的国际网络安全法规则的制定等。[1]网络安全的内涵虽与外空安全有较大差异，但"人类命运共同体"理念蕴含的持久和平、普遍安全、开放包容以及"三共"等原则对于相关规则的制定和践行都具有重要的指导意义。[2]

二、"人类命运共同体"理论在外空安全国际法治理中的贯彻

结合上文中有关"人类命运共同体"理论对现行国际法基本原则及理念的深化及制度化路径的分析以及"人类命运共同体"理论对其他"全球公域"治理指导意义的介绍，可以对外空安全国际法治理中践行"人类命运共同体"理念思路阐释如下：

（1）以"人类命运共同体"理念为指导，深化外空法基本原则。上文对"人类命运共同体"蕴含的基本国际治理原则和理念以及其对现行国际法原则和理念的深化和塑造进行了详细分析和介绍。外空法是国际法的一个部门，外空活动的开展同样应遵守国际法基本原则理念。此外，包括《外空条约》在内的外空国际条约体系和国际社会多年的外空活动实践也确定了诸多外空法基本原则，这些原则对于外空安全保障具有极为重要的意义。在"人类命运共同体"理念下塑造的外空法基本原则对于外空安全治理必然具有极为重要的推动意义。

（2）在"人类命运共同体"理念塑造的外空法基本原则基础上，推动制定完善保障外空安全的国际规则。经历了六十余年的发展，外空活动（包括外空安全法律规则）呈现出了多元化和综合性特征。其主要表现为国际"硬法"与"软法"的并存以及国内法律、政策及其他形式的单边措施对国际法的挑战。"硬法"与"软法"并存的模式曾经在一定程度上保障了外空活动

---

[1] 参见［泰］克里安沙克·基蒂猜沙里：《网络空间国际公法》，程乐、裴佳敏、王敏译，中国民主法制出版社2020年版。

[2] 相关论述参见范玉吉、张潇："网络空间命运共同体理念与网络空间治理"，载《西南政法大学学报》2020年第3期，第105~116页；白佳玉、隋佳欣："论人类命运共同体理念在网络空间治理中的影响与意义"，载《学习与探索》2021年第3期，第62~71页；刘杨钺、张旭："网络空间命运共同体：本体特征与建构路径"，载《理论界》2020年第5期，第98~103页。

的安全、有序开展，但在新的外空安全影响因素的作用下，已经体现出了诸多问题。而国内单边措施模式则直接挑战外空安全国际秩序，与"人类命运共同体"的理论内涵存在巨大冲突。因此，在经过塑造的外空法基本原则的基础上，推动制定和完善保障外空安全的国际规则尤为必要。

（3）以我国推动国际外空和平利用实践为基础，探索"人类命运共同体"理念在外空安全国际治理问题上的实践路径。"人类命运共同体"理念是中国提出的全球治理方案，虽具有深邃内涵和重要意义，但如若需要在国际原则和规则的制定和完善中发挥作用，还需要具体的推动措施。针对外层空间这一"全球公域"，除了要坚持联合国在外空事务中的核心地位，并以之为依托推动国际社会对"人类命运共同体"蕴含的国际法治理理念的认同之外，我国在外空活动中已经开展的一系列合作项目和诸多国际及区域协调机制，也可以作为"人类命运共同体"理论在外空安全国际法治理进程中制度化的重要基础。

第四节　本章小结

"人类命运共同体"理论是习近平新时代中国特色社会主义思想的重要组成部分，是中国贡献给国际社会的关于全球治理的全新理念，蕴含深刻内涵。外层空间是不具国家主权属性的"全球公域"，外空活动的开展应符合全人类共同利益。随着外空技术的不断进步以及应用范围的不断拓展，世界各国对于外空安全的保障愈加重视。本书便以此为切入点，探讨"人类命运共同体"理论视阈下完善保障外层空间这一"全球公域"安全的国际法原则和规则的思路和措施。

本章首先对"人类命运共同体"理论及外空安全的基本内涵作了简单梳理。诚然，无论是"人类命运共同体"理论还是外空安全，都很难非常明确、清晰地界定其涵盖的所有方面。本书采纳"人类命运共同体"作为价值共同体的观点，重点关注其作为"理论"或"理念"的属性，并依据外空活动包括现行外空法规则的发展趋势将外空安全界定为防止外空武器化及军备竞赛（Security），外空活动安全与长期可持续性（Safety）以及由月球开发与地月空间战略布局引发的新的外空安全问题（同时包括"Security"与"Safety"）。

其次,在总结现有研究的基础上,重点分析了"人类命运共同体"理论对现行国际法基本原则和理念的深化以及制度化路径。总体而言,现有关于"人类命运共同体"理论对现行国际法基本理念、原则的整合与深化包括相应的实践路径等方面问题的研究已经相当成熟并形成了较为完整的体系,这为本书的后续研究奠定了坚实的基础。最后,在总结现有研究的基础上,本章阐述"人类命运共同体"理论对其他"全球公域"(以及具有"全球公域"相关特征的领域)治理的指导意义,为同为"全球公域"的外层空间提供可供借鉴的对象。同时,本章对"人类命运共同体"理论在外空安全国际法治理进程中的具体践行从原则深化、规则制定完善以及实现措施层面做了阐释。

◆ 第二章 ◆

外空法基本原则与外空安全保障

《联合国宪章》以及《国际法原则宣言》确定的国际法基本原则对外空活动包括外空安全保障都具有重要的指导意义,但与此同时,以1967年《外空条约》为代表的外层空间条约体系[1]也确定了开展外空活动应遵守的基本国际法原则。相比于一般国际法原则,外空法基本原则更具针对性。由于《外空条约》等系列国际条约签订于冷战背景下,因此对于外空和平利用及外空军备控制等外空安全保障问题极为关注,即便是此后在实践中逐步确定的其他原则,也多与外空资产保护、外空活动长期可持续性密切相关,因此,诸多外空法基本原则直接涉及外空安全保护问题。本章将以外层空间条约体系及相关外空活动实践为依据,分析外空法基本原则,并重点探讨这些原则对外空安全保障的意义。上文将外空安全分为"Security"与"Safety"两个主要方面,同时依据最新发展将月球及其他天体开发与地月空间战略布局纳入外空安全范畴进行考量,本章对于外空法基本原则的阐述及分析即以上述外空安全的内涵为依据。

第一节 外空活动全人类共同利益原则

全人类共同利益原则并非《联合国宪章》以及《国际法原则宣言》等国

---

〔1〕 除1967年《外空条约》之外,构成外空国际条约体系的条约还包括:《关于援救航天员,送回航天员及送回射入外空之物体之协定》(1968年《营救协定》),联合国大会1967年12月19日第2345(XXII)号决议通过,1968年4月22日在伦敦、莫斯科和华盛顿特区开放供签署,1968年12月3日生效。《外空物体所造成损害之国际责任公约》(1972年《责任公约》),联合国大会1971年11月29日第2777(XXVI)号决议通过,1972年3月29日在伦敦、莫斯科和华盛顿特区开放供签署,1972年9月1日生效。《关于登记射入外层空间物体的公约》(1975年《登记公约》),联合国大会1974年11月12日第3235(XXIX)号决议通过,1975年1月14日在纽约开放供签署,1976年9月15日生效。《关于各国在月球和其他天体上活动的协定》(1979年《月球协定》),联合国大会1979年12月5日第34/68号决议通过,1979年12月18日在纽约开放供签署,1984年7月11日生效。

际文件确定的国际法基本原则。但正如上文所述，其已经具备了国际法基本原则的主要特征且与"人类命运共同体"理念相契合。在外层空间法领域，全人类共同利益原则被明确体现在1967年《外空条约》之中，构成了外层空间法基本原则，[1]也有学者将之视为外空法的首要原则。[2]

一、全人类共同利益原则的来源及内涵

在《外空条约》通过之前，全人类共同利益原则便已在国际法和国际关系学术界进行过长时间的讨论，并且已经在海洋规则方面有所实践。1982年《联合国海洋法公约》序言明确指出："建立海洋法律秩序，实现海洋治理目标有助于实现公正公平的国际经济秩序，这种秩序将照顾到全人类的利益和需要，特别是发展中国家的特殊利益和需要，不论其为沿海国或内陆国。"与之类似，同样作为"全球公域"的南极的相关规则也有相应的表述。《南极公约》序言明确提出："承认为了全人类的利益，南极应永远专为和平目的而使用，不应成为国际纷争的场所和对象。"

在外层空间法领域，1967年《外空条约》序言第2段、第3段明确指出："确认为和平目的的发展、探索和利用外层空间，是全人类的共同利益；深信探索和利用外层空间应为所有民族谋福利，不论其经济或科学发展程度如何。"这两段的内容在条约正文的第1条第1款中做了进一步明确，不过在措辞上有所调整。《外空条约》第1条第1款规定："探索和利用外层空间（包括月球及其他天体），应为所有国家谋福利和利益，而不论其经济或科学发展程度如何，并应为全人类的开发范围。"

相比于序言的规定，《外空条约》第1条第1款不再突出"为和平目的"，并将"全人类共同利益"的表述分拆成"为所有国家谋福利和利益"以及"全人类开发范围"[3]两个部分，在一定程度上细化了全人类共同利益原则的内涵。单纯从序言第2段的表述看，全人类共同利益的表述主要是作为外空法的另一个基本原则，即"和平利用外层空间"的一个注解。而序言第3

---

[1] 参见贺其治、黄惠康主编：《外层空间法》，青岛出版社2000年版，第41~42页。

[2] 朱奇武："谋求全人类的共同利益是外空法的首要原则"，载《法学评论》1990年第3期，第16~23页。

[3] 在《外空条约》的官方中文版本中，这一表述为"全人类的开发范围"，在官方英文文本中的表述为"the province of all mankind"。

段和第 1 条第 1 款的规定则较为明确地界定了全人类共同利益原则的内涵。首先，外层空间本身不应被某个或某些技术大国或强国垄断，是全人类共同的范围。其次，在确定所有国家对外空探索和利用的参与权之后，作为全人类利益原则的重要内容，还应关注对经济和科学发展处于不同阶段国家的福利和利益的保障。有研究者认为，《外空条约》关于这一原则的规定实质上是对国家主权平等原则的回应。有所不同的是，相较于国家主权平等概念，《外空条约》的规定更加具有实质性意义。[1]

如果将海洋、南极和外空相关规则中的全人类共同利益的说法加以比较，可以发现，同样作为"全球公域"的三个领域采纳这一说法的侧重点有所不同。海洋法相关规则更加倾向经济层面的考量，南极法律规则侧重南极的和平利用且尤其强调避免冲突，外空法规则中表述的则相对宽泛，除了关注外空和平利用之外，还关注外空的公平进入以及利益平衡等方面的内容。这些细微差异的存在与全人类共同利益概念的多元性特征密切相关。从一般意义上看，所有人类追求的美好事物（如和平、安全、自由与平等）都被包含在全人类共同利益之内。[2]而从国际法的发展角度看，对于全人类共同利益原则的遵循更多的是一种从共存到协调再到合作；从国家本位到国际社会本位；以及从国家到人的转变过程。[3]因此，无论是从和平利用、公平进入还是从经济利益协调角度考虑，全人类共同利益原则与国家主权原则的协调都是十分必要的。

二、外空活动全人类共同利益原则与外空安全保障

从《外空条约》序言中的相关表述可以看出，外层空间的和平利用本身便符合全人类共同利益，当然也就有利于对外空安全的保障。除此之外，全人类共同利益原则与外空安全保障的关系还可以被概括为如下几个层面：

（1）《外空条约》对于全人类共同利益原则规定的一个重要方面在于保

---

[1] Stephan Hobe, Niklas Hedman, "Preamble of the Outer Space Treaty", in Stephan Hobe, Berhard Schmidt-Tedd, Kai-Uwe Schrogl (eds.), *Cologne Commentary on Space Law* (*Vol. I*), Carl Heymanns Verlag, 2009, p. 22.

[2] 高岚君："'全人类共同利益'与国际法"，载《河北法学》2009 年第 1 期，第 23 页。

[3] 王秋玲："论国际法基本原则的基石与核心"，载《法学杂志》2007 年第 2 期，第 88 页。

障世界各国合法进入外层空间,包括月球及其他天体。[1]如上文所述,安全与可持续地进入外层空间本身是外空安全的重要组成部分。后发空间国家对于安全和可持续进入外层空间的担忧主要源于外空资源,例如轨道资源的有限性与卫星承载的信息资源的国家安全意义。对于空间能力较差或者没有空间能力的国家而言,如何避免外层空间这一"全球公域"的"公地悲剧[2]"关系到国家自身的安全,而这一自身安全关系到外空整体的安全。

(2)全人类共同利益原则的另外一层内涵强调对经济和科学水平处于发展不同阶段国家的利益的平衡。在一定程度上避免了福利和利益分配层面的潜在冲突,从而保障外空安全。

总的看来,全人类共同利益原则明确了对和平与安全的维护,对外层空间这一"全球公域"有秩序的开发和利用也做了说明,在很大程度上有效避免了"公地悲剧",同时也对不同发展程度的外空活动参与国的福利和利益予以了较为全面的考量,有利于避免冲突、维护外空安全。然而,《外空条约》缔结的历史背景及条约自身的表述模糊为各国对这一原则的解释和执行预留了空间,也为相关争议的产生埋下了伏笔。

全人类共同利益原则分别在《外空条约》序言以及第1条第1款中出现。依据《维也纳条约法公约》的规定,序言应为条约的组成部分,但序言不应

---

[1]《外空条约》第1条第2款更为明确地规定:"所有国家可在平等、不受任何歧视的基础上,根据国际法自由探索和利用外层空间(包括月球及其他天体),自由进入天体的一切区域。"相较于《外空条约》序言和第1条第1款对全人类共同利益原则的规定,这一款更加明确地确定了各国进入外层空间的权利。也有权威学者依据这一款的规定,确定了外层空间自由探索和利用基本原则。参见贺其治、黄惠康主编:《外层空间法》,青岛出版社2000年版,第42~43页。不过,也有学者将《外空条约》第1条第2款、第3款规定的内容确定为《外空条约》赋予的权利事项,而将与全人类共同利益相关的条款规定视为对上述权利的限制和制约。Stephan Hobe, "Art. I of the Outer Space Treaty", in Stephan Hobe, Berhard Schmidt-Tedd, Kai-Uwe Schrogl (eds.), *Cologne Commentary on Space Law* (Vol. I), Carl Heymanns Verlag, 2009, pp. 34~39. 本书在学者观点基础上进行了相应的整合和取舍,重点关注外空安全保障相关法律原则,对原则中存在的交叉和重叠部分予以明确说明。

[2] "公地悲剧"的概念成型于1968年美国生态学家加勒特·哈丁于《科学》杂志发表的一篇论文。其基本内涵是指有限的资源注定因自由利用和不受限的要求而被过度剥削。这样的情况之所以会发生,源自每一个个体都企求扩大自身可使用的资源,然而资源耗损的代价却转嫁给了所有可使用资源的人们。对"公地悲剧"的基本介绍,See Garrett Hardin, "Tragedy of the Commons", Econlib, https://www.econlib.org/library/Enc/TragedyoftheCommons.html.

超越条约文本本身设置法律承诺。[1]因此,对于这一原则的理解应主要依据《外空条约》第1条第1款的规定。那么,这一条的规定是单纯作为一个一般性的条约宗旨宣告还是一个具有实质内容的法律拘束力条款?该条规定仅构成道义上的义务,还是可以产生以实际行动付诸实践的法律义务?研究者通过对比条约上下文并总结缔约准备材料,认同该款规定具有约束性的法律义务,但无法自动执行,具体执行仍需依赖该原则支配下的具体法律规则。[2]

1967年《外空条约》的诸多具体条款确定了履行全人类共同利益原则的规范。但正如上述,受时代背景限制,条约不可能涵盖所有细节性内容,并且,随着技术进步及外空活动形式的多元化,对这一原则的具体规定和落实愈加困难。该原则确定了所有国家平等进入外层空间的权利,但是该项权利的实现则很难操作。而在资源稀缺的情形下,无法实现的权利意味着对权利的损害。并且,针对该原则框架下提出的不考虑经济和科技发展水平,为所有国家谋福利和利益的说法是否意味着共享人类发展资源也很难界定。[3]

此外,全人类共同利益中的"共同利益"的外延有多大,也并非毫无争议。例如,随着私人实体参与外空活动的增加以及月球及天体资源开采技术的进步,美国等空间强国通过制定开采包括小行星在内的天体资源授权法案推动其本国私人实体的相关活动。[4]这一做法引起了国际社会对于其是否违反《外空条约》的多项基本原则的争论,包括全人类共同利益原则、外空自由探索和利用原则以及外层空间不得据为己有原则等。[5]针对全人类共同利

---

[1] Stephan Hobe, Niklas Hedman, "Preamble of the Outer Space Treaty", in Stephan Hobe, Berhard Schmidt-Tedd, Kai-Uwe Schrogl (eds.), *Cologne Commentary on Space Law* (*Vol.I*), Carl Heymanns Verlag, 2009, p. 22.

[2] 朱奇武:"谋求全人类的共同利益是外空法的首要原则",载《法学评论》1990年第3期,第18页。另外,美国《外空条约》协商小组组长阿瑟·葛德堡就曾明确指出,《外空条约》第1条是对条约的目的所做的宽泛而概括的声明,其对条约没有具体影响,只是在今后的具体协定中产生作用。See Alan Wasser, Douglas Jobes, "Space Settlements, Property Rights and International Law: Could a Lunar Settlement Claim the Lunar Real Estate It Needs to Survive?", 73 *Journal of Air Law and Commerce*, 37, 49 (2008).

[3] 有研究者总结了全人类共同利益的主要表现,包括:①绝大多数国家致力于逐步实现人类生存资源的均衡分配与交换;②绝大多数国家呼吁实现人类生存资源的科学利用;③绝大多数国家主张共享人类发展资源等。参见董漫远:"全人类共同利益与中国的和平发展",载《国际问题研究》2005年第5期,第16页。

[4] 美国小行星及天体资源立法的具体内容及相关分析,参见本书第五章第一节的内容。

[5] 相关分析参见聂明岩:"美国允许私人实体外空采矿立法对国际及国内法发展的影响",载《西部法学评论》2018年第1期,第96~103页。

益原则，有研究者提出，天体（包括小行星）资源开采关系人类社会未来，在法律规则不确定的情况下，以法律争议阻碍现实外空活动的开展是阻碍人类社会的进步的做法，是对全人类共同利益原则的违反。[1] 显然，在缺乏一个权威主体确定何为人类共同利益的情况下，对于该原则的解释会催生截然相反的观点。而在条约不再是规制外空活动唯一有效的法律手段的背景下，这一权威主体的缺失便意味着潜在的冲突。

第二节　为和平目的探索和利用外空原则

为和平目的探索和利用外空原则是在防止外空武器化和军备竞赛层面保障外空安全的最重要的指导原则。同时，这一原则也贯穿整个《外空条约》以及之后的一系列条约与决议。但依照《外空条约》的规定以及此后的实践，世界各国还是给这一原则的解释留下了可能。仅从《外空条约》规定的内容看，就存在着"和平目的"和"仅用于和平目的"的区分，而对于"和平"一词的理解也存在诸多争议。

一、"和平目的"与"仅用于和平目的"

"和平目的"这一术语在外空条约体系中的用法存在一定的差异。除了作为外空法基本原则表述之外，还有对条约宗旨宣告的意义。例如，《外空条约》序言第4段："希望在和平探索和利用外层空间的科学和法律方面，促进广泛的国际合作。"《营救协定》序言："深愿促进外空和平探测及使用之国际合作。"《责任公约》序言："确认全体人类对于促进为和平目的而从事外空之探测及使用。"这些表述中的"和平目的"仅被作为确认条约宗旨的意义存在，相关规定本身并非围绕这一术语展开。[2]

《外空条约》序言第2段的规定是对为和平目的探索利用外空这一原则的

---

[1] Alan Wasser, Douglas Jobes, "Space Settlements, Property Rights and International Law: Could a Lunar Settlement Claim the Lunar Real Estate It Needs to Survive?", 73 *Journal of Air Law and Commerce*, 37, 60 (2008).

[2] 与前述三个条约不同，《登记公约》序言援用了"承认全体人类为和平目的而促进探索及利用外层空间的共同利益"的说法，与《外空条约》第2段的规定重合，是对为和平目的探索和利用外层空间原则的确认。

具体说明。该段提出:"为和平目的发展探索和利用外层空间,是全人类的共同利益。"这一段也是《外空条约》中唯一一处确定了"和平目的"原则对于整个外层空间适用性的规定,[1]而在条约正文针对这一原则的具体规定中,外层空间的范围被做了更加详细的划分,对"和平目的"的用法也出现了差异。

具体而言,《外空条约》第4条第1款规定:"各缔约国保证:不在绕地球轨道放置任何携带核武器或任何其他类型大规模毁灭性武器的实体,不在天体配置这种武器,也不以任何其他方式在外层空间部署此种武器。"

本款规定并未直接使用"和平目的"的表述,直接针对在外空放置武器行为进行规制。从规制范围角度,本款提及了地球轨道、天体和外层空间,包含了外层空间的全部范畴。从禁止行为角度看,本款针对的是放置携带核武器和其他类型大规模杀伤性武器的行为。核武器(包括大规模杀伤性武器)破坏能力强、损害后果严重并且对于后代具有深远的危害。[2]虑及核武器和大规模杀伤性武器的上述危害以及《外空条约》缔结时世界各国对于核战争的担忧,在对"和平目的"原则进行具体规制的条款中首先重点关注核武器和大规模杀伤性武器无可厚非。但是,值得指出的是,本款虽在一定程度上执行了"和平目的"原则,但仍存在诸多问题。其一,本款并未明确核武器和大规模杀伤性武器的概念。其二,本款并未针对常规武器做任何规制,随着反卫星武器以及其他对外空物体具有攻击性的常规武器的出现,本款对于"和平目的"原则涵盖范围的规定显然不足以应对新的挑战。

《外空条约》第4条第2款针对"和平目的"原则做了进一步规定:"各缔约国必须把月球及其他天体仅用于和平目的。禁止在天体建立军事基地、设施和工事;禁止在天体试验任何类型的武器以及进行军事演习……"

从规制的范围角度看,本款仅限于月球及其他天体,而从规制的行为角度看,本款主要列举了建立军事基地、设施和工事,开展武器试验和军事演习

---

[1] Stephan Hobe, Niklas Hedman, "Preamble of the Outer Space Treaty", in Stephan Hobe, Berhard Schmidt-Tedd, Kai-Uwe Schrogl (eds.), *Cologne Commentary on Space Law (Vol. I)*, Carl Heymanns Verlag, 2009, p. 22.

[2] 对核武器性质和特征的说明,See "Legality of the Threat or Use of Nuclear Weapons", Advisory Opinion, 1. C. J. Reports 1996, p. 226.

行为。[1]但是,很显然,本款禁止的行为并非仅限于列举的几类,因为本款采用了"仅用于和平目的"这一说法。《外空条约》对"和平目的"一词并未予以明确解释,但是从"仅用于和平目的"这一措辞上看,学者普遍认同第4条第2款的规定排除了在月球及其他天体上开展所有带有军事目的的行为。[2]然而,该款只适用于月球及其他天体,相关轨道和外层空间仍以第1款的规定为依据,其中也包括月球轨道。随着月球开发和探索进程的加快,人类在月球上的活动势必会不断增加,对于地月空间(包括月球轨道)的利用也会愈加频繁。现行国际法对于地月空间、月球轨道和月球表面规定的不统一可能会引起冲突,导致原本为全面保障月球及其他天体开发活动安全的"仅用于和平目的"条款的功能大打折扣。[3]

二、关于"和平目的"内涵的争议

1967年《外空条约》缺少对"和平目的"的明确定义,因此第4条中针对"和平目的"原则的具体规定预留了诸多可解释的空间。这也就导致国际社会对于"和平目的"内涵的解释出现了诸多争议。

"和平目的"是否意味着完全非军事化?对外层空间(包括月球及其他天体)的探索和利用完全排除任何军事目应该是最有利于保障世界和平与安全的理想模式。但事与愿违,从人类有能力踏足外层空间的那一刻起,外层空间便被视为获取"制天权"的必争之地。[4]换言之,人类开发利用外层空间的底色是军事目的。外空活动自身具备的军民两用性质也决定完全非军事利用的观念无法得到世界主要国家的认可。以人造卫星为例,不同卫星系统具备的侦察、通信、导航、遥感、气象监测、测地功能被同时广泛应用于民事和军事领域。[5]随着空间活动的发展,原来仅限于政府提供的相关卫星服

---

[1] 有关本款涉及的军事基地、设施和工事,开展武器试验和军事演习行为几个术语的解析,参见本书第五章第二节。

[2] See Bin Cheng, "The Legal Status of Outer Space and Relevant Issues: Delimitation of Outer Space and Definition of Peaceful Use", 11 *Journal of Space Law*, 89, 102~103 (1983).

[3] 具体分析,参见本书第五章第二节。

[4] 更多分析,参见仪名海等:《外层空间国际关系》,清华大学出版社2015年版,第55页。

[5] Ashton B. Carter, "Current and Future Military Uses of Space", https://www.belfercenter.org/sites/default/files/legacy/files/CARTER-1986-Annals_of_the_New_York_Academy_of_Sciences.pdf.

务开始有私人实体通过提供商业服务的方式参与，而诸多卫星商业服务提供商也同样适用于军事用途。[1]从法律层面看，1967年《外空条约》对外空军事利用没有作出明确规定，在后续的其他相关规则中，签订于1982年的《国际电信公约》明确确定各国的无线电业务和通信不得受到有害干扰，而军用卫星的无线电业务和通信是按照国际电信联盟的规定进行登记和运行的，据此，军用卫星亦是受到《国际电信公约》保护的，[2]对外层空间的军事利用也便因此有了一定的法律依据。

外空军事利用普遍存在的现实以及国际公约对其合法性的确认从根本上否认了将"和平目的"理解为完全非军事化的观点。因此，有学者开始针对外空军事利用活动的性质展开讨论，希望进一步界定和平目的的范畴。以美国为代表的空间强国便在此基础上主张外空活动用于和平目的的原则应仅禁止那些具有侵略性的军事利用行为，对非侵略性的活动应不予禁止。[3]这种对于和平目的的原则做"非侵略性"的解释，事实上是给外空武器化提供了发展空间。

外空武器是一个极其难以界定的概念。《外空条约》对在外层空间部署武器的禁止仅限于核武器和大规模杀伤性武器，而随着科技的进步，除被禁止类型的外空武器之外，又有诸多其他类型的武器被不断研制、开发出来。从现行国际法规则看，这些武器是允许被部署到除了月球及其他天体之外的外空任何位置的。按照军事专家的分类，狭义的外空武器是以外层空间为基础或有一个关键部件在外层空间有意造成伤害的物体，伤害程度则可从短暂破坏到持久损害或死亡。[4]依照这一狭义的界定，外空武器主要指的是天基武器，其攻打目标则可能处在外层空间、空气空间、陆地和海洋的任何位置。如果从广义的视角看，还有诸多其他类型的武器与外层空间息息相关，其中

---

[1] Ricky J. Lee, Sarah L. Steele, "Military Use of Satellite Communications, Remote Sensing, and Global Positioning Systems in the War on Terror", 79 *Journal of Air Law and Commerce*, 69, 71 (2014).

[2] 详细分析，参见李寿平："外层空间的军事化利用及其法律规制"，载《法商研究》2007年第3期，第19页。

[3] Diederiks I. H/ph. Verschoor, *An Introduction to Space Law* (*Second Revised Edition*), Kluwer Law International, 1999, pp. 140~141.

[4] [美] 鲍勃·普雷斯顿等：《空间武器地球战》，珂珏译，航空工业出版社2012年版，第21页。

最典型的是基于地面以外空为目标的地基武器以及基于空间通信设备进入目标数据库、决策机构或计算机系统的情报武器。[1]依照上述将"和平目的"原则解释为"非侵略性"的观点,对这些武器的试验、开发、运输、储存甚至部署都符合外层空间和平利用的目的。这种外空武器化的行为显然是存在巨大的风险的,其中一个重要的后果便是可能导致外空军备竞赛。

2018年3月,特朗普政府发布关于国家外空战略的情况说明,提出外空战略应遵从国家安全政策,将美国利益摆在首要位置。[2]这是对"美国优先"理念在外空安全战略中的确认。[3]2019年2月19日,美国时任总统特朗普签署了一项组建美国太空军的政策指令,指示国防部起草法案,在美国空军内部建立一支太空部队。[4]同年12月20日,美国签署《国防授权法案》,太空军正式成立。[5]美国太空军的组建将外空武器利用具体化,同时也刺激了诸多其他国家效仿,[6]加大对外空军备和战略方面的投入,增大了国际社会达成有关外空军事利用、维护外空安全协议的难度。有研究者指出,国际社会与美国开展外空安全方面的对话十分困难,其根本原因在于双方在技术的现实拥有上是完全不对等的。因此,只有通过国际立法来防止外空武器化及军备竞赛,各国才有可能放下彼此间的成见,从而产生合作意愿。[7]

《外空条约》确定了为和平目的探索和利用外层空间的基本法律原则,但并未明确表明"和平目的"的内涵,这为外空军事利用预留了较大空间,但如果将外空利用发展至武器化和军备竞赛阶段的话,也显然是有违这一原则

---

〔1〕[美]鲍勃·普雷斯顿等:《空间武器地球战》,珂玕译,航空工业出版社2012年版,第21页。

〔2〕"White House Releases Fact Sheet on National Space Strategy", National Space Council, 26 March, 2018, https://www.space.commerce.gov/white-house-releases-fact-sheet-on-national-space-strategy.

〔3〕"Fact Sheets: President Donald J. Trump is Unveiling an America First National Space Strategy", Issued on: 23 March, 2018, https://trumpwhitehouse.archives.gov/briefings-statements/president-donald-j-trump-unveiling-america-first-national-space-strategy.

〔4〕"Space Policy Directive-4", 19 February, 2019, https://www.spaceforce.mil/About-Us/SPD-4.

〔5〕"United Space Force History", https://www.spaceforce.mil/About-Us/About-Space-Force/History.

〔6〕美国太空军建立之后,法国、加拿大以及日本等国也纷纷筹备建立类似军种。See Chelsea Gohd, "Everyone Wants A Space Force — But Why?", 11 September, 2020, https://www.space.com/every-country-wants-space-force.html.

〔7〕徐能武:《外层空间安全战略研究——维护外层空间战略安全与合法权益》,中国社会科学出版社2018年版,第35页。

的初衷的，不仅是对外空安全的极大破坏，也不利于对全人类共同利益的保护。

第三节 外空不得据为己有原则

外层空间"全球公域"的性质是不得据为己有原则的重要现实基础。该原则同时又与外空活动全人类共同利益原则密切相关。在月球与小行星等天体开发和利用活动不断展开的背景下，对不得据为己有原则的坚持和遵守是推动进一步制定合理的国际开发规则、避免国际冲突的前提。然而，从目前的状况看，国际社会对这一原则的理解存在歧义，这使得以美国为代表的空间强国通过国内立法、政策及其他单边措施的形式突破现有原则内涵，可能引发不同国家间对于资源的争夺，不利于保障月球及其他天体开发活动安全、有序开展的国际规则的制定。

一、外空不得据为己有原则的内涵及争议

1967年《外空条约》第2条规定："外层空间，包括月球与其他天体在内，不得由国家通过主权主张，通过使用或占领，或以其他任何方法，据为己有。"该条规定构成外层空间不得据为己有原则的重要来源，也是解释这一原则内涵的重要依据。

依据《外空条约》第2条的规定，不得据为己有的对象是外层空间、月球及其他天体，这与《外空条约》的整体措辞一致，也是规制对象范围最广泛的一种措辞说法。而该条适用的主体为国家，确定的禁止据为己有的方式则包括主权主张、使用、占领以及其他方法。单纯从条文的表述看，本条前半句禁止的行为主要为国家对外层空间、月球及其他天体的主权主张。而对后半句的内容则需要仔细斟酌。

从措辞上看，后半句采用了使用、占领以及据为己有等术语，有学者从民法学角度分析指出，占有是对某一物体的控制，据为己有则是指将占有物永久地据为某人专门使用的意思。[1]但是，民法学对术语的解释并未解决本

---

[1] 贺其治、黄惠康主编：《外层空间法》，青岛出版社2000年版，第43页。

条规定的一个内在歧义，即本条是仅针对主张主权行为的禁止还是同样适用于主张财产权的行为，随着私人实体外空活动的不断发展，这一问题日益突出，从而引发了一系列对该条内涵理解的争议。美国一系列单边做法的提出便是利用了该原则存在的诸多争议，[1]包括：①该原则仅针对外空天体主权还是同时涵盖了所有权；②该原则对私人实体是否适用；③该原则是仅针对天体还是亦包括天体资源。

总的看来，围绕外层空间不得据为己有原则，形成了界限分明的关于国家和私人实体，主权和所有权以及外空天体和析出资源的争论。这与《外空条约》及相关国际外空法规则自身的缺陷有关，也是私人实体外空开发能力不断增强的必然结果。即便学术争论依然存在，但美国等国家相继通过的月球（包括小行星在内的天体）开发及资源开采国内法、政策和相关措施已是既成事实，且已经在此基础上逐步完善地月空间发展战略，这对外空秩序及外空安全的影响不可小觑。

二、外空不得据为己有原则与全人类共同继承财产原则

在外层空间条约框架体系下，与外层空间不得据为己有原则相互关联、互为补充的另一个重要原则（即全人类共同继承财产原则）值得关注。1979年《月球协定》第11条对该原则进行了较为详尽的规定，对《外空条约》中相关原则的歧义和缺漏做了完善和补充，但是由于《月球协定》未受到国际社会的广泛认可，[2]因此该原则并非指导外空活动开展的基本原则。

《月球协定》第11条第1款规定，月球及其自然资源均为全人类共同财产。其是第一个提出全人类共同继承财产原则的空间条约。该原则与不得据为己有原则密切相关，但又有明显区别。第11条第2款重复了《外空条约》第2条关于不得据为己有原则的规定，只是将适用对象限定至月球及其他天体，这在本质上将两个原则做了区分。

对全人类共同继承财产原则的理解，《月球协定》第11条第1款明确指

---

[1] 对外空不得据为己有原则理解的争议的具体分析，参见本书第五章第一节的内容。

[2] 自1979年12月开放签署以来至2021年初，《月球协定》共有18个缔约国，且不包括美、俄、中、日、印以及多数欧洲空间国家。See "Status of International Agreements Relating to Activities in Outer Space (as at 1 January, 2021)", A/AC.105/C.2/2021/CRP.10, 31 May 2021.

出，该条的规定会在本协定的有关条款，尤其是第11条第5款中体现出来。研究者认为，该款规定首先将适用于月球及其他天体的全人类共同继承财产原则与其他领域，如海洋法领域[1]的相同原则区分开来。[2]其次，对于该原则的理解主要依赖该协定第5款的规定。

《月球协定》第11条第5款明确规定月球及其他天体资源开发成为可能时应建立指导开发的国际制度。第6款和第7款则对国际制度的建立和主要宗旨做了具体的说明。第6款要求缔约国尽可能告知其在月球发现的自然资源以便建立国际制度；第7款确定国际制度的宗旨包括有秩序和安全地开发月球资源、资源的合理管理、扩大资源使用机会以及缔约国公平分享资源惠益，特别考虑发展中国家需要并照顾直接或间接对月球探索做出贡献国家的努力。而建立这一国际制度的法律原则基础是各国对全人类共同继承财产原则的承认。作为该原则的应有之义，第11条第3款明确规定，月球表面或表面下层或任何部分或其中的自然资源均不应成为任何国家、政府间或非政府国际组织、国家组织或非政府实体或任何自然人的财产。

显然，如果结合《外空条约》确定的不得据为己有原则和《月球协定》的全人类共同继承财产原则，上述关于月球及其他天体（包括小行星）开发和资源开采的所有争议有望迎刃而解，但是世界各国基于对本国利益的考量和权衡导致这一问题至今仍悬而未决。而事实上，全人类共同继承财产原则虽然在国际海底区域资源开发问题上得到了认可，但是多数学者认为，该原则仅具有一定的政策意义，欠缺受普遍认可的国际法的强制力的保障，其意义寥寥缺乏实用价值。[3]

三、外空不得据为己有原则与外空安全保障

正如前文所述，近年来影响外空安全保障的因素主要包括私人实体开展

---

[1]《联合国海洋法公约》第11部分第136条规定国际海底区域及其资源是全人类共同继承财产。对该原则在海洋法中的具体适用的分析，See Marie Bourrel, Torsten Thiele, Duncan Currie, "The Common of Heritage of Mankind as a Means to Assess and Advance Equity in Deep Sea Mining", Marine Policy, 2016, http://dx.doi.org/10.1016/j.marpol.2016.07.017.

[2] Ram Jakhu et al., "Article 11: Common Heritage of Mankind/International Regime", in Stephan Hobe, Berhard Schmidt-Tedd, Kai-Uwe Schrogl (eds.), *Cologne Commentary on Space Law* (Vol. II), Carl Heymanns Verlag, 2013, p. 394.

[3] 参见赵云：《外空商业化和外空法的新发展》，知识产权出版社2008年版，第69页。

的外空商业活动的快速发展以及国内单边措施对国际规则的挑战。这两个因素在对外空不得据为己有这一原则的解释中的影响表现得最为明显。私人实体参与外空活动能力不断增强，使得相关国家迫切需要清晰的规则为其相关活动的开展提供稳定和安全的法律环境。显然，围绕语义模糊的《外空条约》第2条展开的种种争论无法提供真正的解决方案。而1979年《月球协定》提出的方案未受到广泛认可，其中一个重要的原因便是世界各国对全人类共同继承财产原则的担忧。[1]在国际社会未能找到折中并有效的方案之前，单边措施会发挥主要作用，这直接影响到了外空安全保障。

各国努力推动对外空安全的保障（无论是"Security"层面还是"Safety"层面）的本质在于保障本国在外层空间的利益不受损害，而外空利益的重要性又决定了其直接关系到国家安全。换言之，所有针对外空安全保障的国际规则的制定都切实关系到世界各国的国家安全。因此，维护和平、稳定及可持续的外层空间秩序就是在维护国家安全。从外空活动的发展进程看，人类社会逐渐从研究、探索走向开发；从空间范围看，外空活动也逐渐从地球轨道走向更广阔的地月空间及月球等天体。而在这个进程中，国际规则的诸多模糊和歧义性导致以美国为代表的相关国家通过单边措施突破现有规则，客观上为世界各国（尤其是主要空间强国）在新领域的争夺埋下了种子。而这种争夺一旦开始，将直接危及相关国家的国家安全。为了进一步巩固其单边措施的执行，美国提出了涵盖整个地月空间的战略部署，这反过来为这一新空间的安全利用以及月球及其他天体资源开发这一新领域的可持续发展增添了不确定性。

第四节　外空国际合作原则

尽管针对外空合作并无权威定义，但毋庸置疑的是，外空国际合作原则

---

[1] 国际社会对全人类共同继承财产原则的重要担忧在于该概念是否会导致以平等的名义要求强制转让开发月球及其他天体的利益，以及这一原则对私有产权和国际管理体制产生的法律上的不确定性。在协议起草过程中，苏联否认了"全人类共同继承财产"条款，认为这是一个过于"哲学化"的条款，在实践中很难操作。美国在实际上也反对这一规定。See Kevin V. Cook, "The Discovery of Lunar Water: An Opportunity to Develop a Workable Moon Treaty", 11 *Georgetown International Environmental Law Review*, 647, 647~648（1998-1999）；赵海峰、聂明岩："论月球开发的若干法律问题"，载《黑龙江社会科学》2010年第2期，第146页。

是维护外空活动秩序，推动外空可持续发展的基础性法律原则。1967年《外空条约》对外空国际合作原则做了提纲挈领式的规定，之后联合国大会于1996年通过的《国际合作宣言》[1]则对外空国际合作原则做了进一步说明。随着越来越多国家不同程度地参与外空活动，开展外空合作的国际和区域实践也日趋频繁，这对外空安全的维护具有重要的推动意义。

一、《外空条约》对外空国际合作原则的法律规制

1967年《外空条约》序言对外空国际合作原则做了总括性规定，指出条约缔约国愿意为和平目的而探索和利用外层空间的科学以及法律方面的国际合作做出贡献……相比于针对和平利用外层空间原则的简单援引，本段对于国际合作原则应执行的重要领域做出了较为明确的说明，即倡议各国开展外空科技和法律方面的合作。而这一倡议在条约第1条第3款中有所体现。该款规定：对于外层空间，包括月球及其他天体在内，应有科学调查的自由，各国应在这类调查方面便利并鼓励国际合作。

《外空条约》第1条对整个条约的内容具有引领作用，[2]本条确定了几项外空基本法律原则，如全人类共同利益原则以及外空自由探索和利用原则等。第3款规定的重要意义在于确定外层空间科学探索的自由，是对第2款的进一步说明，同时呼应了序言对国际合作的规定。虽然本款并未对国际合作原则作出详尽说明，但是明确确定了条约缔约国应该开展合作的一个具体领域。相比于本条前两款的规定，本款的规定相对明确、具体。然而，第3款并未完全对应序言规定内容，未涉及法律合作内容。

《外空条约》第9条至第11条规定了外空活动的几项重要行为准则。虽然这三条规定针对的活动各异，但国际合作原则总体上贯穿了这三条规定内容。[3]第9条的主体内容是外空环境保护和防止有害污染。但是本条规定直接提出"本条约各缔约国探索和利用外层空间，包括月球及其他天体，应以合作和互助原则为指导"，明确确定了外空国际合作原则在整个条约中基本原

---

[1] 即《关于开展探索和利用外层空间的国际合作，促进所有国家的福利和利益，并特别要考虑到发展中国家的需要的宣言》，联合国大会于1996年12月13日第51/122号决议通过。

[2] Stephan Hobe, "Article I of the Outer Space Treaty", in Stephan Hobe, Berhard Schmidt-Tedd, Kai-Uwe Schrogl (eds.), *Cologne Commentary on Space Law* (Vol. I), Carl Heymanns Verlag, 2009, p. 27.

[3] Francis Lyall, Paul B. Larsen, *Space Law: A Treatise*, Ashgate, 2009, p. 69.

则的地位。第10条规定缔约国在平等的基础上提供观察其发射的外空物体的飞行机会，该条规定同样提及了促进国际合作与互助原则。第11条要求缔约国为促进外空国际合作的目的，在最大可能和实际可行的范围内，将其在外层空间进行的活动性质、情况、地点和结果通知联合国秘书长，并通告公众和国际科学界。

综合考量《外空条约》序言，第1条第3款以及第9条至第11条的规定，有必要思考这样一个问题，即在《外空条约》框架下，开展外空活动合作的范围究竟有多大？有学者认为，上述条约相关条款中关于外空活动合作的规定包括了外空合作原则的全部细节，[1]如果严格按照条约规定，这种意图限缩外空合作原则范畴的解释是有一定依据的。但是，如果将外空国际合作视为一个指导外空活动开展的基本法律原则，试图限缩合作范围的解释便略显狭隘了。从条约本身的规定看，序言条款将合作范围界定为科技和法律层面，条约正文则涉及外空环境保护、外空物体飞行观察以及外空活动信息分享等。显然，在《外空条约》框架下，外空国际合作首先是一项指导外空活动的基本法律原则，[2]在这一原则基础上，条约制定者结合当时外空活动特点和发展程度提出了几个重要合作领域，随着外空技术的发展及有能力开展外空活动国家的逐渐增加，外空国际合作的领域势必随之增加，这在之后的相关法律文件以及实践中都有所体现。

二、外空合作原则的权威解释及实践

诸多发展中国家认为，《外空条约》第1条关于外空国际合作的规定并非只是简单呼吁，而是赋予了缔约国履行国际合作的义务，但是在条约通过之后的相当一段时间里，这一义务并未被履行。[3]这一观点很显然无法得到发达国家的认可。两大阵营对于外空国际合作原则在理解上的偏差导致了1996

---

[1] Vladlen S. Vereshchetin, *International Cooperation in Outer Space: Legal Problems*, Science Publishing House, 1977, p. 29.

[2] Anatoly Kapustin, "Article X of the Outer Space Treaty", in Stephan Hobe, Berhard Schmidt-Tedd, Kai-Uwe Schrogl (eds.), *Cologne Commentary on Space Law (Vol. I)*, Carl Heymanns Verlag, 2009, p. 184.

[3] Cyril E. S. Horsford, "Is ICAO the Model for an International Space Agency?", in *Proceedings of the Thirty-Eighth Colloquium on the Law of Outer Space*, 2-6 October, 1995, Oslo, Norway, p. 201.

年《国际合作宣言》的制定。除序言外,《国际合作宣言》共 8 段,构成了对《外空条约》所确定的外空国际合作原则的权威解释。[1]

(1)《国际合作宣言》提出开展外空国际合作是世界各国的自由,各国可以决定外空国际合作的所有方面,例如何时、与谁展开合作。[2] 外空合作的模式同样由合作方选择,具体模式包括政府与非政府方式,商业与非商业方式,全球、多边、区域或双边方式等。[3]

(2)《国际合作宣言》提出拥有外空活动能力和探索及利用外空方案的国家应促进和推动国际合作,[4] 国际合作还应特别考虑发展中国家的利益。如上述,1967 年《外空条约》通过之后,发展中国家和发达国家对外空国际合作原则的理解产生了分歧,《国际合作宣言》在确认了外空合作自由这一对发达国家相对有利的规则之后,又对发展中国家的利益进行了平衡。特别考虑发展中国家利益这一理念也在某种程度上被确定了下来。这事实上与建立国际经济新秩序的要求遥相呼应。[5]

(3)《国际合作宣言》第 6 段确定了可能参与外空合作的主体,包括国家、国际机构、研究机构和组织等。不过,一般认为,对相关主体的列举并不周延,[6] 外空活动形式的日益多元化发展势必会促使新的主体参与相关合作。

《国际合作宣言》可以被看作是对《外空条约》第 1 条所确定的外空国际合作原则的后续发展,其相关规定从合作主体、合作形式以及合作理念等角

---

[1] Marietta Benkoe, Kai-Uwe Schrogl, "The 1996 UN Declaration on 'Space Benefits' Ending the North/South Debate on Space Cooperation", in *Proceedings of the Thirty-Ninth Colloquium on the Law of Outer Space*, 7-11 October, 1996, Beijing, China, p. 185.

[2] Stephan Hobe, Fabio Tronchetti, "Paragraph 2 of the Space Benefits Declaration: Free Determination of Cooperation", in Stephan Hobe, Berhard Schmidt-Tedd, Kai-Uwe Schrogl (eds.), *Cologne Commentary on Space Law* (Vol. Ⅲ), Carl Heymanns Verlag, 2015, p. 334.

[3] 1996 年《国际合作宣言》第 4 段。

[4] 1996 年《国际合作宣言》第 3 段。

[5] 1974 年 5 月,联合国大会通过了《建立国际经济新秩序的宣言》,确定了建立国际经济新秩序的多项原则,其中对发展中国家利益的特别考虑是十分重要的一项原则。See "Declaration on the Establishment of a New International Economic Order", A/RES/S-6/3201, 1 May 1974. 国际经济新秩序的具体内容, See Nils Gilman, "The New International Economic Order: A Reintroduction", Humanity Journal, 19 March, 2015, http://humanityjournal.org/issue6-1/the-new-international-economic-order-a-reintroduction.

[6] Mingyan Nie, *Legal Framework and Basis for the Establishment of Space Cooperation in Asia*, Lit Verlag, 2016, pp. 23~24.

度对外空国际合作这一概括性的原则做了具象化展开,这在相关的外空合作实践中也有所体现。

纵观外空合作实践的发展历程,可将之简单分为国际和区域合作两类。在国际合作层面,联合国外层空间委员会的建立本身便旨在提供一个促进国际合作的平台。除此之外,国际社会也在积极探索其他可行的合作模式。例如,2007年,14个国家的外空管理机构联合发布了《全球探索战略框架(GES)》,提议开展全球规模的外空探索活动,号召参与方开发一套可以推动国际开发协调的工具,增强共识,发现可以开展实质合作的领域。[1]不过,GES建立的是一套松散的供各方自愿参与的框架,虽然设定了开展实质合作的目标,但收效不佳。而国际层面开展实质外空合作成功的典型代表为美国主导的国际空间站(ISS)项目。ISS的合作方除了美国、日本加拿大及美国的其他欧洲盟友之外,还包括了在冷战期间另一阵营的领导者——俄罗斯。从合作规模上看,ISS项目是目前为止最大的空间站合作项目。[2]在法律协调方面,ISS参与方设计了《空间站政府间协议》,NASA与其他参与国空间机构的系列谅解备忘录以及空间机构间谅解备忘录的执行安排三个层次,[3]为以合作项目为表现形式的未来空间合作活动提供了成功的法律模式范本。[4]

从区域合作层面看,已经建立的合作模式大致可以被分为区域外空科学技术教育中心、空间管理机构区域会议以及区域空间合作组织三类。以亚洲地区为例,1995年,印度发起建立了亚太空间科学技术中心;2013年,中国也发起建立了性质相同的空间科学技术区域合作机构。[5]而空间机构区域合作会议

---

[1] "The Global Exploration Strategy: The Framework for Coordination", A/AC.105/2007/CRP.6, 7 June, 2007.

[2] 对国际空间站的具体介绍, See Elizabeth Howell, "International Space Station: Facts, History & Tracking", 14 October, 2021, https://www.space.com/16748-international-space-station.html.

[3] ESA, "International Space Station Legal Framework", https://www.esa.int/Science_Exploration/Human_and_Robotic_Exploration/International_Space_Station/International_Space_Station_legal_framework.

[4] Alain Dupas, "International Cooperation in Space Exploration: Lessons from the Past and Perspectives for the Future", in Kai-Uwe Schrogl, Charlotte Mathieu, Nicolas Peter (eds.), *Yearbook on Space Policy (2007/2008): from Policies to Programs*, Springer, 2009, p.186.

[5] 亚洲地区的空间科学教育中心的相关信息, See "Centre for Space Science and Technology Education in Asia and the Pacific (CSSTEAP): Background", https://www.cssteap.org/background; "International Cooperation in the Peaceful Uses of Outer Space", A/RES/68/75, 16 December, 2013.

的典型模式则为日本发起的亚太地区空间机构论坛（APRSAF）；[1]亚洲区域空间合作组织的典型代表则为中国发起建立的亚太空间合作组织（APSCO）。[2]如果简单比较三类区域合作机制的特点，可以发现，空间科技合作中心专注于外空科技方面的合作与交流。空间机构论坛与空间合作组织则致力于推动综合性及多元化的合作，只是二者的组织形式不同，前者是松散的国际合作会议模式，后者则为具有国际法人格的政府间国际组织。不同的合作目标及组织形式决定了几种区域合作机制的特征、发展路径及发展掣肘因素等也有所差异。以APRSAF及APSCO为例，前者组织模式松散，但是容易吸引较多参与者参与相关合作项目，后者的组织模式严格但参与者寥寥。此外，区域合作机制的发展与地区的政治、经济、文化背景等密切相关，与APSCO相比，同样作为政府间合作组织的欧洲空间局（ESA）则提供了一个区域空间合作成功的样本。[3]

综上，1967年《外空条约》第1条确定了外空国际合作的基本原则，亦在相关条款中做了阐释，但这一原则更多是具有引领指导意义的理念性规定。1996年《国际合作宣言》对外空国际合作原则的具体操作做了更为详细的规定，对该原则的理解也做了相应补充。而在具体实践中，外空国际合作则表现出了更为多样化的特征。

三、外空国际合作原则与外空安全保障

与《外空条约》确定的诸多其他原则一样，外空国际合作原则对外空安全的保障至关重要。但是，作为外空活动的指导性原则，仍有必要对该原则与外空安全保障的关系做进一步的梳理说明。

（1）外空国际合作首先是作为一个指导性原则在《外空条约》中被提出的。换言之，所有外空活动的开展都要秉持合作的基本理念。而在开展外空活动的过程中，各国无法避免地会存在利益冲突，这种冲突会随着空间技术的发展以及参与外空活动主体逐渐复杂化而愈加明显。这便要求相关参与方

---

[1] 亚太地区空间机构论坛的更多详细信息，See APRSAF, "About APRSAF", https://www.aprsaf.org/about.

[2] 亚太空间合作组织的更多详细信息，See APSCO, "What is APSCO", http://www.apsco.int/html/comp1/content/WhatisAPSCO/2018-06-06/33-144-1.shtml.

[3] 相关论述参见聂明岩："欧空局的重要法律措施对亚洲空间合作的启示"，载《北京理工大学学报（社会科学版）》2016年第4期，第120~125页。

秉持合作协调理念,建立有效机制,尽量避免冲突产生。而一旦产生冲突,还要促成冲突的合理解决。这对保障外空安全的意义不言而喻。

(2)经1996年《国际合作宣言》解释和细化后的外空国际合作原则蕴含着特别考虑发展中国家利益的要求,这对空间强国活动的开展提出了要求。以美国为代表的空间强国以单边立法模式或者与盟友合作的片面多边主义的合作模式针对外空新领域的开发和探索,显然不符合外空国际合作原则的基本要求。而这种单方面对外空规则的破坏,也不利于对外空安全及秩序的保障。

(3)从外空国际合作的具体实践看,以项目为表现形式的合作自身涉及安全保障和安全协调问题。而以合作机构为表现形式的区域合作会议、合作组织也具备推动保障外空安全平台的功能,在这些合作机构框架下开展的合作项目同时也具备保障外空安全的意义。

(4)从保障外空安全国际法制定层面看,外空国际合作原则同样具有重要的指导意义。1967年《外空条约》序言明确规定推动外空科学技术及法律领域的合作,但从后续的发展情况看,外空法律领域合作并不成功。至今,就关系世界所有国家重要利益以及外空活动可持续发展的外空安全问题尚未制定行之有效的国际规则,这显然与外空国际合作原则相悖。只有秉持合作协调的理念,国际社会才有可能同意并最终达成保障外空安全的国际法规则。

总体而言,外空国际合作与外空安全都是内涵极为丰富且复杂的概念,因此二者的关系也表现出了复杂、多元的特征,这既体现在总括性的指导思路与理念层面,也体现在具体的合作领域和项目之中。在推动外空安全国际法规则的制定过程中,应同时考虑国际合作原则的多重作用和影响。

第五节 外空可持续发展原则

可持续发展原则并非严格意义上的国际法基本原则,但在近年来愈加受到重视,越来越多的研究者倾向于将之视为国际环境法的一项重要基本原则。[1]

---

[1] 诸多国内环境法学者亦将可持续发展原则作为国内环境法基本原则予以采纳,但也有研究者对此提出了不同意见,具体讨论参见薄晓波:"可持续发展的法律定位再思考——法律原则识别标准探析",载《甘肃政法学院学报》2014年第3期,第19~31页。而对将可持续发展原则作为国际环境法原则,诸多西方学者均予以认可,See Max Valverde Soto, "General Principles of International Environmental Law", 3 ILSA Journal of International & Comparative Law, pp. 193, 205~208 (1996).

而这项原则亦可能随着人类活动范围的扩大而适用至外空探索和利用活动之中，成为指导外空开发的基本法律原则，并对外空安全保障产生影响。

一、作为国际环境法基本原则的可持续发展原则的内涵

最早提出可持续发展理念的国际文件为1980年制定的《世界自然资源保护大纲》，这份由政府机构、非政府组织和其他专家制定的国际文件性质上是一个关于自然资源保护的知识性纲领和行动指南。《世界自然资源保护大纲》制定的宗旨包括：维护基本生态过程和生命保障系统；保护基因的多样性；保证物种及生态系统的可持续利用。[1]这些理念奠定了可持续发展原则的基础。

1987年，由联合国发起，世界环境与发展委员会（WCED）展开了关于环境恶化的原因的讨论，试图寻找社会公平、环境问题、经济增长以及发展政策方案之间的协同，并通过《布伦特兰报告》，亦即《我们共同的未来》报告。通过报告的发布，WCED试图找到一条国家间关于环境的合作路径，用以解决发展和环境资源利用的问题。[2]作为重要政策指引，《布伦特兰报告》涵盖人口和劳动力资源、食品安全、物种和生态系统、能源、工业以及城市面临的挑战等诸多方面的内容，但是对于国际社会而言，《布伦特兰报告》最为重要的一个意义在于其界定了可持续发展理念的定义，即既满足当代人的需要，又不对后代人满足其需要的能力构成危害的发展。[3]这一概念得到了广泛接受和认可，之后通过的有关环境保护的诸多国际规则和文件都纳入了这一理念。1997年，国际法院在"盖巴契科夫-拉基马洛水坝案"的

---

[1] "Guide to the World Conservation Strategy", in IUCN (ed.), World Conservation Strategy: Living Resource Conservation for Sustainable Development, Prepared by the International Union for Conservation of Nature and Natural Resources (IUCN) with the advice, cooperation and financial assistance of the United Nations Environment Programme (UNEP) and the World Wildlife Fund (WWF) and in collaboration with the Food and Agriculture Organization of the United Nations (FAO) and the United Nations Educational, Scientific and Cultural Organization (Unesco), 1980, p.Ⅵ.

[2] Jason Gordon, "What is the Brundtland Report?", The Business Professor, 22 July, 2021, https://thebusinessprofessor.com/en_US/global-international-law-relations/brundtland-report-definition.

[3] "Report of the World Commission on Environment and Development, Our Common Future, Transmitted to the General Assembly as an Annex to document A/42/427-Development and International Cooperation: Environment", United Nations, 1987.

判决中首次接受了可持续发展原则。[1]此后,这一原则在司法实践中逐渐被接受和认可。[2]

学者在总结主要国际协议对可持续发展理念的规定之后,将可持续发展概念的法律内涵拆解为如下四个基本要素:其一,为后代人保护(保存)自然资源的需要(代际公平原则);其二,为可持续目的开采自然资源(可持续原则);其三,公平使用自然资源,一国使用自然资源时应考虑其他国家的需要(代内公平原则);其四,将环境保护考虑与经济和其他发展计划、项目融为一体,发展需要应考虑环境目标(一体化原则)。[3]

如果对上述四个要素做简单归纳的话,可以发现,前两个要素关注资源使用的可持续性问题,无论是对后代利益还是对资源的可持续开采都是从长远角度进行的考虑。而后两个要素更加着眼于当前情况,关注发展的问题,其中包括国与国之间发展利益的协调以及发展与环境目标之间的协调。对于前两个要素而言,目前制定的国际规则涵盖了野生动植物、海洋环境、基本的可再生自然资源、地球自然资源、自然遗产、水资源、生物资源以及气候系统等诸多方面。[4]针对公平使用以及一体化发展的要求,国际社会比较关注的问题包括如何在经济发展程度不同的国家、对某些问题贡献程度不同的国家以及有不同的环境和发展需求国家之间对于环境保护责任的分担,以及一体化发展的方式等问题。一体化发展原则被视为最重要也是最具法律执行性的原则,要求对环境信息的收集和散发,以及环境评估的开展等。[5]

在国际环境保护领域,可持续发展理念已经完成了法律化的转变,且被认可为一项基本法律原则。国际社会制定的各类法律文件和协议在纳入该原则的

---

[1] 对"盖巴契科夫-拉基马洛水坝案"具体情况的介绍以及国际法院判决的分析,See Mari Nakamichi, "The International Court of Justice Decision Regarding the Gabcikovo-Nagymaros Project", 9 *Fordham Environmental Law Review*, pp. 337, 337~372 (2017).

[2] 参见罗念:"可持续发展原则的演进:以国际司法适用为中心的考察",载吕忠梅主编:《环境资源法论丛》(第10卷),法律出版社2015年版,第149~151页。

[3] Philippe Sands, *Principles of International Environmental Law* (Second Edition), Cambridge University Press, 2003, p. 253.

[4] Philippe Sands, *Principles of International Environmental Law* (Second Edition), Cambridge University Press, 2003, p. 257.

[5] Philippe Sands, *Principles of International Environmental Law* (Second Edition), Cambridge University Press, 2003, p. 263.

基础上，较为全面地涵盖了人类赖以生存和发展的主要环境领域，并且针对该原则蕴含的特定要素提出了可执行性措施。显然，依照现行国际环境法框架，外空环境以及外空资源并未被纳入其中，但这并不意味着可持续发展原则不适用于外空环境保护。随着外空活动规模的不断扩大以及外空资产逐渐成为人类社会的重大关切，可持续发展原则在外空环境保护中的作用将日益显现。

二、外空可持续发展原则与外空活动安全保障

外空环境保护的法律依据可以被追溯至 1967 年《外空条约》第 9 条的规定。[1]

对该条规定进行简要分析，可以发现：首先，该条明确提出了对外空环境保护的要求同时也提出了对地球环境保护的内容；其次，该条明确提出了在一定情况下采取保护环境的适当措施；最后，本条未能明确外空环境有害污染的概念，亦未能明确采取适当措施的前提条件及措施的具体内容。

显然，限于时代背景，《外空条约》无法预料破坏外空环境的具体情形，反而更多地关注外空活动对地球环境的威胁。此外，条约对外空环境保护规定的一个重要目的是避免参与外空活动国家间的互相干扰。[2]

总的看来，《外空条约》第 9 条虽然提出了保护外空环境的要求，但是从其规定内容看，本条在很大程度上是对全人类共同利益原则的执行，同时也是基于避免国家间冲突的需要。外层空间（包括月球及其他天体）在本条的语境下尚未被视为自然资源予以保护，也就无法体现出对可持续发展原则和理念的回应或执行。

从 2009 年起，国际社会开始关注外空活动长期可持续性发展这一问题，后经多方努力以及多轮谈判，联合国和平利用外层空间委员会（以下简称"联合国外空委"）于 2019 年 6 月召开的第 62 届会议通过了《外空活动长期可持续性准则》（《2019 准则》），[3] 为外空活动、空间操作安全（Safety）、

---

[1]《外空条约》第 9 条规定："本条约各缔约国对外层空间，包括月球及其他天体在内进行的研究和探索，应避免使它们受到有害污染以及将地球外物质带入而使地球环境发生不利变化，并应在必要时为此目的采取适当措施。"

[2] 对《外空条约》第 9 条规定的避免外空活动有害干扰的分析，可以参见本书第五章第三节的内容。

[3] 对外空活动长期可持续性议题的提出、发展以及《2019 准则》谈判和通过过程的介绍，参见本书第四章第一节的内容。

国际合作、能力建设以及科学技术研究与开发提供了政策和法律框架指引,[1]其对外空可持续发展原则进行了深入阐释,对于外空安全(包括"Security"层面与"Safety"层面)保障同样具有重要意义。[2]

《2019准则》序言明确提到"地球轨道空间环境构成一种正在为越来越多的国家、政府间国际组织和非政府实体所利用的有限资源",[3]制定准则的一个重要目标在于"满足目前一代的需要,同时也为今后世代保护好外层空间环境"。[4]为确保实现外空活动长期可持续性这一目标,各国包括政府间国际组织应不断改进其拟定、落实和规划外空活动的方式,履行和平利用外空的承诺。[5]对照前述可持续发展原则的内涵,可以发现,《2019准则》将该原则融合纳入进了外空活动领域。其相关规定对应了可持续发展原则蕴含的代际公平、可持续开采以及代内公平等构成要素。对于可持续发展原则所含的一体化原则要素,《2019准则》未予明确规定。这源于《2019准则》主要面向的对象为地球轨道空间环境和外层空间,相比于天体自然资源,轨道空间环境资源的有限性并非源于其消耗性,而是源于世界各国日益增长的空间轨道需求和轨道碎片对有效轨道位置的挤压。因此,《2019准则》更加注重对业务安全以及国际合作等方面的规定。

《外空条约》第9条及《2019准则》确定了保护外空环境的基本思路,并引入了可持续发展原则。作为履行可持续发展原则的重要依据,《2019准则》总体上囊括了原则的几个基本要素,并重点对外空业务安全及相关合作事宜做了详尽说明,其对外空安全保障的意义不言而喻。

第六节 宇航员救助原则

从外空安全保障角度看,宇航员救助原则并不像前述原则那样对外空活

---

[1] "和平利用外层空间委员会外层空间活动长期可持续性准则",载《和平利用外层空间委员会的报告(第62届会议)》,A/74/20,2019年6月12日至21日,第47~63页。
[2] 《2019准则》是联合国外空委通过的保障外空活动安全(Safety)的最为重要的文件之一,其对防止外空武器化和军备竞赛同样有一定的推动意义。对该文件的详细分析,参见本书第四章第三节。
[3] 《2019准则》第1段。
[4] 《2019准则》第5段。
[5] 《2019准则》第6段。

动具有普遍指导意义，这源于外空活动自身性质的限制。至目前为止，人类外空活动仍以非载人项目为主，虽然近年来载人航天不断发展，以外空旅游为主要形式的商业载人航天也逐渐发展起来，但整体规模有限。[1]此外，与航空飞行相比，外空飞行不具备运输功能。因此，对载人航天安全层面的考量并不多见。现行有关宇航员救助的相关规定也主要是从人道角度考虑，对意外事故、危难以及紧急降落情形下的宇航员予以协助。不过，随着月球探索与开发计划再次被以美国为代表的空间强国提上日程，在月球建立站所、基地、派驻人员等保障月球开发秩序的事宜将会陆续成为国际社会普遍关注的问题。

一、《外空条约》与《营救协定》

《外空条约》第5条对宇航员救助进行了总括性规定。概括而言，该条的内容可以被分为三个层面：其一，确定宇航员为人类在外层空间使者的地位，明确条约缔约国需对遇到意外事故、危难或在另一缔约国领土或公海上紧急降落的宇航员给予一切可能的协助，并在宇航员降落后将他们安全迅速送回航天器登记国；其二，在外空或天体活动时，条约缔约国宇航员应为他国宇航员提供一切可能的协助；其三，条约缔约国应对其发现的外空或天体上出现的可能影响宇航员健康和生命的现象通知其他缔约国或联合国秘书长。

在《外空条约》第5条规定的基础上，1968年《营救协定》对宇航员救助原则进行了细化规定。《营救协定》正文共10条，除去第6条对发射当局这一术语进行界定，第7~10条关于条约加入、修改、生效及语言等程序及形式上的规定，有关宇航员营救的实质性权利义务的规定共5条。这5个条款分别规定了缔约国有关通知的义务，营救的义务以及归还的义务。详言之，《营救协定》第1条规定了缔约国对于获悉或发现在其管辖区域内外的宇宙飞行人员处于意外、紧急或非预定的降落时向发射当局及联合国秘书长的通知义务。应当注意的是，《营救协定》在条约标题中采纳了宇航员（Astronaut）这一用法，但是在条约正文规定中使用的则是宇宙飞行人员（Personnel of a

---

[1] 对外空旅游的发展及其他细节问题的分析，See Emily A. Margolis, "Space Tourism: Then and Now", Smithsonian: National Air and Space Museum, 25 October, 2021, https://airandspace.si.edu/stories/editorial/space-tourism-then-and-now.

Spacecraft）这一术语，显然有意地将条约适用范围扩展至了宇航员之外的其他人员。[1]第2条主要规定缔约国对其辖区内的遇到意外事故、遇难和紧急情况的宇宙飞行人员的营救义务；第3条着眼于缔约国对非国家管辖范畴的遇险等情形的宇宙飞行人员的协助寻找和营救等规则；第4条针对宇宙飞行人员的返还做了规定；第5条则主要针对外空物体的保护及返还等事宜做了规定。

1967年《外空条约》确定了营救宇航员的基本原则，其目的是在人道主义救援与国家主权原则之间进行平衡，而1968年《营救协定》则规定了相关的实施细则，简单明了、易于执行，基本上符合所有国家尤其是空间大国的利益。[2]不过，随着商业空间活动的逐渐发展以及月球探测和开发活动日渐被提上日程，对不同情形下宇宙飞行人员的协助的规定有必要予以进一步完善和细化。本书致力于外空安全法律保障问题，因此对由商业空间活动引起的相关问题暂不讨论，下文重点关注月球开发和探索中相关人员的救助规则。

二、宇航员救助原则与月球及其他天体开发活动的安全保障

1979年《月球协定》，由于缔约国较少，国际社会公认其为一部失败的国际条约。此外，在《月球协定》之后，国际社会再未通过规制外空活动的国际条约，因此《月球协定》也是结束外空规则发展第一阶段的代表性文件。[3]但是，从规定内容看，《月球协定》试图对月球这一人类外空探索开发的新目的地进行较为全面、综合的规则设计，并适时建立相应的机制。针对《外空条约》确定的多项基本原则存在的歧义，《月球协定》也试图予以进一步阐述和弥补。对于宇航员救助原则，《月球协定》同样做了相应规定。

《月球协定》第9条首先针对在月球上建立站所进行了规定。显然，与通常意义上的外空设备、设施和有效载荷相比，站所具有永久或者半永久的特性。[4]第9条明确规定缔约国可以在月球上建立配置人员及不配置人员的站

---

[1] 学术界讨论较多的问题是宇航员的概念是否可以包括外空游客，See Stephan Hobe,"Legal Aspects of Space Tourism", 86 *Nebraska Law Review*, pp. 439, 455~458（2007）.

[2] 赵云：《外空商业化和外空法的新发展》，知识产权出版社2008年版，第14页。

[3] 对外空国际规则发展阶段的分析，参见本书第五章第四节。

[4] Steven Freeland, "Article 9: Station/ Free Access", in Stephan Hobe, Berhard Schmidt-Tedd, Kai-Uwe Schrogl（eds.）, *Cologne Commentary on Space Law*（Vol. II）, Carl Heymanns Verlag, 2013, pp. 382~383.

所。站所的设立不得妨碍其他缔约国人员、运载器和设备依据《外空条约》第 1 条享有的自由进入月球所有地区的权利。第 10 条要求缔约国采取一些实际可行措施，保护月球上人员的生命和健康，本条规定明确提出月球上的所有人均应被视为《外空条约》第 5 条所称的宇航员以及《营救协定》所称的宇宙飞行人员的一部分。此外，第 10 条第 2 款规定，缔约国应开放其站所、装置和运载器及月球上的其他设备，供月球上遭难人员的避难之用。

关于月球人员救助的具体规定，《月球协定》第 12 条第 1 款首先规定了缔约各国对其在月球上的人员、运载器、设备、设施、站所和装置等的管辖和控制权，并对相关设施的所有权做了说明。关于在预定位置之外的场地发现的运载器、装置及装备等，第 12 条第 2 款规定缔约国应依照《营救协定》第 5 条处理。而缔约国的人员遇到足以威胁人命的紧急情况时，可以使用其他缔约国在月球上的装备、装置、运载器、设备、设施或供应品等。

与《外空条约》及《营救协定》所界定的宇航员以及宇宙飞行人员的较为模糊的概念相比，《月球协定》明确规定其相关规则适用月球上的一切人员，这源于此类人员的特殊性。与通常意义的宇航员和宇宙飞行人员相比，对月球相关人员的救助更加依赖月球上的设备、设施、运载器和站所。因此，《月球协定》在明确了这些设备设施的管辖控制权及所有权之后，规定了这些设施、站所所有国在人员救助中应承担的义务。这在本质上也是对国家利益和人道目标的平衡规定。不过，因为月球及其他天体不允许主权主张，此处协调的是缔约国对设施、设备所有权与人道救助义务之间的关系。《月球协定》现有的关于人员协助的规则在一定程度上可以保障月球及其他天体探索和开发过程中人员的安全，但仅通过第 9、10、12 条这三个条款的内容来看，诸多细节性救助和协助规则仍显不足。此外，《月球协定》第 11 条第 7 款也明确确定未来建立的开发月球的国际制度的一项重要宗旨为有序地和安全地开发月球自然资源。为实现这一宗旨，有必要进一步细化制定参与开发和探索的人员应遵守的行为守则，而这些行为守则的内容应与相关援救和协助规则充分协调。换言之，在月球探索和开发过程中，充分贯彻宇航员协助和救助原则应从月球上人员行为守则和援助、救助细则两个层面着手。从保障外空安全的角度看，相关的人员守则是避免冲突、促成合作协调的基础和前提，而详尽的、可操作的救助细则又是保障人员安全的重要措施。

第七节 外空活动信息公开透明原则

对于一个存在军事化和武器利用可能的领域，信息公开、透明是该领域主要参与者做到知己知彼的重要手段。只有做到知己知彼，才有可能在参与者之间建立信任、免除猜忌，从而避免冲突和军备竞赛。从这个角度看，推动外空活动信息公开透明与其说是一项基本原则，毋宁说是避免外空冲突，保证外空安全的手段。从实践角度看，外空活动信息公开透明这一理念虽然在很大程度上受到了国际社会的认可，但具体措施的制定和执行仍不尽如人意。本书将外空活动信息公开透明理念作为指导外空活动尤其是外空安全保障的一项基本原则提出，以期为之后执行措施的制定奠定基础。

一、外空活动信息公开透明原则的法律依据

透明度和建立信任措施在数十年前便已经在核武器控制、防止导弹扩散等相关军事领域有所应用。[1]在外层空间领域，早在冷战期间，美、苏两国便将透明度与信任措施的提法用于反卫星武器的控制问题上。[2]在国际层面探讨外空活动适用透明度和信任措施问题最早可以被追溯至1990年，联合国大会通过45/55号决议，要求秘书长在政府专家组的协助下进行一项研究，探讨在外层空间采取建立信任措施的各种问题，并就此向大会第48届会议提出报告。[3]按照决议的要求，秘书长于1993年向大会提交了《在外空适用信任措施的研究报告》（以下简称《秘书长报告》），[4]为透明度与信任措施的后续讨论奠定了重要基础。2005年，联合国大会决定将题为《外层空间活动中的透明度和建立信任措施》的项目列入大会第61届会议临时议程。[5]2010

---

[1] Jana Robinson, "Space Transparency and Confidence-Building Measures", in Kai-Uwe Schrogl et al. (eds.), *Handbook of Space Security: Policies, Applications and Programs (Vol. I)*, Springer 2015, p. 292.

[2] Peter L. Hays, "Developing Agile and Adaptive Space Transparency and Confidence-Building Measures", in Jana Robinson et al. (eds.), *Transparency and Confidence Building Measures: Alternative Vehicles to Advance Space Security*, European Space Policy Institute, 2010, pp. 30~31.

[3] 《防止外层空间的军备竞赛》，A/RES/45/55，1990年12月4日。

[4] "Prevention of an Arms Race in Outer Space: Study on the Application of Confidence-Building Measures in Outer Space", Report by the Secretary-General, A/48/305, 15 October, 1993.

[5] 《外层空间活动中的透明度和建立信任措施》，A/RES/60/66，2006年1月6日。

年，联合国大会通过第65/68号决议，提请秘书长在公平地域分配基础上设立一个政府专家组对外层空间的透明度和建立信任措施进行研究，并向大会提交一份报告。[1]依据上述决议，联合国秘书长于2012年设立专家组，专家组于2013年7月向联合国大会提交了《外层空间活动中的透明度和建立信任措施问题政府专家组的报告》（以下简称《专家组报告》）。[2]

在国际层面增强外空活动透明度和建立信任措施的努力主要表现为联合国相关机制的推动。从形式上看，主要依托《秘书长报告》和《专家组报告》等带有研究建议性质的文件。联合国大会从2005年起开始关注、讨论外空活动中的透明度和建立信任措施问题，并通过了大会决议。这些都为外空透明度原则进一步得到国际社会认可，从而建立外空活动透明度和信任措施的有效规则奠定了基础。而在推动防止外空军备竞赛和武器化国际规则制定的具体实践中，也有国家和地区提出了履行外空透明度原则，建立信任措施的细节性建议，其中具有代表性的提议包括欧盟于2008年公布并于2014年修改的《外空活动国际行为守则草案》（以下简称《ICoC草案》）；[3]加拿大于2009年向裁军谈判会议提交的《保障外空安全透明度与信任措施条约建议草案优点》的工作文件；[4]2002年于海牙制定的《反弹道导弹扩散国际行为守则》（《海牙守则》）等。[5]上述三个文件性质各异，所涵盖内容也各不相同，《ICoC草案》提议以软法的形式保障外空活动的有序开展，维护外空安全；加拿大的工作文件则期待找到行为守则这样的软法模式和条约之外的第三条路径推动保障外空安全；《海牙守则》的主要目的是防止可运

---

[1]《外层空间活动中的透明度和建立信任措施》，A/RES/65/68，2011年1月13日。

[2]《专家组报告》共9个部分，其中第1部分和第2部分分别为导言和背景概述；第3部分阐释了外层空间活动透明度和信任措施的一般特性和基本原则；第4部分提出了提高外空活动透明度的方法；第5部分至第9部分则分别列举了有关国际合作、协商机制、外联和协调等事宜，并提出了相应建议。参见《外层空间活动中的透明度和建立信任措施问题政府专家组的报告》，A/68/189，联合国大会第六十八届会议，临时议程，项目99（c），2013年7月29日。

[3] 对《ICoC草案》的详细分析，参见本书第三章第三节的内容。

[4] "Canada Working Paper on The Merits of Certain Draft Transparency and Confidence Building Measures and Treaty Proposals for Space Security", CD/1865, 5 June, 2009.

[5]《反弹道导弹扩散国际行为守则》，2003年1月30日荷兰常驻联合国代表给秘书长的信（附文），A/57/724，2003年2月6日。另外，对该行为准则的具体介绍，See "The Hague Code of Conduct against Ballistic Missile Proliferation（HCoC）", https://www.hcoc.at/what-is-hcoc/description-of-hcoc.html.

载大规模杀伤性武器的弹道导弹的扩散，而对于弹道导弹能否被纳入"外空物体"或者"外空武器"的概念，由于这两个概念本身的模糊和缺失，尚处于不确定的状态，不过弹道导弹对于外空安全的威胁是切实存在的。总体而言，三个文件都在不同程度上提出了履行增强透明度原则和建立信任措施的方式。

至目前为止，国际社会尚未通过有效的法律规则确定外空活动信息公开透明原则的法律地位，但是建立外空活动透明度与信任措施的理念已经得到了世界主要国家的普遍认可。[1]在推动防止外空军备竞赛和武器化的进程中，上述诸多有关建立外空活动透明度与信任措施的倡议的法律文件也正逐步推进，这将进一步提升外空活动信息公开透明原则的法律地位。

二、外空活动信息公开透明原则与外空安全保障

在探讨外空活动信息公开透明原则国际层面的法律文件时，信息公开透明（透明度）一词是与"信任措施"合并使用的。正如《秘书长报告》所指出的那样，各国政策的公开、可预见和稳定是保持和增强信任的本质要求。[2]换言之，对于外空活动透明度的要求是建立信任的重要方式和前提。而信任的建立则是外空活动有序发展，防止外空武器化和军备竞赛的重要保障。近年来，越来越多的国家意识到，外空活动透明度也是增强日常空间作业的安全（Safety）、可持续性和安保（Security），促进国家之间和人民之间的相互了解和友好关系的重要手段。[3]但值得指出的是，外空活动尤其是外空军事活动涉及国家安全，具有重大的战略意义。即便目前世界各国已经基本接受外空信息公开透明的理念，但信息公开的具体内涵和标准仍值得进一步探讨。

《专家组报告》从四个方面对外空活动透明度的保持提出了要求和建议，

---

[1] "Prevention of an Arms Race in Outer Space: Study on the Application of Confidence-Building Measures in Outer Space", Report by the Secretary-General, A/48/305, 15 October, 1993.

[2] "Prevention of an Arms Race in Outer Space: Study on the Application of Confidence-Building Measures in Outer Space", Report by the Secretary-General, A/48/305, 15 October, 1993.

[3]《外层空间活动中的透明度和建立信任措施问题政府专家组的报告》，A/68/189，联合国大会第六十八届会议，临时议程，项目99（c），2013年7月29日。

包括：①空间政策信息交流；[1]②外空活动的信息交流与通报；[2]③减少风险通报；[3]④接触并访问航天发射场和设施。[4]总体而言，《专家组报告》从空间政策、正常空间活动、异常空间活动以及航天基础设施等几个层面提出了信息交流的建议。这些建议措施基本可以涵盖外空活动信息公开透明原则的基本内容。从防止外空军备竞赛和武器化的角度看，推动这一原则的实施具有积极意义。但无论是《秘书长报告》还是《专家组报告》都特别强调其所倡议措施的灵活性和自主选择性，《专家组报告》引以为依据的《外空条约》诸多相关条款以及其他法律规则文件要么本身具有倡议性质，要么不具有法律约束力。从未来发展的角度看，推动外空活动公开透明原则对于外空安全保障无疑具有重要意义，但应以何种方式对该原则进行具体实施是值得进一步思考的。

第八节　和平解决外空争端原则

第二次世界大战以后以联合国为核心建立起来的国际秩序框架体系的一个重要进步是禁止了以战争和武力手段对违反国际法的行为进行回应，和平

---

[1] 这一要求又分为两个层面：一是要求国家就外层空间政策的原则和目标进行信息交换；二是要求国家就主要外层空间军事支出和其他国家安全空间活动交换信息。关于外空政策信息交换，《专家组报告》期待除在全世界各国直接建立有关军事和非军事事务方面的信息之外，推动开展信息交流。针对军事支出等信息，《专家组报告》要求各国在利用现有机制对外空军事支出及其他相关活动作出报告的基础上，对数据进行解释性说明，以保证报告的明确性等。

[2] 这一建议要求各国就外空物体轨道参数和潜在的轨道会合、外空中的自然危害以及计划发射的航天器进行信息交换和通报。《专家组报告》建议各国在1975年的《登记公约》以及联合国大会于2007年12月通过的《关于加强国家和国际政府间组织登记空间物体的做法的建议决议》基础上在切实可行的范围内向受影响国家的政府和私营部门航天器运营者通报潜在的航天器轨道会合情况。另外，《专家组报告》回顾了《外空条约》第5条的规定，并建议各国对其发现的可能对航天器造成危害和干扰的信息予以交换和通报。而有关计划进行的航天器发射的通报，建议参照《防止弹道导弹扩散海牙行为准则》的已有范例。

[3] 这一建议分为四个层面的内容：一是提议各国通报可能的其他空间物体飞行安全的排定调整动作；二是提议各国通报和监测无控制的高风险重返大气层事件；三是提议各国通报紧急情况；四是提议各国通报故意轨道解体信息。

[4] 有关接触并访问航天发射场和设施的建议包括提倡各国之间为熟悉情况而自愿进行的访问；开展专家访问，包括访问空间发射场；邀请国家观察员访问发射场、飞行指挥和控制中心及外层空间基础设施中的其他业务设施；展示火箭和空间技术等。

解决国际争端成为国际法的基本原则。争端和平解决是维护国际和平与安全，避免战争和冲突的最后屏障，这在外层空间这一天然具有军民两用性质的领域更是如此。[1]《外空条约》第3条明确规定探索和利用外层空间应按照国际法（包括《联合国宪章》）进行，国际法上普遍认同的和平解决争端的方式自然适用于相关外空争端的解决。不过，外空活动有其自身特点，随着技术的不断发展，人类社会开展外空活动的领域不断拓宽，从传统的轨道活动延伸至地月空间以及月球、小行星等天体上的活动等，加之参与主体的日益多元，外空争端日渐复杂。诸多新兴种类的外空争端，尤其是以私人实体为主要参与者的争端并非严格意义上的国际争端，[2]但外空活动的特殊性决定了其对外空安全的重大影响，并且越来越多的关于外空争端解决的国际机制设想已经逐渐认可私人实体的可适用性，所以有必要予以关注。

外空争端解决机制是争端和平解决的有力保障，同时也是维护外空安全的重要制度基础之一。另外，在外空争端解决机制相对缺失的背景下，推动国际争端解决机制的建设和运行。同样具有保障安全的战略意义。因此，本节首先关注外空争端类型的划分，之后对外空争端解决机制进行探讨、分析。

一、外空争端的主要类型

《联合国宪章》第33条规定了和平地解决"持续状态可能危及国际和平与安全争端"的义务。但是学者指出，实践中任何争端都可能损害和平与安全。因而，第33条的规定与第2条第3款一样，包括了和平解决一切争端的义务。这在1970年联合国大会通过的《国际法原则宣言》决议中得到了澄清。[3]外空活动受到以《联合国宪章》为代表的国际法的规制，其所有类型争端都是

---

[1] 对外空技术与外空活动军民两用性质的分析和探讨很多，See Melissa De Zwart, "New Technologies Symposium: Contested and Fragile-The Dual-Use Space Environment", Opinio Juris, 07 May, 2019, http://opiniojuris.org/2019/05/07/new-technologies-symposium-contested-and-fragile-the-dual-use-space-environment/Yasuo Otani et al., "Dual-Use Concept on Civil and Defense Uses of Outer Space", https://www.jstage.jst.go.jp/article/tastj/10/ists28/10_Tv_1/_pdf/-char/ja.

[2] 参见杨泽伟：《国际法》（第3版），高等教育出版社2017年版，第289页。

[3] 相关分析参见［意］安东尼奥·卡塞斯：《国际法》，蔡从燕等译，法律出版社2009年版，第375页。

国际和平与安全的重大关切。但正如上述，外空技术发展和参与主体的多元化导致争端类型的复杂化，相应地对争端解决机制的构建提出了要求。在和平解决外空争端基本法律原则框架下，建立有效的解决外空争端的机制是维护外空和平与安全的内在要求。因此，对外空争端类型的探讨仍有重要意义。当然，依据不同标准，外空争端的类型亦有多种划分方式，下文仅以外空技术应用的发展以及参与主体类型为依据做简单总结。

以外空技术应用发展的不同阶段为依据，外空争端可以被划分为如下几种类型：

（1）1972年《责任公约》将外空损害的主要类型分为发射国对外空物体在地球表面或飞行中的飞机的损害以及在地球表面以外的其他地方对另一发射国的外空物体或所载人员或财产造成的损害。依据损害类型的不同，责任类型也相应地有严格责任和过失责任的区分。从争端类型看，《责任公约》所要解决的主要是由外空物体造成的损害而引起的争端，对于损害的概念，该公约将之明确界定为生命的丧失、身体受伤或健康的其他损害；国家、自然人、法人的财产或国际组织的财产损失或伤害。[1]显然，《责任公约》主要关注外空物体造成的物理损害且是直接损害可能引起的争端，不涉及其他损害争端，这当然与条约制定时外空技术的发展情况密切相关。[2]

（2）随着外空技术的进步，尤其是卫星技术被广泛应用于通信、导航以及遥感等多个领域，卫星服务的提供者和服务使用者包括相关第三方之间便产生了复杂的权利和责任关系，这也为争端的产生创造了可能。相较于《责任公约》规定的空间物体损害争端，卫星应用过程中的潜在争端可以被概括为卫星服务争端。例如，被广泛应用至各类交通运输系统的卫星导航系统可能由于系统故障或信号失灵给诸多相关方造成损害，由此引发赔偿争端。自2005年起，国际统一私法协会开始讨论制定统一的有关卫星导航系统失灵责任认定的国际制度的可能性。经过一系列讨论和研究，2010年10月，秘书处组织了名为"全球卫星导航系统第三方责任"的非正式磋商会议以评估各国对

---

〔1〕 参见《责任公约》第1条。

〔2〕 对《责任公约》制定的历史背景的介绍，See Lesley Smith, Armel Kerrest, "Historical Background and Context of LIAB", in Stephan Hobe, Berhard Schmidt-Tedd, Kai-Uwe Schrogl (eds.), *Cologne Commentary on Space Law* (Vol. II), Carl Heymanns Verlag, 2013, pp. 94~99.

于编写一份关于全球导航卫星系统服务第三方责任的国际文书的兴趣。[1]此外，国际民航组织法律委员会也致力于推动制定有关导航卫星系统责任的国际文件。[2]至目前为止，国际社会尚未正式制定专门的针对卫星导航系统的法律制度，相关损害的赔偿及潜在的争议解决问题仍处不确定状态。[3]

（3）外空技术进步带来的另外一个值得重视的领域为载人登月以及月球站点建立后可能引发的争端及其解决。1979年《月球协定》第15条规定了协商、适合争端情况和性质的其他和平解决争端的方法以及要求联合国秘书长协助解决争端等方式。本条规定针对的争端类型为有关《月球协定》义务的条约争端，虽然涵盖了载人登月及站点建设争端，但总体而言不够具体。随着新一轮月球开发活动的开展，对此种类型的争端解决问题有必要予以深入讨论。

从外空活动参与主体变迁的角度看，外空争端也可以被大致划分为几种不同的类型：

（1）国家间外空活动争端。1967年《外空条约》规定的外空活动主体参与者为国家，虽然经彼时的两大空间强国美、苏博弈，为私人实体参与空间活动预留了可能，但在相当长的一段时间内，私人空间活动规模较小。以参与主体为划分依据，国家间的外空争端是一种重要类型。当然，国家间外空活动争端的具体表现形式也极为复杂，从已有的实践角度看，1978年的"宇宙-954"号事件[4]涉及一国航天器返回地球对他国造成污染问题的赔偿问题。而诸如区域性政府间组织成员间产生的争端则涉及空间合作以及多边条

---

[1] "Item No.8 on the Agenda: Third Party Liability for Global Navigation Satellite System (GNSS) Services (Memorandum Prepared by the Secretariat)", UNIDROIT 2013 92nd Session C.D. (92) 8, March 2013.

[2] See: Paul B. Larsen, "International Regulation of Global Navigation Satellite Systems", 80 *Journal of Air Law and Commerce*, pp.365, 387~388 (2015).

[3] 对卫星导航系统的介绍以及对相关法律问题的梳理，See Lesley Jane Smith, "Legal Aspects of Satellite Navigation", in Frans von der Dunk, Fabio Tronchetti (eds.), *Handbook of Space Law*, Edward Elgar Publishing, 2015, pp.554~617; Aurthur Vimalachandran, Thomas Jayachandran, Oluwafemi Funmilola Adebisi, "Lost in GNSS: A Need for Commercial Space Policy for Positioning, Navigation and Timing", 3 *Aeronautics and Aerospace Open Access Journal*, 134, 134~138 (2019).

[4] 对宇宙954-号事件的介绍和具体分析，参见［意］Marco Pedrazzi、赵海峰：《国际空间法教程》，吴晓丹译，黑龙江人民出版社2006年版，第74~76页。

约义务履行的争议等。

（2）私人主体外空商业争端。近年来，私人实体广泛参与空间发射服务、外空旅游服务、通信、导航以及遥感等多个领域。作为服务提供者，非政府外空活动参与者可能面临的潜在争端是与其服务活动相关的商业争端。此外，作为某项产业的参与者，私人实体的活动要受到相关国家的许可和持续性监督，监督者与被监督者之间同样可能出现争议。需要明确的是，国际交流的日益频繁以及外空活动自身的全球化发展趋势决定涉及私人实体的外空商业争端既可能是单纯的国内法范畴的问题，也可能涉及双边或者多边的国际法律关系，且国际范畴的争端将日益增加。私人实体参与外空活动的另一类国际争端是其作为投资者时可能引发的国际投资争端。随着外空技术应用的普及，与卫星应用等相关的地面设施建设需求将日益增长，私人实体将有更多的机会参与空间基础设施跨国投资。在此背景下，投资者与东道国的争端亦会相伴而生。

二、外空争端解决机制：外空安全的制度性保障

接受和平解决外空争端原则，是避免外空冲突，保障外空安全的最后屏障，不过相关争端能否和平和有效解决在很大程度上依赖于争端解决机制。从这个角度看，争端解决机制是外空安全的重要制度保障。依发展情况看，国家间有关外空物体造成损害争端赔偿的相关争议目前仍以外交谈判、对话等政治方法予以解决，典型的事例为上文提及的"宇宙-954"号事件。即便《责任公约》规定了成立求偿委员会这种谈判和外交手段之外的争端解决机制，但其至今为止未获启用。[1] 区域合作组织内部的相关争议一般会诉诸组织协议确定的争端解决机制。[2] 关于月球及其他天体开发活动，目前仍处于发展的初级阶段，一旦此类活动发展成为常态化，相关的争端解决规则和机制的建设可以预见。从现有实践经验看，以国家为主体的外空国际争端一般较少采用诉讼或仲裁等司法方式予以解决，协商、对话以及谈判等政治方法

---

[1] See Lesley Smith, Armel Kerrest, "Article XIV (Lack of Settlement/ Claims Commission) of LIAB", in Stephan Hobe, Berhard Schmidt–Tedd, Kai–Uwe Schrogl (eds.), *Cologne Commentary on Space Law* (*Vol. II*), Carl Heymanns Verlag, 2013, pp. 178~180.

[2] See Art. 19, "Convention of the Asia–Pacific Space Cooperation Organization"; See also Art. 17, "Convention for the Establishment of a European Space Agency".

仍为主要方法。

私人实体开展的外空活动争端一般为商事争端，可以纳入传统的国际商事争端解决机构框架予以解决，其中最具代表性的为国际商事仲裁机构。例如，国际商会仲裁院（ICA）[1]，伦敦国际仲裁院（LCIA）[2]，斯德哥尔摩商会仲裁院（SCC）[3]，以及美国仲裁协会国际争端解决中心（AAA-ICDR）[4]等。这些仲裁机构可以提供解决争端的多元化方式，包括调解、仲裁以及替代性争端解决方式（ADR）等。这些机构广泛覆盖多种商业争端。例如，ICA与SCC可以解决有关贸易和投资的所有相关争端。LCIA则声明其可以解决所有类型的仲裁争议。AAA-ICDR则更进一步，除了其主要事务委员会广泛覆盖商事、建筑、雇佣、国际和劳工争端外，新建立的特别事务委员会包含了航天、民航与国家安全、特大工程项目、网络安全、能源以及知识产权等诸多方面的新兴争端。[5]

外层空间活动具有高技术要求、高风险的特征，其活动范围与航海、航空等活动相比也具有一定的特殊性。[6]1967年《外空条约》及其他一系列条约和诸多联合国大会原则、决议以及国际组织文件塑造了独立的外层空间国际法体系。因此，国际社会（包括部分国家机构）不乏建立专门的外空国际争端解决机构的努力。早在1962年，便有关于建立专门的外空活动国际法庭的提议。[7]国际法庭的建立必然要求国家让渡一定的主权，因此这一提议遭到了大多数国家的强烈反对。[8]这进一步解释了为何至今为止国家间外空活动争端仍以政治解决方法为主。1984年10月，国际法协会（ILA）针对建立

---

[1] ICC, "ICC International Court of Arbitration", https://iccwbo.org/dispute-resolution-services/icc-international-court-arbitration.

[2] LCIA, "Introduction", https://www.lcia.org/LCIA/introduction.aspx.

[3] SCC, "About the SCC", https://sccinstitute.com/about-the-scc.

[4] ICDR, "About ICDR - AAA: The Expertise to Address a World of Disputes", https://www.icdr.org/about_icdr.

[5] AAA, "Primary Panels and Specialty Panels", https://adr.org/aaa-panel.

[6] Alok Verma, "How to Settle Dispute in International Space Law: An Appraisal", 4 *International Journal of Legal Developments and Allied Issues*, p.1 (2018).

[7] Stefan Pislevik, "Law without Gravity: Arbitrating Space Disputes at the Permanent Court of Arbitration and the Relevance of Adverse Inferences", 43 *Journal of Space Law*, pp. 280, 288 (2019).

[8] Stefan Pislevik, "Law without Gravity: Arbitrating Space Disputes at the Permanent Court of Arbitration and the Relevance of Adverse Inferences", 43 *Journal of Space Law*, pp. 280, 288 (2019).

专门外空争端解决机制提出了新的提议，相比于1962年的提议，ILA的新提议更具影响力且更加具体。ILA下属的空间法委员会随即起草并通过了《解决外空法律争端的公约草案》（以下简称《公约草案》），该草案于1998年5月修订并公布。[1]《公约草案》试图解决缔约方之间有关外层空间活动的一切争端，并同时对不具约束力（交换意见和调解）和具有约束力（国际法院和国际空间法仲裁庭）的争端解决方法进行了规定和说明。不过，《公约草案》仅具有学术建议意义，至今未经实践落实。

国际常设仲裁院（PCA）于2011年发布的《外空活动争端任择性规则》（以下简称《任择性规则》）是推动建设专门的外空争端解决机制的最新尝试。[2]《任择性规则》以2010年《联合国国际贸易法委员会仲裁规则》[3]为基础，同时考虑外空活动的特殊性，为国家、国际组织和私人实体提供争端解决规则。[4] PCA并不期待通过制定《任择性规则》建立新的解决外空活动争端的平台，只是希望利用其国际影响力对国家、国际组织及私人实体间外空争端解决的程序和相关规则予以完善和修改。但与上述其他类似性质的规则的遭遇相同，《任择性规则》并没有得到国际社会的广泛认可，援用其相关规则解决纠纷的实践亦无据可查。[5]

通过上文的分析可以发现，虽然相关国际机构对建立专门的外空活动争端解决机制做出了多方努力，但并没有取得良好的效果。PCA于2011年推出《任择性规则》至今已十年有余，无论是学术界还是实务界，对于建立专门外空活动争端解决机制的热情都在逐渐消退。[6]这在一定程度上揭示了外空争端解决机制未来的发展方向。AAA-ICDR于2016年设立的针对外空活动争端

---

[1] "Final Draft of the Revised Convention on the Settlement of Disputes Related to Space Activities, Draft Convention on the Settlement of Space Law Disputes adopted by the Space Law Committee of the International Law Association", 1 October, 1984, adopted as revised by the Space Law Committee of the International Law Association 30 May 1998.

[2] "Optional Rules for Arbitration of Disputes Relating to Outer Space Activities", Permanent Court of Arbitration, Effective December 6, 2011.

[3] "PCA Optional Rules", Introduction.

[4] "PCA Optional Rules", Introduction (i).

[5] Stefan Pislevik, "Law without Gravity: Arbitrating Space Disputes at the Permanent Court of Arbitration and the Relevance of Adverse Inferences", 43 *Journal of Space Law*, pp. 280, 296~297 (2019).

[6] 当然，也有研究者仍然秉持推进建设国际层面的外空活动争端解决机制的建议，See Kim DooHwan, *Global Issues Surrounding Outer Space Law and Policy*, IGI Global, 2021, pp. 218~225.

解决的专门事务委员会的运营成果仍有待时间的检验，但应当明确的是，在已有的综合性争端解决机构框架下设立专业事务争端解决分支的做法是外空争端解决机制未来的一个发展方向。与建立新的专门性国际外空活动争端解决机制的思路相比，这一做法更具可操作性，已存争端解决机构在其他领域的丰富实践也能为其新分支工作的开展提供有益的参考。此外，国际争端解决本身具有国际机制和区域机制并存的特点，在外层空间活动领域，无论是国家间合作还是私人实体商业空间交往，地区层面的实践都相对丰富。因此，从外空争端解决的角度看，未来以区域合作机构为基础建立争端解决机制具有相当的可行性。

第九节 本章小结

以1967年《外空条约》的相关规定为依据，本章针对"外空活动全人类共同利益""为和平目的探索和利用外空""外空不得据为己有""外空国际合作""外空可持续发展""宇航员救助""外空活动信息公开透明"以及"和平解决外空争端"等八个保障外空安全的基本外空法原则进行了全面的梳理和分析。

本章重点关注了与外空安全保障密切相关的法律原则，总结梳理了八项基本原则，并未涵盖指导外空活动的所有原则，并且，不同研究者依据不同的分类标准所认定的外空活动基本原则亦有差异，对此，本章未作过多展开分析。从八项原则的具体内容看，多数原则都可以在《外空条约》中找到相应的依据。诸如"外空活动全人类共同利益""为和平目的探索和利用外空""外空不得据为己有""外空国际合作"以及"宇航员救助"等原则已经得到了国际社会较为普遍的认同，对于这几项原则的具体落实和实施的讨论和实践也相对完善。而"外空可持续发展""外空活动信息公开透明"以及"和平解决外空争端"等原则虽然在近年来愈加受到国际社会的重视，但仍有进一步完善和细化的空间。当然，受制于国际外空法不同发展阶段的特征，即便是针对已经被国际社会普遍认可的相关法律原则进行进一步的法律层面的落实，也仍存在相当的困难。从八项原则的性质角度看，前五项原则在与外空安全保障密切相关的同时也具备广泛的适用性，对于外空活动的所有范畴均有指导意义。后三项原则更为贴近保障外空安全（包括"Security 层面"与"Safety"层面的安全）的具体实践。

本书关注外空安全的国际法保障，本章总结分析的八项基本原则对不同层次的外空安全具有重要的指导意义。在具体探讨外空安全法律规则体系的过程中，对于原则的遵守和执行亦是应有之义。本书后文将分别从防止外空武器化与军备竞赛、外空活动安全与可持续发展保障以及月球及其他天体安全有序探索开发的国际法规制角度展开深入分析，探究相关基本原则在不同领域的指导意义及执行方式。

◆ 第三章 ◆

防止外空武器化与军备竞赛的国际法规则：
"硬法"与"软法"的并存与协调

苏联斯普特尼克 I 号（Sputnik I）人造地球卫星的发射成功开启了人类社会的外空时代，[1]然而，这颗卫星由导弹技术搭载的事实[2]也为人类外空活动的浓重军事化色彩做了足够的铺垫。国外研究者津津乐道的《孙子兵法·地形篇》中"险形者，我先居之，必居高阳以待敌"[3]的经典论述在空气空间已经体现得淋漓尽致。在外空探索在技术上成为可能之后，处于冷战期间的两大对立阵营自然不会放过这一绝佳的军事高地。[4]

与空气空间这一自始便具备国家主权属性的区域相比，[5]外层空间作为"全球公域"的性质也在人类具备外空活动能力的最初便已基本确定。故而，针对外层空间军事利用和军备控制层面安全（Security）的国际规制与空气空间差异巨大。因为其不仅关系到某个或某几个国家的安全保障问题，而是具有全球性质。在外空国际规则制定的过程中，曾有代表向联合国提议以《南极

---

〔1〕 对斯普特尼克 I 号卫星的具体情况及历史影响等评述，See Elizabeth Howell, "Sputnik: The Space Race's Opening Shot", 30 September, 2020, https://www.space.com/17563-sputnik.html.

〔2〕 Albert K. Lai, *The Cold War, The Space Race and the Law of Outer Space*, Routledge, 2021, p. 27.

〔3〕 例如，在弗朗西斯·莱尔和保罗·B. 拉森两位教授在合作的权威空间法教科书中提到了《孙子兵法》的这一观点，See Francis Lyall, Paul B. Larsen, *Space Law: A Treatise*, Ashgate Publishing Limited, 2009, p. 499.

〔4〕 与空权理论类似，战略分析家们对外层空间战略地位的认识也分为不同的阶段：最初，外层空间在战略中处于从属地位，为其毗邻的主战场提供了更大的安全边界支撑，这一阶段其军事高地的作用和性质显现明显；之后，外层空间则有可能与空气空间一样，转变成为新的主战场。参见聂春明等编译：《太空力量与国家安全》，航空工业出版社 2016 年版，第 29~30 页。

〔5〕 两部奠定民航法律基础的国际公约（即 1919 年《巴黎公约》与 1944 年《芝加哥公约》）在开篇便明确规定了国家对其领空享有完全、排他的主权。领空主权的确立也具备明显的军事背景。相关介绍参见［荷］I. H. Ph. 迪德里克斯-范思赫：《国际航空法》（第 9 版），［荷］帕波罗·汉迪斯·德·莱昂修订，黄韬等译，上海交通大学出版社 2014 年版，第 9~10 页。

第三章 防止外空武器化与军备竞赛的国际法规则:"硬法"与"软法"的并存与协调

条约》为参照,将外空活动严格限制在"绝对用于和平目的"的框架之下[1],不过当时具备空间能力的美、苏两大强国更多的是期待通过外空活动展示其各自制度的优越性,对于外层空间的军事利用不可避免。而对于大多数其他国家而言,外空遥不可及,相关的活动与之不甚相关,其最初参与外空活动规则制定的意愿并不强烈,[2]这一提议也就不了了之了。

随着外空活动的不断深入开展,外空技术开始被普遍应用至诸多领域,其民用和商业化特征慢慢显现且逐渐占据主要地位,于是,针对外空活动和外空合作的国际法规则的制定开始被提上日程。[3]当然,这并不意味着有关外空军事利用和武器化的规则制定被忽略了,作为最重要的空间强国,美国和苏联很早便意识到,开展外空合作依赖于外空军控和裁军规则进展情况。[4]美国和诸多西方国家更是明确提出,不成熟的法律方案可能会抑制外空活动的发展。[5]然而,值得玩味的是,以1967年《外空条约》等五个国际条约为代表构成的外空国际条约体系针对外空活动的诸多方面进行了规定,虽有诸

---

[1] Albert K. Lai, *The Cold War, The Space Race and the Law of Outer Space*, Routledge, 2021, p. 31.

[2] Albert K. Lai, *The Cold War, The Space Race and the Law of Outer Space*, Routledge, 2021, p. 52.

[3] 在外空活动早期,就有诸多专家、学者意识到了外层空间的民用和商业化价值。随着实践的深入,对防止外空军事利用、武器化和军备竞赛的谈判愈加具备了为民、商事外空活动提供保障的意味。从实践上看,以美国为例,美国国会于1958年通过《国家航空航天法案》创立了美国国家航空航天局,并规定回应苏联发射斯普特尼克Ⅰ号带来的对国家安全的威胁的方式为开展民用航天项目。从商业航天活动的角度看,美国于1962年通过《商业卫星通信法案》,并不断推动私人实体商业航天活动的发展。随着美国对私人航天产业的愈加倚重,必然影响其国内规则制定和对国际法的诉求。从世界范围看,外空技术的民事应用以及以私人为主要主体开展的商业航天活动在当前的语境下已经成为外空活动的主流。对美国国内民用和商事航天活动的发展及相关法律规则的介绍,参见 [美] 乔安娜·爱琳·葛布利诺兹:"半个世纪的纪实:美国国内空间法的演变和三个长期存在的问题",聂明岩译,载赵海峰主编:《空间法评论》(第7卷),哈尔滨工业大学出版社2017年版,第3~16页。

[4] 对于美苏之间在外空领域的合作以及对于外空军控的努力,从苏共时任总书记赫鲁晓夫与美国时任总统肯尼迪的多封通信中可以窥知一二。在1962年2月的一封信中,赫鲁晓夫提到苏、美之间在空间活动中开展合作而不是"冷战"和军备竞赛,可以对科学发展和人类社会带来的巨大裨益。在稍后的一封回信中,肯尼迪则详尽地提出了美、苏之间可以进行合作的领域,当然,这一切都有赖于一项有效地防止外空军备竞赛的军控规则的制定。关于赫鲁晓夫和肯尼迪的通信,See Nikita Khrushchev, "Letter from Chairman Khrushchev to President Kennedy", 21 February, 1962, Office of the Historian, https://history.state.gov/historicaldocuments/frus1961-63v06/d35; John F. Kennedy, "Letter from President Kennedy to Chairman Khrushchev", 7 March, 1962, Office of the Historian, https://history.state.gov/historicaldocuments/frus1961-63v06/d41; Albert K. Lai, *The Cold War, The Space Race and the Law of Outer Space*, Routledge, 2021, p. 64.

[5] See Albert K. Lai, *The Cold War, The Space Race and the Law of Outer Space*, Routledge, 2021, p. 66.

多不尽如人意之处，但总体上建构了外空活动的基本秩序，而从外空活动最初便引起国际社会广泛讨论的外空军事利用、武器化及军备竞赛问题却至今未形成较为综合的国际法规则体系。

总体而言，经过国际社会的多年实践，对外层空间的军事利用已是既成事实，诸多学者已经倾向于认可外空条约规则体系同样适用于用于军事目的的外空活动。[1]目前，关于外空军事问题的国际规则谈判也已经由最初的完全非军事化目标设想逐渐转变为集中关注禁止外空武器化和防止外空军备竞赛的外空军备控制层面，基本形成了以国际条约为代表的"硬法"和以联合国大会决议等为代表的"软法"规则并存的态势。但是，国际局势风云变幻，国际关系波谲云诡，针对禁止外空武器化和军备竞赛的法律规则制定问题，各国虽然在大方向上达成了基本一致，但小部分国家的单边行为则可能在很大程度上改变规则制定的模式和方法，甚至扭曲数十年来形成的基本共识，从而进一步阻碍"硬法"-"软法"并存状态下的有效协调。本章将从规则本身出发，首先梳理、分析"硬法"规则（包括已经生效的传统"硬法"规则和最新的关于"硬法"规则的提议）在防止外空武器化和军备竞赛方面的意义和存在的不足；之后针对相关"软法"规则展开分析；结合针对"硬法"和"软法"的分析，总结当前防止外空武器化和军备竞赛规则制定的最新发展趋势以及面临的相关挑战。

第一节 防止外空武器化及军备竞赛的"硬法"规则

一、传统"硬法"与防止外空武器化及军备竞赛

防止外空军备竞赛和武器化的传统"硬法"主要包括外层空间五大条约体系中的相关规则，其中最重要的是1967年《外空条约》及1979年《月球协定》。此外，在外空条约体系形成之前，也存在涉及外空武器化和军备竞赛规定的相关国际规则，其中最具代表性的为1963年通过的《部分禁止核试验条约》。

---

[1] See Dale Stephens, "Military Space Operations and International Law", Just Security, 2 March, 2020, https://www.justsecurity.org/68815/military-space-operations-and-international-law.

第三章 防止外空武器化与军备竞赛的国际法规则:"硬法"与"软法"的并存与协调

(一)《部分禁止核试验条约》:防止外空武器化及军备竞赛国际立法的初步尝试

推动构建外空活动国际法秩序的进程曲折且复杂,其中防止外空武器化及军备竞赛规则的制定尤其如此。苏联第一颗人造卫星发射成功之后,围绕该问题的谈判和争议便持续不断。自1957年开始,美、苏谈判历经种种挫折并曾一度中断,至1961年9月再度恢复对话,外空和平利用问题的谈判再次成为可能。1961年12月20日,联合国接连通过两个大会决议[1],分别确定了两项外层空间基本原则,重新建立了联合国外层空间委员会,并建立了18个国家组成的裁军委员会,这是在美、苏谈判裂痕出现的4年之后,重新讨论外空裁军的问题。1962年古巴导弹危机仅1个月之后,裁军委员会便召开会议开展新一轮谈判,考虑缔结禁核条约,与此同时,美国宣布了限制在外层空间开展冷战的新政策。[2]1963年7月25日,经过多轮谈判、协商,美国、苏联和英国宣布了《部分禁止核试验条约》,禁止在空气空间,外空和水下开展核试验,这是第二次世界大战之后第一个裁军条约,[3]也标志着防止外空武器化和军备竞赛在国际立法层面向前迈进了一步。

1.《部分禁止核试验条约》的主要内容

《部分禁止核试验条约》(全称为《禁止在大气层、外层空间和水下进行核武器试验条约》)于1963年8月5日签署,同年10月10日生效。[4]从条约全称的表述看,其将禁止核试验的范围限定为大气层、外空和水下。而针对仍旧可能开展核试验的任何其他环境,该条约第1条1款(b)项明确规定如若在其他环境开展的试验"爆炸所产生的放射性尘埃出现于在其管辖或控制下进行这类爆炸的国家领土范围以外"则属于禁止之列。第1条第2款则进一步明确缔约国不应引起、鼓励或以任何方式参与上述禁止的试验行为。

---

[1] 这两个联合国大会决议分别为:"International Cooperation in the Peaceful Uses of Outer Space", A/RES/1721(XVI), 20 December, 1961;"Question of Disarmament", A/RES/1722(XVI), 20 December, 1961.

[2] 美、苏之间谈判的具体过程,See Albert K. Lai, *The Cold War, The Space Race and the Law of Outer Space*, Routledge, 2021, pp. 48~60.

[3] 对《部分禁止核试验条约》的更多细节的介绍及相关评价,See "Nuclear Test-Ban Treaty", 21 August, 2018, https://www.history.com/topics/cold-war/nuclear-test-ban-treaty.

[4] 条约全文及其他基本情况,See Arms Control Association, "Limited Test Ban Treaty (LTBT)", https://www.armscontrol.org/treaties/limited-test-ban-treaty.

该条约第 2 条规定了缔约国提交修正案及与之相关的审议、表决和通过程序。第 3 条规定了条约的签署和批准程序；第 4 条规定了条约的有效期和退出程序；第 5 条则规定了条约的语言和文本等内容。

如上述，《部分禁止核试验条约》最初由美、英、苏三国签署并公布，目前为止，该条约已被 108 个国家签署，94 国批准。[1] 从签署和批准国家的数量看，条约取得了一定的成功，但是该条约是冷战背景下大国妥协的产物，从其制定的目的存在着天然的缺陷，其对于推动防止外空武器化及军备竞赛的意义亦相对有限。

2.《部分禁止核试验条约》对防止外空武器化与军备竞赛的意义及缺陷

依据学者的分析及相关实践可以得知，《部分禁止核试验条约》针对的对象不仅限于直接的试验行为，也包括相关的间接性活动。[2] 然而，该条约针对核试验的开展所做的限制有意避开了地下这一重要环境，这源于条约谈判过程中各方代表对于地下核试验不可核查的担忧，作为解决方式，该条约最终回避了禁止地下核试验的内容。[3] 不过，对于除了地下以外的其他环境开展核试验的核查措施，该条约未予明确规定，只能依赖各国的国内措施。[4] 即便如此，条约生效之后，缔约国还是停止了在禁止区域开展核试验的活动，但是各相关国家不约而同地加快了开展未受禁止的地下核试验的活动，[5] 该条约实质上并未起到限制核军备的作用。

从限制外空武器化和军备竞赛的角度看，《部分禁止核试验条约》是人类具备外空活动能力之后制定的第一部针对外空武器予以规制的国际法规则，虽然条约仅针对相关核试验进行了规范，并未涵盖其他类型同样颇具伤害性

---

〔1〕 US Department of State, "Treaty Banning Nuclear Weapon Tests in the Atmosphere, in Outer Space, and Under Water", https://2009-2017.state.gov/t/avc/trty/199116.htm.

〔2〕 间接的活动也被理解为包含国家以任何方式导致、鼓励或者参与任何被禁止的核试验。基于这一理解，美国曾拒绝运载法国人员去波利尼西亚岛，因为当时法国曾一度计划在此地开展核试验。See Glenn H. Reynolds, Robert P. Merges, *Outer Space Problems of Law and Policy*, Westview Press, 1997, p. 59.

〔3〕 See Albert K. Lai, *The Cold War, The Space Race and the Law of Outer Space*, Routledge, 2021, p. 78.

〔4〕 See Glenn H. Reynolds, Robert P. Merges, *Outer Space Problems of Law and Policy*, Westview Press, 1997, p. 58.

〔5〕 See Bernhard G. Bechhoefer, "The Nuclear Test Ban Treaty in Retrospect", 5 *Case Western Reserve Journal of International Law*, pp. 125, 138~140 (1973).

第三章　防止外空武器化与军备竞赛的国际法规则："硬法"与"软法"的并存与协调

的武器，如化学和生物武器、高能激光武器等，更未涉及一般的常规性武器，但条约的缔结仍对外空武器化和军备竞赛的控制起到了一定的推动作用，该条约规定的相关内容在之后缔结的《外空条约》中也有所体现。另外，该条约对其所规定对象的基本概念未加说明，对于空气空间和外层空间的分界以及概念也未予关注。当然，鉴于条约同时禁止了在空气空间和外层空间的试验行为，这一缺漏本身并不影响条约的适用，但条约对于禁止外空武器化和军备竞赛的积极意义也就仅限于此了。

《部分禁止核试验条约》从本质上看是针对核武器进行规制的军控规则，对于外层空间相关活动的禁止是禁止核武器规则的衍生品。而从条约的具体规定看，其有一定的歧视性，主要满足了美、英、苏三个核大国的利益。1963年7月，我国政府发表声明，明确指出该条约是三个核大国企图巩固其自身核垄断地位，束缚其他国家而专门制定的，并倡议召开世界各国政府首脑会议，全面、彻底、干净、坚决地禁止和销毁核武器。[1] 1996年，联合国大会通过了《全面禁止核试验条约》[2]，与《部分禁止核试验条约》相比，1996年的条约力求有效促进全面防止核武器扩散，促进核裁军进程[3]，我国于1996年10月底签署了该条约。[4] 然而，由于至今为止仍有具备核能力的国家未签署（或批准）该条约，因此该条约仍未满足生效条件。[5] 总体而言，在核裁军包括外空核军备控制问题上，1963年《部分禁止核试验条约》虽有诸多缺陷，但仍是相关领域国际立法的一次有效尝试，为之后更为完善

---

[1] 相关介绍参见"中国政府关于全面禁止和彻底销毁核武器的声明"，载 https://www.fmprc.gov.cn/ce/cohk/chn/topic/zgwj/wjlshk/t9002.htm，最后访问日期：2022年6月5日。

[2] See "Comprehensive Nuclear Test Ban Treaty (CTBT)", https://www.nti.org/education-center/treaties-and-regimes/comprehensive-nuclear-test-ban-treaty-ctbt.

[3] 依据条约的要求，每一缔约国承诺不进行任何核武器试验爆炸或任何其他核爆炸，承诺在其管辖或控制下的任何地方禁止、防止并且不导致、鼓励或以任何方式参与任何此种爆炸。

[4] 中国对《全面禁止核试验条约》的态度和立场，参见外交部："中国始终坚定维护《全面禁止核试验条约》"，载 http://www.xinhuanet.com//politics/2016-09/26/c_129300245.htm，最后访问日期：2022年6月5日。

[5] 依据条约的规定，其生效的前提条件为其附件2所列明的44个国家全部递交批准书之后的180天。至今，这44个国家中的朝鲜、印度和巴基斯坦仍未签署该条约，另有5个国家（包括埃及、美国、以色列、伊朗和中国）虽然签署了条约，但尚未批准。See "Comprehensive Nuclear Test Ban Treaty (CTBT)", https://www.nti.org/education-center/treaties-and-regimes/comprehensive-nuclear-test-ban-treaty-ctbt.

的规则的制定奠定了基础。

（二）外空条约体系：防止外空军备竞赛和武器化的重要国际法基础

包括 1967 年《外空条约》在内的五个外层空间条约组成的条约体系为外空秩序的维护奠定了坚实的国际法基础。《外空条约》确定的"外空活动全人类共同利益""为和平目的探索和利用外空""外空不得据为己有"以及"外空国际合作"等外空法基本原则对于防止外空军备竞赛和武器化都有重要的指导意义。对此，本书第二章已经做了相应阐释，此不赘述。不过，从条约具体内容的角度看，外空条约体系中的 1967 年《外空条约》与 1979 年《月球协定》的相关条款对于防止外空武器化和军备竞赛都有相对明确的规定，有必要予以进一步分析。

1.《外空条约》对防止外空军备竞赛和武器化的意义及缺陷

《部分禁止核试验条约》禁止在外空开展核试验，但正如上述，对于外层空间的具体活动而言，该条约的相关规则存在明显不足，制定针对外空军备控制的更为综合和具体的规则便是一个必然要求。

早在 1961 年，美国时任总统肯尼迪便向联合国大会宣称："我们正在全球范围内推动法治，所以我们也有必要将法治推延至人类活动的最新领域，即：外层空间。"[1]之后不久，联合国大会通过 1721（XVI）号决议，该决议明确提出，外层空间和天体不得做领土宣告，国际法规则适用于外空相关领域。[2]在美、苏、英三国签署《部分禁止核试验条约》之后不久，联合国随即于 1963 年通过了 1884（XVIII）号决议，该决议确定了禁止在外层空间部署大规模杀伤性武器这一规则。[3]在此基础上，1963 年 12 月 13 日，联合国大会一致通过了名为《各国探索和利用外层空间活动的法律原则宣言》的 1962（XVIII）号决议，该决议包含了为全人类谋福利、外层空间自由探索和利用、不得据为己有、外空国际合作等基本法律原则，并对外空物体的登记和管辖权、外

---

[1] Albert K. Lai, *The Cold War, The Space Race and the Law of Outer Space*, Routledge, 2021, p. 105.

[2] "International Cooperation in the Peaceful Uses of Outer Space", A/RES/1721（XVI）20 December, 1961.

[3] "Question of General and Complete Disarmament", A/RES/1884（XVIII）, 17 October, 1963.

第三章 防止外空武器化与军备竞赛的国际法规则："硬法"与"软法"的并存与协调

空物体损害责任以及宇航员营救等具体活动做了概括性规定,[1]而这些原则和规定的内容大多被纳入了1967年的《外空条约》。[2]

联合国大会的系列决议与1967年《外空条约》奠定了指导外空活动开展的重要法律基础，将国际社会认可的基本国际法原则和规则扩展适用到了外层空间这一人类活动的新疆域，在很大程度上抑制了外空军备竞赛和武器化的发展。冷战背景下制定的相关国际规则（尤其是军控条约）自身便存在诸多缺陷，这些缺陷也同样延伸到了外层空间。当然，作为具有奠基意义的国际法规则，《外空条约》对于禁止外空军备竞赛和武器化的重要意义不可忽视。

（1）《外空条约》对防止外空军备竞赛与武器化的重要意义。1967年《外空条约》对维护外空活动基本秩序的重要意义毋庸置疑，而在防止外空武器化和军备竞赛问题上，其重要意义可概述如下：

第一，确立了外层空间活动规制的国际法基础。无论是从在所有空间条约体系中的重要地位的角度，还是从其自身规定的内容角度看，1967年《外空条约》都是确立外空活动国际法基础的最重要的国际条约。从人类社会具备空间活动能力到国际社会第一部规制外空活动规则的制定和颁布，其间仅经过了10年的时间。从1967年至1979年的短短12年的时间里，国际社会相继制定并通过了5部与外空活动相关的条约，构成了规范外空活动的国际条约体系。但从1979年《月球协定》通过之后至今的超过40年的时间里，国际社会再未通过任何规制外空活动的国际条约，以联合国大会决议以及相关国际组织文件为主要表现形式的"软法"规则逐渐在外空活动规范体系中占据重要地位。在人类外空活动的前几十年的时间中，能够在国际社会快速形成较为完备条约体系得益于与外空性质相似或者有一定关联的领域法律规则的积累，也与条约谈判、制定时的国际背景相关。因此，以1967年《外空条约》为代表的一系列空间国际条约至今为止仍是外空活动最重要的国际法基础。

1967年《外空条约》的制定与冷战期间两大阵营军控条约和规则的谈判与制定密切相关。因此，其确定的基本原则、规范以及此后以之为基础制定

---

[1] "Declaration of Legal Principles Governing the Activities of States in the Exploration and Uses of Outer Space", A/RES/1962（XVIII）, 13 December, 1963.

[2] 参见1967年《外空条约》序言第3段，正文第1~3条、第6~8条。

的4部国际条约都延续了维护外空和平与安全的思路。从这个意义上看,《外空条约》确立了防止外空武器化和军备竞赛的基调。特别需要说明的是,从外空活动初期便以条约这种"硬法"的方式对相关活动采取规制,为之后的发展确定了基本路径。即便目前规制外空活动"硬法"模式的发展陷入了困境,但已经形成的条约体系仍然具有基础性意义。部分国家可以采取单边措施突破国际条约体系原则和规范,但不能突破条约体系本身。这在很大程度上保证了对外空武器化和军备竞赛规制的法律表现形式的稳定性,也为未来的进一步发展提供了可能性。

第二,确定了以《联合国宪章》为代表的现行国际法规则对外空活动的适用性。在针对外层空间活动的相关国际规则的谈判过程中,以美国为代表的相关国家曾表达过将已经确立的国际法规则同样运用至外层空间这一人类活动的新领域的想法。与美国对立的一派观点则将外层空间视为一个特殊的领域,并追求这一领域规则的自洽性。[1]而1967年《外空条约》第3条的规定则从国际规则层面对这一问题进行了明确的界定[2]。

从第3条规定的内容表述看,《外空条约》要求缔约国在开展探索和利用外层空间活动中遵守国际法和《联合国宪章》的目的在于维护国际和平与安全,并促进国际合作。如本书前文所述,外空和平利用以及国际合作已经成为世界各国普遍认可的开展外空活动的原则,而第3条的规定则在本质上将这些原则性规定作为缔约国义务予以提出。[3]当然,即便是作为缔约国义务,无论是国际和平与安全还是国际合作,都是十分宽泛的概念,在具体履行过程中,现行及后续的国际法规则(包括条约、国际习惯以及一般法律原则等)

---

[1] Olivier Ribbelink, "Article Ⅲ of the Outer Space Treaty", in Stephan Hobe, Berhard Schmidt-Tedd, Kai-Uwe Schrogl (eds.), *Cologne Commentary on Space Law* (*Vol.Ⅰ*), Carl Heymanns Verlag, 2009, pp. 64~65.

[2] 《外空条约》第3条规定:"各缔约国在进行探索和利用外层空间(包括月球及其他天体)的各种活动方面,应遵守国际法和《联合国宪章》,以维护国际和平与安全,促进国际合作和了解。"联合国大会于1961年通过的1721(ⅩⅥ)号决议,以及1963年宣言都明确提出了外空活动的开展应遵守包括《联合国宪章》在内的现行国际法规则。See Francis Lyall, Paul B. Larsen, *Space Law:A Treatise*, Ashgate Publishing Limited, 2009, p. 59.

[3] Olivier Ribbelink, "Article Ⅲ of the Outer Space Treaty", in Stephan Hobe, Berhard Schmidt-Tedd, Kai-Uwe Schrogl (eds.), *Cologne Commentary on Space Law* (*Vol.Ⅰ*), Carl Heymanns Verlag, 2009, p. 66.

第三章　防止外空武器化与军备竞赛的国际法规则:"硬法"与"软法"的并存与协调

都适用于外空活动以追求和平、安全以及合作的目的的实现。本节主要关注1967年《外空条约》对防止外空军备竞赛及武器化的意义,第3条规定本身与之直接相关,其意义不言而喻。不过,本条特别提及了国际法和《联合国宪章》,补充了条文本身所蕴含的内容。

从现行国际法体系看,与外空活动尤其是防止外空军备竞赛和武器化问题有一定相关性的规定主要集中在《联合国宪章》之中,其他专门性的国际条约和协议的相关性不甚明显。[1]《联合国宪章》第六章对和平解决国际争端做了较为详细的规定。[2]其中第33条明确指出:"任何争端之当事国,于争端之继续存在足以危及国际和平与安全之维持时,应尽先以谈判、调查、调停、和解、公断、司法解决、区域机关或区域办法之利用,或各该国自行选择之其他和平方法,求得解决。"本条对应宪章第2条规定的和平解决国际争端的基本国际法原则,同时也列举了争端解决的和平方式。从外空活动的角度看,理论和实务界针对外空争端更多地着眼于外空物体造成损害的争端、商业外空活动争端等,[3]但并不排除未来国家间因对外空及其他天体利用而产生其他类型的争端。因此,本条的规定对于防止外空武器化和军备竞赛而言具有重要的保障意义。另外,本条规定包括本条所回应的第2条的规定中所述"和平"二字对于防止外空武器化和军备竞赛的重要意义则更加明确了。

《联合国宪章》第七章规定了和平威胁、破坏以及应对方法。其中第51条规定:"联合国任何会员国受武力攻击时,在安全理事会采取必要办法,以维持国际和平及安全以前,本宪章不得认为禁止行使单独或集体自卫之自然权利……"本条规定的一个重要意义在于赋予了缔约国采用单独或集体自卫的权力。同时将行使该权力的前提界定为"武力攻击"。对于这一术语,存在不同理解,有研究者认为其应仅限于武装的或物理的形式,[4]也有观点认为

---

〔1〕 当然,需要指出的是,随着外空技术的逐渐发展以及人类外层空间活动的多元化发展,越来越多的国际法部门开始体现出适用于外空活动的特质。例如,有研究者以外空军备竞赛和武器化问题为起点延伸研究,讨论国际人道法规则适用于外空相关活动的可能性等,具体分析参见杨宽:"论国际人道法在外空武装冲突中的适用",载《人大法律评论》2018年第1期,第321~343页。

〔2〕《联合国宪章》第六章第33条~第38条。

〔3〕 对此,本书第二章做了详尽论述,参见第二章第八节的内容。

〔4〕 Tom Ruys, *"Armed Attack" and Article 51 of the UN Charter: Evolutions and Customary Law and Practice*, Cambridge University Press, 2010, p.55.

经济攻击的方式也应被纳入术语内涵范畴。[1]显然，过于狭窄和宽泛的解释都不利于本条的适用。对于本条更为普遍的理解是结合《联合国宪章》第2条第4款的规定，将之视为一个"一揽子"条款，旨在全面、综合地禁止所有武力和武力威胁行为，而不考虑其影响和严重程度。[2]对于防止外空武器化和军备竞赛问题而言，第51条的重要意义在于禁止了从任何位置以任何方式针对外空物体使用武力或威胁使用武力的行为，同时也禁止了使用空基武器从外层空间武力攻击或威胁任何位置的人员和财产的行为，这为未来更为详尽规则的制定指明了方向。[3]

第三，确定了外层空间探索和利用的诸多法律原则。本书第二章对外空法基本原则及其对于保障外空安全的重要意义进行了全面梳理和分析。而这些法律原则的大多数均是由1967年《外空条约》确定的。

对于防止外空武器化和军备竞赛而言，"外空活动全人类共同利益""为和平目的的探索和利用外空"以及"外空争端和平解决"原则具有直接推动作用。其他多项原则如"外空国际合作""外空可持续发展"以及"外空活动信息公开透明"原则等则具有间接促进作用。从外空国际规则发展的进程看，1996年联合国大会通过的《国际合作宣言》对"外空国际合作"原则作出了细节性的解释，为相关国家具体合作活动的开展提供了依据。[4]对于禁止外空武器化和军备竞赛有直接指导意义的几项法律原则，目前国际社会并未制定文件进行权威解释。事实上，针对禁止外空武器化和军备竞赛这一问题本身，单纯解释上述一项或几项原则已无法应对日新月异的技术发展和日趋复杂的国际关系带来的挑战。基本法律原则从总体上勾勒了开展外空活动的轮廓，即便不直接进行阐释，未来针对防止外空武器化和军备竞赛规则的制定也仍要围绕相关原则展开。

---

[1] Tom Ruys, *"Armed Attack" and Article 51 of the UN Charter: Evolutions and Customary Law and Practice*, Cambridge University Press, 2010, p.56.

[2] Tom Ruys, *"Armed Attack" and Article 51 of the UN Charter: Evolutions and Customary Law and Practice*, Cambridge University Press, 2010, p.57.

[3] 例如，中、俄在裁军谈判会议提出的《防止在外层空间放置武器、对外层空间使用或威胁使用武力条约草案》便延续了本条规定的思路。对该草案的具体分析，参见本章第二节的内容。

[4] 外空国际合作原则包括1996年《国际合作宣言》对包括禁止外空武器化和军备竞赛在内的外空安全保障问题有间接的推动作用。对此，本书第二章第四节做了详细论述。

第三章　防止外空武器化与军备竞赛的国际法规则："硬法"与"软法"的并存与协调

（2）《外空条约》对防止外空武器化及军备竞赛的缺陷。在美、苏冷战的大背景下，通过条约的方式规制外空活动这一做法具有十分重大的基础性意义。因此，无论是从外空活动的日常开展角度看还是从防止外空武器化和军备竞赛的角度看，《外空条约》的意义均远大于缺陷。当然，也正是由于受制于条约制定时的国际背景，其确定的相关法律原则及规则必然存在先天的缺陷和不足。

第一，《外空条约》虽然确定了防止外空武器化及军备竞赛的基本法律原则，但是对外层空间和轨道与月球及其他天体确定了不同的标准，确定了"和平目的"和"仅用于和平目的"的不同表述，该条约作出如此具有差异性表述一方面源于当时对核武器扩散的强烈担忧，另一方面也是因为在当时背景下美、苏两国政治博弈的需要，该条约第4条第2款便是摒弃美国提案而采纳苏联提案的结果。[1]然而，这样的表述为外空军事化活动的开展保留了合法性，也为核武器和大规模杀伤性武器之外的常规武器在外层空间（包括轨道）的部署提供了可能性。另外，即便是针对核武器和大规模杀伤性武器的禁止，《外空条约》包括前述1963年《部分禁止核试验条约》的规定也仍旧给携带核武器短暂经过外层空间的导弹的使用留有合法性空间。[2]

第二，虽然《外空条约》被评价为继《部分禁止核试验条约》之后的最重要的外空军控条约，[3]但是条约本身仅针对防止外空武器化和军备竞赛做了较为原则性的规定，没有进一步规定具体的军控措施。《外空条约》通过之后，国际社会相继通过《营救协定》《责任公约》以及《登记公约》细化外空活动中的其他重要问题，但是没有制定与防止外空军备竞赛和武器化有关的条约。1979年《月球协定》有进一步推动外空基本原则和规则发展的意图，也试图对《外空条约》没有明确规定的相关内容予以说明，[4]但《月球

---

[1] See Bin Cheng, *Studies in International Space Law*, Oxford University Press, 1997, p. 247.

[2] See Bin Cheng, *Studies in International Space Law*, Oxford University Press, 1997, p. 246.

[3] See Bin Cheng, *Studies in International Space Law*, Oxford University Press, 1997, p. 247.

[4] 《月球协定》对月球及其他天体探索和开发活动中的军事行为进行了详细规制，同时设想了月球资源开采的国际法律框架，其目的是避免月球变成国际冲突的场所。这些规范对实现外空安全具有积极意义，且与《外空条约》的原则性规定相比，《月球协定》提出了具体的制度措施，因此从某种意义上讲，起草者试图通过《月球协定》开启空间条约时代的最新阶段。参见聂明岩：《"总体国家安全观"指导下外空安全国际法治研究》，法律出版社2018年版，第25页。

协定》本身的失败结束了外空国际规则发展的条约阶段，未来能否制定新的国际条约规定防止外空武器化和军备竞赛的细节性问题，从而进一步完善现行外空条约体系是一个未知数。

第三，对于《外空条约》确定的"外空国际合作"原则，联合国大会通过制定1996年《国际合作宣言》进行了权威解释，细化了这一原则的内涵，在很大程度上消除了世界各国对这一原则解释的不确定性。而针对"为和平目的探索和利用外空"这一对于防止外空武器化和军备竞赛具有直接指导意义的国际法原则，联合国大会以及其他相关机构尚未通过类似《国际合作宣言》的解释文件，没能从"软法"层面对《外空条约》确定的这一军控基本原则进行有效补充。

2.《月球协定》对防止外空武器化及军备竞赛的意义与缺陷

1967年《外空条约》框架下的相关规则基本同等适用于外空与月球及其他天体。而1979年的《月球协定》则是专门针对在月球及其他天体上开展的活动予以规制的国际条约。对于月球及其他天体，世界各国普遍关注的活动主要包括如下两个层面：其一，在月球及其他天体上开展军事活动的可能性；其二，探索、开发月球及其他天体上的自然资源。[1]对于大多数国家而言，月球及其他天体资源开发的法律制度更值得关注，当时参与条约谈判的代表国家主要针对月球资源开采的全人类共同继承财产法律原则展开争论。但正如郑斌教授所言，在大多数国家都更为关注月球资源开发的法律原则时，苏联则更加关注确立月球及其他天体完全非军事化的法律原则。因为对于美、苏这样的空间强国而言，外空政治和军事层面的法律规则要比经济层面的规则更重要。[2]换言之，《月球协定》虽然主要旨在确定月球及其他天体资源探索和开发的法律规则，但其对于防止外空武器化和军备竞赛的意义也尤为值得关注。

（1）《月球协定》对于防止外空武器化和军备竞赛的意义。《月球协定》第3条规定了月球及其他天体的非军事化利用原则。该条由4款组成。其中

---

[1] 事实上，在1966年苏联月神-9（Luna-9）航天器首次在月球实现软着陆之后，美国便提出了对这两个问题的关注。See Ram Jakhu, Peter Stebbe, "Article 3 (Peaceful Purpose/Demilitarization) of the MOON", in Stephan Hobe, Berhard Schmidt-Tedd, Kai-Uwe Schrogl (eds.), *Cologne Commentary on Space Law* (Vol. Ⅱ), Carl Heymanns Verlag, 2013, p. 358.

[2] Bin Cheng, *Studies in International Space Law*, Oxford University Press, 1997, p. 362.

第三章 防止外空武器化与军备竞赛的国际法规则:"硬法"与"软法"的并存与协调

第1款明确提出月球应"仅用于和平目的"。虽然对"和平目的"的含义存在不同解释,但是对于"仅用于和平目的"这一表述,世界各国基本认可其蕴含完全非军事利用的意义,否则"仅"字的运用便显得赘余了。[1]该款的规定回应了《外空条约》第4条第2款的内容,总体上确定了在月球及其他天体活动的绝对和平的底色。

第3条第2款规定:禁止在月球上使用武力或以武力威胁,或者从事任何其他敌对行为或以敌对行为相威胁。此外,该款同样禁止了利用月球对地球、月球、航天器等外空物体或相关人员使用武力和威胁的行为。《外空条约》并未包含与本款规定相同或相似的表述,但该款的规定很显然是对《联合国宪章》第2条第4款所确定的禁止使用武力和武力威胁基本国际法原则在月球及其他天体活动范畴的内化,也在一定程度上对《外空条约》进行了补充。

第3条第3款和第4款的规定基本上重复了《外空条约》第4条的内容,要求缔约国不得在环绕月球轨道、飞向或飞绕月球轨道以及月球或月球内放置载有核武器或任何其他种类大规模杀伤性武器的物体。此外,禁止在月球上建立军事基地、军事装置及防御工事,试验任何类型的武器及举行军事演习。这两款规定首先确定了月球上的非军事化原则,这是对"仅用于和平目的"法律原则的诠释;其次明确了关于环绕、飞向和飞绕月球的轨道的要求。

总的看来,《月球协定》关于防止外空武器化和军备竞赛的规则较《外空条约》的规定有一定的细化和补充意义,但并无太大突破。

(2)《月球协定》对于防止外空武器化和军备竞赛的缺陷。《月球协定》的一个主要缺陷是其在国际社会的认可度不足,无法发挥应有的作用,对于防止外空武器化和军备竞赛问题,这也是其存在的主要缺陷。从规定的具体内容看,除了重复《外空条约》的已有规定之外,第3条起到了一定的补充作用,但总体受限于"和平目的"和"仅用于和平目的"内涵的区分,对环绕、飞向和飞绕月球轨道采用了与《外空条约》相同的标准,未对除核武器

---

[1] Ram Jakhu, Peter Stebbe, "Article 3 (Peaceful Purpose/Demilitarization) of the MOON", in Stephan Hobe, Berhard Schmidt-Tedd, Kai-Uwe Schrogl (eds.), *Cologne Commentary on Space Law* (*Vol. Ⅱ*), Carl Heymanns Verlag, 2013, p. 361.

和大规模杀伤性武器之外的常规武器作出禁止性规定。此外，《月球协定》主要关注月球及其他天体资源开发规则的制定，虽然在其序言中明确提出了"切望不使月球成为国际冲突场所"的目的，但是并未在此基础上制定更为详尽的行为规则。而针对资源开采问题所规定的"全人类共同继承财产"原则则成了世界各国拒绝签署该公约的重要理由之一，客观上也终结了外空国际规则发展的第一阶段，为防止外空武器化和军备竞赛规则的后续发展埋下了不确定性。

综上所述，人类外空活动的开展起源于美、苏两国冷战期间的在各个层面（尤其是军事层面）的激烈竞赛和对峙，所以外空活动从诞生那一刻起便具有军事利用的属性。而这项能使应用者占据战略制高点的技术恰巧诞生于核武器和大规模杀伤性武器不断成熟并达到足以毁灭人类的历史阶段，[1]这就注定了随之而来的相关法律规则的主要内容一定与此相关。之后相继通过的1963年《部分禁止核试验条约》、1967年《外空条约》以及1979年的《月球协定》的相关规定也的确如此。基于客观历史条件的限制，传统的规制外空活动尤其是外空武器化和军备竞赛的"硬法"规则都存在着先天不足，但总体而言，其对于防止外空武器化和军备竞赛的意义仍不容小觑。

1979年《月球协定》的失败宣告了外空规则发展的国际条约阶段的结束，此后国际社会再未通过新的规制外空活动的"硬法"规则。针对防止外空武器化和军备竞赛问题，中国和俄罗斯于2008年2月12日向裁军谈判会议第1089次全体会议提交了《防止在外层空间放置武器、对外层空间使用或威胁使用武力条约草案》（《PPWT草案》）[2]，开启了通过"硬法"规制外空活动，尤其是外空武器化和军备竞赛活动的新篇章。

二、通过"硬法"规制外空武器化及军备竞赛的新尝试

早在1999年，中国代表团便向裁军谈判会议提交了《关于重建防止外空军备竞赛特设委员会及其职权的决定草案》[3]，之后分别于2000年至2004

---

[1] 对核武器的研发历史的介绍，See "Nuclear Weapons History", https://www.icanw.org/nuclear_weapons_history.

[2] 《裁军谈判会议提交联合国大会的报告》，CD/1853，第40段，2008年9月9日。

[3] 《关于重建防止外空军备竞赛特设委员会及其职权的决定草案》，CD/1576，1999年3月18日。

第三章　防止外空武器化与军备竞赛的国际法规则:"硬法"与"软法"的并存与协调

年,2007 年提交了数个关于防止外空武器化和军备竞赛的提议,[1]试图从多个角度为防止外空武器化和军备竞赛的法律规则的制定提出思路。2008 年会同俄罗斯一同正式提出的《PPWT 草案》则可以视作对我国多年推动防止外空武器化和军备竞赛法治化进程实践的一个阶段性总结。自 2008 年提出之后,诸多国家针对《PPWT 草案》的相关内容展开了广泛讨论,并针对其存在的相关问题提出了建议。在广泛吸收世界各国意见的基础上,2014 年 6 月 10 日,中、俄在裁军谈判会议第 1319 次会议上正式介绍了经过更新的《PPWT 草案》案文。[2]

有必要指出的是,人类社会对于外空技术和外空资产的依赖以及外空武器化和军备竞赛给外空安全带来的巨大威胁已经到了必须面对的关键时刻,应当提出有效解决措施。《PPWT 草案》是 1979 年《月球协定》失败之后针对外空规制提出的最重要的国际"硬法"模式,依据草案自身规定,其生效条件为 20 个国家包括联合国安理会所有常任理事国的批准[3],这显然是一个极具挑战性的目标。但无论如何,《PPWT 草案》的提出在很大程度上为外空军控国际立法提供了新的选项,具有十分深远的意义。

(一)《PPWT 草案》的主要内容:兼及 2008 年版与 2014 年版的比较

《PPWT 草案》序文介绍了其制定背景,总结 2008 年与 2014 年两个版本的序文内容,《PPWT 草案》制定背景可被概括为如下:其一,国际社会充分

---

[1] 相关文件包括:"2000 年 2 月 9 日中国常驻裁军谈判会议代表致会议秘书长的信,其中转交一份工作文件,题为《中国关于裁谈会处理防止外空军备竞赛问题的立场和建议》",CD/1606,2000 年 2 月 9 日。"2001 年 6 月 5 日中国常驻代表致裁军谈判会议秘书长的信其中转交一份工作文件题为《关于防止外空武器化国际法律文书要点的设想》",CD/1645,2001 年 6 月 6 日。"2002 年 6 月 27 日中华人民共和国常驻裁军谈判会议代表和俄罗斯联邦常驻裁军谈判会议代表致会议秘书长的信,其中转交一份题为《防止在外空部署武器、对外空物体使用或威胁使用武力国际法律文书要点》的工作文件的中文本、英文本和俄文本",CD/1679,2002 年 6 月 28 日。"2002 年 8 月 28 日中华人民共和国常驻裁军谈判会议代表致会议秘书长的信,其中转交一份题为《关于建立防止外空军备竞赛特委会及其职权的决定草案》的文件的中文本和英文本",CD/1682,2002 年 8 月 30 日。在裁军谈判会议 2004 年第 966 次全体会议上,中国和俄罗斯代表散发了 2 份非正式文件,题目分别为《现有国际法律文书与防止外空武器化问题》和《外空法律文书的核查问题》。2007 年 3 月 7 日,中、俄常驻裁军谈判会议代表转交各方对防止外空军备竞赛工作文件(即 2002 年 6 月 28 日提交裁军谈判会议工作文件)的意见和建议汇编的 2007 年 2 月 12 日的第三次修订版。
[2] 《裁军谈判会议提交联合国大会的报告》,CD/2004,第 42(b)段,2014 年 9 月 10 日。
[3] 《PPWT 草案》第 13 条(2008 年版),第 10 条(2014 年版)。

认同外层空间对于人类未来发展的重要意义；其二，在外空放置武器或者使外空成为新的军事对抗领域不仅不利于对空间资产安全的保障，对于国际和平与安全也是重大威胁；其三，现行双边、多边军控协议及外空相关法律规则和制度虽有积极作用，但不能充分防止在外空放置武器的行为。基于此，《PPWT草案》试图通过推动相关规则，达成有效、可核查的多边、双边协议，从而防止外空武器化和军备竞赛。从规定的具体内容角度看，2008年版共14条，2014年版减少1条，共13条。但两个版本的规则框架大体相同，可以概括为定义界定、条约义务、条约遵守、执行机构建立、争端解决以及条约签署、批准、生效、修正和退出等几个方面的内容。

（1）定义的界定。2008年版与2014年版的《PPWT草案》都对相关重要概念进行了界定，不过两个版本的内容稍有不同。2008年版针对"外空""外空物体""在外空的武器""放置"以及"使用武力"或"威胁使用武力"等概念进行了阐释。[1]这五组概念围绕条约草案的制定目的和规定的具体义务的内容层层递进展开，有一定的科学性。不过也容易引起相关争议，其中最为显著的问题便是对"外空"的概念进行了具体说明。

外层空间和空气空间界限划分是人类具备外空探索能力以来便存在的一个巨大争议的问题。迄今为止，世界各国尚未对此达成普遍共识，在学术界提出的多种学说中，[2]以人造地球卫星轨道最低点为依据确定的地球海平面100公里以上空间为外层空间的认定虽然开始慢慢得到理论界和部分国家立法实践的认可，[3]但将之纳入一份供世界所有国家签署的条约草案中，在短时间内很难得到认同。因此，2014年《PPWT草案》删除了对该术语的定义。

"外空物体"是两个版本草案都予以明确说明的定义。2008年版采用了列举方式，提出外空物体的范围包括：为在外空运行设计的、被发射进入环

---

[1]《PPWT草案》（2008年版），第1条。

[2] See Olavo de Oliveira Bittencourt Neto, *Defining the Limits of Outer Space for Regulatory Purposes*, Springer 2015, pp. 41~59.

[3] 将100千米作为空气空间与外层空间的分界线的较为典型的国内立法为《澳大利亚空间活动法案》。该法案规定，运载器是指可以搭载有效载荷进入海平面100千米以上的距离或从其返回的运载工具。虽然本法并未直接对空气空间与外层空间的界限进行说明，但仍在某种程度上认同了100千米这一划分标准。See Sect. 8-Definitions, "Space Activities Act", 1998 Act No. 123 of 1998 as amended.

第三章　防止外空武器化与军备竞赛的国际法规则："硬法"与"软法"的并存与协调

绕任何天体的轨道，或在任何天体轨道运行，或除地球外任何天体上，或离开任何天体的环绕轨道降落该天体，或从任何天体飞向另一天体，或利用任何其他方式被置于外空的装置。[1]列举的方式可以较为细致、明确地说明外空物体的特征，不过其最为明显的缺陷是很难周延。2014年版摒弃了这种做法，总括性地将这一术语概括为被放置在外空、专为在外空运行而设计的任何装置。[2]两个版本的草案都没有直接采纳《责任公约》与《登记公约》针对"外空物体"所作的不甚完善的定义，[3]而是在其基础上作出了更为完备的补充，这是一个值得肯定的进步。当然，鉴于世界各国在外层空间利益的多元化加之空间科技的复杂化，两个草案版本对"外空物体"所做的这一定义仍需随着草案谈判的进一步开展而逐步完善。

2008年版与2014年版《PPWT草案》确定的另外一个重要的术语为"在外空的武器"。[4]对此，两个版本的规定大致相同，确定在外空的武器主要是那些基于物理原理用于消除、损害或者干扰位于外空、地球表面或空气空间中物体的正常功能，以及消灭人口和损害人类生存生物圈的设备。对于在外空的武器的性质，2008年版将之界定为"装置"，2014年版则直接采用了"外空物体或其组成部分"的说法，与"外空物体"的概念形成呼应，避免了割裂理解"外空物体"与"在外空武器"概念的风险。

为细化"外空物体"包括"在外空的武器"的概念，两个版本的草案都进一步明确了"放置在外空"（2008年版为"放置"）的定义。[5]提出一个装置如果至少绕地球一圈，或在离开绕地轨道之前沿该轨道运行一段，或被置于外空当中的任何位置或在地球外的任何天体上则为"放置在外空"。

"使用武力"或"使用武力威胁"是两个版本的草案都予以确定的另一重要概念。[6]2008年版的规定相对简单，且注重对术语内涵的描述，2014年

---

[1]《PPWT草案》（2008年版），第1条第2款。
[2]《PPWT草案》（2014年版），第1条第1款。
[3]《责任公约》与《登记公约》对"外空物体"所作的说明如下：(本公约)称"外空物体"者，包括外空物体之构成部分以及该物体之发射器与发射器之部分，(《责任公约》第1条第4款)；《登记公约》第1条第2款有相同表述。
[4]《PPWT草案》第1条第3款（2008年版）；第1条第2款（2014年版）。
[5]《PPWT草案》，第1条第4款（2008年版）；第1条第3款（2014年版）。
[6]《PPWT草案》，第1条第5款（2008年版）；第1条第4款（2014年版）。

版则几乎摒弃了2008年版的做法，将"使用武力"界定为针对他国管辖和（或）控制下的外空物体采取的蓄意损害行为；将"使用武力威胁"的概念界定为以书面、口头或其他任何方式表达采取这些行动的意图。

（2）条约义务。《PPWT草案》（包括2008年版与2014年版）第2条规定了缔约国最为核心的义务，简单概括为如下几个方面：①不在外空（包括地球轨道和天体）放置任何类型的武器；②不对缔约国的外空物体使用武力或以武力威胁[1]；③不以其他方式从事与条约内容和宗旨不符的活动。

相较于其他外层空间条约，《PPWT草案》为推动防止外空武器化和军备竞赛创设了极为重要的义务，与已有国际规则形成了互为补充之势，具有重要意义。当然，在创设义务的同时，草案也注重与现有国际规则进行协调，两个版本都明确规定本条约义务不影响缔约国依据《联合国宪章》第51条行使其固有的单独或集体自卫权。另外，条约义务也不影响缔约国依据国际法和国内法享有的和平探索和利用外层空间的权利。

（3）条约遵守。在推动防止外空武器化和军备竞赛进程中，以条约这样的"硬法"规则明确规定缔约国应遵守的相关义务是一个值得肯定的重大进步。然而，假设条约得到了世界主要空间强国的认可并生效，如何保证对条约义务的遵守仍是一个必须要解决的问题。为此，《PPWT草案》规定了如下两项措施：其一，提议缔约国在条约通过之后通过制定附加议定书的方式规定对条约执行情况采取的监督（核查）措施；[2]其二，倡议缔约各国在自愿的基础上执行商定的透明度与信任措施。[3]监督（核查）措施相关规则建立的可行性和执行的有效性仍有待条约生效之后的实践予以检验，而建立透明度与信任措施的提议则与国际社会目前针对防止外空武器化和军备竞赛的"软法"方法不谋而合。因此，从某种意义上讲，《PPWT草案》是一项以"硬法"为表现形式，同时不排除运用"软法"规则的具有多元化性质的提案。

（4）执行机构的建立。2008年版与2014年版《PPWT草案》都包含建

---

[1] 在2008年版中，相同的规定中采用的表述为："不对外空物体使用武力或武力威胁"，并未突出针对缔约国空间物体的义务要求。

[2] 2008年版所作规定的用语为"核查措施"；2014年版则采用了"监督措施"的说法。参见《PPWT草案》第6条（2008年版）；第5条（2014年版）。

[3] 《PPWT草案》第6条（2008年版）；第5条（2014年版）。

第三章 防止外空武器化与军备竞赛的国际法规则:"硬法"与"软法"的并存与协调

立条约执行机构的条款,并对该机构的职能进行了规定。2008年版草案确定执行机构的职能包括:审议缔约国有关其他缔约国违反条约的询问;考虑缔约国履行条约义务的事务;组织缔约国处理关于某缔约国违反条约情况的磋商;采取措施终止缔约国的违约行为。[1]2014年版则在此基础上进一步细化了执行机构的职能。除了涵盖2008年版所述职能之外,规定在磋商无法解决缔约国违约争端的情形下,执行机构可进一步将争端提交联合国大会或安理会。此外,2014年版新增了机构举行会议讨论条约修正案、制定集合数据共享与信息分析程序、收集和散发缔约国有关建立透明度和信任措施组成部分的信息、处理新的缔约国加入以及处理其他程序性和实质性问题的职能。[2]对于执行机构自身的设立程序、工作机构组成、运行程序以及工作细则等,两个版本的草案都明确规定应在一个单独的附加议定书中予以明确。

(5) 争端解决。从上述介绍中可以看出执行机构具备一定的有关违约争端解决的职能。除此之外,两个版本的草案还分别另行规定了缔约国争端解决问题。2008年版规定相对简单,针对条约适用和解释的争端规定了商议、磋商与合作的前置程序,若无法解决则提交条约执行机构处理。[3]2014年版进一步细化了澄清和磋商程序,并规定执行机构通过召集缔约国会议的方式解决前置程序无法解决的争端。若缔约国会议仍无法解决,则提请联合国大会或安理会注意。针对涉及需要适用1972年《责任公约》程序解决的争端,则依据公约规定予以解决,[4]这一规定也体现出了《PPWT草案》与已有公约和规则协调互补的特征。

(6) 条约签署、批准、生效以及退出等程序性规定。签署、批准、生效及退出等程序性规定是条约的一般组成部分,两个版本的《PPWT草案》对此都做了规定。相关规定中需要注意的两个方面分别为政府间国际组织加入条约的情形以及条约生效的条件。针对第一个方面,草案指出,那些在外空中开展活动,声明接受本条约义务,且其多数成员为本条约缔约国的政府间

---

[1]《PPWT草案》(2008年版)第8条。
[2]《PPWT草案》(2014年版)第6条。
[3]《PPWT草案》(2008年版)第7条。
[4]《PPWT草案》(2014年版)第7条。

国际组织是加入条约的适格主体；针对第二个方面，即条约生效的条件，两个版本的草案规定一致，提出应有20个国家，包括所有联合国安理会常任理事国交存批准书之后生效。[1]

（二）《PPWT草案》对防止外空武器化及军备竞赛的不足及争议

在推动防止外空武器化和军备竞赛的进程中，《PPWT草案》有一定优势，也存在不少争议。从规定的具体内容角度看，《PPWT草案》直接触及了防止外空武器化和军备竞赛最为重要的两个方面，即防止在外空放置武器和对外空物体使用或威胁使用武力，这在国际社会尚属首次。从表现形式上看，《PPWT草案》采用了条约这种"硬法"模式；作为国际法最重要的渊源，条约在协调国际关系中的重大意义不言而喻。[2]当然，目前《PPWT草案》规定的内容和相关细节仍存在争议，有进一步完善的必要性，[3]并且条约的谈判、签署批准等一系列程序性要求也意味着拘谨、可怕的外交程序，[4]尤其是在防止外空武器化和军备竞赛这一关系国家和国际安全的敏感领域，在短时间内有效协调不同利益体并达成一项国际条约，其难度可想而知。本部分结合《PPWT草案》规定内容，讨论其目前在不同利益群体中存在的争议，有关草案在防止外空武器化与军备竞赛问题上的优势则留待后文与相关"软法"规则比较讨论。

2008年8月，即中、俄2008年版《PPWT草案》提交半年之后，美国常驻裁军谈判会议代表致信秘书长，转交了美国对《PPWT草案》意见的文件。[5]在中、俄于2014年6月联合向裁军谈判会议提交更新的草案之后，美国随即

---

[1] 《PPWT草案》第9~13条（2008年版）；第8~12条（2014年版）。

[2] [美]巴里·E.卡特、艾伦·S.韦纳：《国际法》（上），冯洁菡译，商务印书馆2015年版，第111页。

[3] 这与草案提议者，即中、俄的观点一致。中、俄代表在裁军谈判会议关于防止外空军备竞赛的多次讨论中指出，《PPWT草案》文本并非一成不变，欢迎各国代表提供建议和补充内容。参见"2017年9月7日智利常驻代表团致裁军谈判会议秘书长的普通照会，其中转交关于《防止外层空间军备竞赛的非正式讨论报告》"，CD/2100，2017年12月14日。

[4] [英]安托尼·奥斯特：《现代条约法与实践》，江国青译，中国人民大学出版社2005年版，第28~29页。

[5] "2008年8月19日美利坚合众国常驻代表致裁军谈判会议秘书长的信，其中转交对于2008年2月29日CD/1839号文件所载《防止在外空防止武器、对外空物体使用或威胁使用武力条约》草案所做的评论"，CD/1847，2008年8月26日。

第三章 防止外空武器化与军备竞赛的国际法规则:"硬法"与"软法"的并存与协调

于9月再次向裁军谈判会议秘书长转交了其对新草案的分析文件。[1]通过这两份文件的提交,美国对《PPWT草案》的缺陷进行了说明。虽然诸多意见不失偏颇之处,但作为联合国安理会常任理事国以及世界上最重要的空间强国之一,美国的意见值得重视。在其提出的诸多意见中,针对《PPWT草案》如下几项缺陷的阐述尤为值得注意:其一,草案概念界定可能存在的争议问题;其二,核查机制的缺失问题;其三,草案对于防止外空武器化和军备竞赛规定范围的不周延问题。

1. 概念界定的争议

在概念界定问题上,美国提交的分析文件首先对"在外空的武器"以及"放置在外空"两个术语提出了质疑。指出《PPWT草案》对"在外空的武器"定义的详细描述可能会禁止在外空部署或者放置任何"制造或改造的"用来消除、损害或者干扰在外空中物体正常功能的装置,无论其军事任务及该装置的具体技术如何。针对"放置在外空",美国提交的分析文件则提出如果武器被发射至亚轨道则不在草案的禁止之列。

关于"使用武力"或"威胁使用武力"的概念,2008年版与2014年版的规定存在差异,2014年版草案摒弃了2008年版草案关于该组定义中"造成暂时或不可逆转效应的行动"这一较为详尽的表述,美国提交的分析文件认为这一做法可能会引起歧义。此外,美国认为,2014年版草案对于这两个概念的界定突破了现行国际法的明文规定,是一种徒劳无功的做法,两个术语概念的缺失并不会影响《联合国宪章》第2条第4款对外层空间的适用。此外,2014年版草案在确定"使用武力"和"威胁使用武力"概念时,将行为的性质限定为"蓄意"造成的损害行动,美国提交的分析文件则认为将"蓄意"造成损害作为构成国际法下的使用武力的前提并不可取。

2. 核查机制缺失

核查机制缺失问题是美国针对《PPWT草案》提出的一项最为重要的质疑,也是现行版本在后续作进一步修订时应当予以重视的问题。

(1) 美国分析文件提出,无论是2008年版草案还是2014年版草案,都

---

[1] "2014年9月2日美利坚合众国驻裁军谈判会议代表团致会议代理秘书长的普通照会,其中转交美利坚合众国对2014年俄罗斯和中国所提《防止在外空放置武器、对外空物体使用或威胁使用武力条约》草案的分析",CD/1998,2014年12月3日。

没有将可以有效监督条约执行并具有法律约束力的核查机制作为条约的组成部分予以规定。虽然两个版本都提及未来通过制定一项条约附加议定书的方式确定核查措施，但这与美国的外空政策存在冲突。[1]

（2）2008年版草案与2014年版草案提出缔约国应该在自愿的基础上建立透明度与信任措施，美国愿意致力于达成可在发生危机时减少误判或误解风险的透明度与信任措施。但是，美国提交的分析文件同时也指出，草案致力于推动拟定军控协定。因此，透明度与信任措施只能起到补充作用，无法替代具有法律约束力的核查制度。

（3）美国提交的分析文件通过列举中、俄在裁军谈判会议上提交的其他文件，提出中、俄两国认同以目前的技术水平无法满足核查措施所需要的监测、跟踪和定位等前沿技术。[2]换言之，无论是从《PPWT草案》规定的内容还是从技术发展的角度看，建立有效的核查措施都并非短期内可以实现的目标，这也进一步强化了美国的否定态度。

3. 禁止范围的不周延性

《PPWT草案》规定的内容已经触及防止外空武器化和军备竞赛最核心的几个问题，但并未涵盖所有相关方面。对此，美国提交的分析文件认为这是外空军控协议制定中应予避免的缺失，详言之：

（1）美国提交的分析文件提出《PPWT草案》虽然禁止了在外空放置武器的行为，但并没有明确禁止研究、发展、生产和在地面储存这些武器，这可能导致缔约方在不违反条约义务的情况下建造和储存便于部署的天基反卫星导弹或弹道导弹防御能力。禁止部署武器的军控条约通常也禁止拥有、试验、生产和储存该类武器，以预防某个国家迅速退出条约。

（2）美国提交的分析文件提出，无论是依据2008年版还是2014年版草案的规定，研究、发展、试验、生产、储存以及部署地基反卫星武器都不在禁止之列，而这是目前对外空系统最为紧迫的威胁。此外，如果无法解释为

---

[1] 美国这一说法的提出所依据的是其2010年《国家外空政策》，依照该政策的规定，美国对外空军控的建议和概念加以考虑的前提是这些措施是公平、可核查并加强美国及其盟友的安全的。See "National Space Policy of the United States of America", 28 June, 2010, https://history.nasa.gov/national_ space_ policy_ 6-28-10. pdf.

[2] 对外空物体和外空环境进行监测、跟踪和定位的技术同样是进行有效外空交通管理的重要前提，详细介绍参见本书第四章第三节的内容。

第三章 防止外空武器化与军备竞赛的国际法规则："硬法"与"软法"的并存与协调

威胁使用武力，针对另一国外空物体进行的地基反卫星武器试验只涉及"飞近"等不对目标外空物体产生物理效应的行动，则这一试验亦不受到草案禁止。

总体而言，美国提交的分析文件从概念界定、核查机制以及草案规定内容涵盖范围角度阐释了其存在的不足。针对这些不足之处，有必要在《PPWT草案》未来谈判进程中予以进一步完善、修改。当然，美国提交的分析文件提出的诸多缺陷不仅仅涉及草案内容本身，也关系国际社会不同利益主体之间在外空军控问题上的争议和分歧，需要从多方面、多角度进行协调。

第二节 "软法"规则的发展与防止外空武器化及军备竞赛

1979年《月球协定》失败之后，国际社会倾向于通过制定"软法"规则规制外空活动中的诸多新兴问题。"软法"规则虽然不具备国际法约束力，但是一般系在联合国或具有重要影响力的国际机构或组织框架下达成，可以在较为广泛的范围内号召世界各国采取行动，对相关领域国际秩序的建立起到重要的推动作用。在防止外空武器化与军备竞赛问题上，相关"软法"规则可以被简单分为两类：一类针对建立外空活动透明度与信任措施这种间接的外空军控模式；另一类则直接针对涉及外空武器化和军备竞赛的活动作出规范。

一、以《ICoC草案》为代表的建立外空活动透明度与信任措施的"软法"规则

欧盟提出的《ICoC草案》具有推动外空活动稳定及可持续发展的综合性意义。从保障外空安全的角度看，草案同时涵盖了防止外空武器化与军备竞赛以及保障外空活动长期可持续性等诸多方面。但正如草案所表述的，其通过的目的之一是建立外空活动透明度及信任措施。作为推动保障外空安全的重要外空法原则之一，外空信息公开透明原则对于防止外空武器化与军备竞赛具有重要意义，而作为该原则执行措施的《ICoC草案》自然值得重视。需要注意的是，《ICoC草案》自身定位并非为单纯的外空军控规则，外空信息公开透明原则对于实现防止外空武器化及军备竞赛这样的军控目标也仅具有间接意义。但是，《ICoC草案》的提出时间与专注于外空军控目标的《PPWT

草案》几乎同步，以这种推动增强外空活动透明度与信任措施的"软法"方式作为防止外空武器化及军备竞赛的法律手段的思路也主要因此而来。故而，本书将《ICoC草案》作为防止外空武器化与军备竞赛的代表性"软法"规则予以分析。

（一）《ICoC草案》的提出与定位

2007年6月，欧盟将外空军备控制问题纳入了日程，[1]《ICoC草案》的提出便以此为背景。从这个角度看，《ICoC草案》在提议最初便设定了防止外空武器化和军备竞赛的明确目标。[2]2007年下半年，时任欧盟轮值主席国的葡萄牙起草了《欧盟外空活动国际行为守则》（第1版）；2008年初，斯洛文尼亚任轮值主席国，对第1版守则进行了更新，发布了《外空活动行为准则最佳实践指南》；同年6月更新的准则基本得到了欧盟成员国的认可；12月，欧盟理事会正式公布了《ICoC草案》。自公布之后，欧盟便展开了对《ICoC草案》进行修改完善的讨论，瑞典在担任轮值主席国期间发布了2个非公开非正式文件，对草案的执行以及可能的修改措施进行了说明。之后，欧盟对草案进行了数次修改、补充，直至2014年公布现行版本。[3]

《ICoC草案》由欧盟提出，最初也主要经欧盟国家认可和同意，具有显著的区域性特征。然而，自第1版提出后，欧盟就致力于向国际社会推广草案内容，并广泛征求主要空间国家意见。2008年6月，欧盟与美国、俄罗斯和中国展开对话，就准则草案交换意见。在《ICoC草案》于2008年12月正式公布之前，当时作为轮值主席国的法国便已将草案内容介绍给了美国，美

――――――

[1] Marcel Dickow, "The European Union Proposal for a Code of Conduct for Outer Space Activities", in Kai-Uwe Schrogl, Charlotte Mathieu, Nicolas Peter (eds.), *Yearbook on Space Policy* (2007/2008), Springer 2009, pp. 152~153.

[2] 在2007年6月，时任欧盟轮值主席国德国组织的"外空安全与武器控制及欧盟角色研讨会"上，德国大使卢德金便指出："针对外层空间军备控制问题，应该增加途径。相比于有约束力的禁止外空武器的条约，在采取措施的最初阶段，建议制定'行为守则'性质的规范。"引用德国大使的论证，See Marcel Dickow, "The European Union Proposal for a Code of Conduct for Outer Space Activities", in Kai-Uwe Schrogl, Charlotte Mathieu, Nicolas Peter (eds.), *Yearbook on Space Policy* (2007/2008), Springer 2009, pp. 153~154; Nina-Louisa Remuss, "Space and Security", in Christian Bruenner, Alexander Soucek (eds.), *Outer Space in Society, Politics and Law*, Springer 2011, p. 540.

[3] 对《ICoC草案》谈判及修改的详细过程的介绍，See Nina-Louisa Remuss, "Space and Security", in Christian Bruenner, Alexander Soucek (eds.), *Outer Space in Society, Politics and Law*, Springer 2011, pp. 540~541.

第三章 防止外空武器化与军备竞赛的国际法规则:"硬法"与"软法"的并存与协调

国提出了一系列评论和修改。在草案公布之后,欧盟也积极与诸多空间国家开展讨论,以期得到国际社会的认可。[1]2014年修订版本公布后,欧盟进一步于2015年7月邀请世界各国参加其在纽约联合国总部主办的为期1周的多边会议("纽约会议"),就《ICoC草案》的内容展开谈判。[2]显然,至此为止,欧盟已经将《ICoC草案》从欧盟内部文件推向了国际社会,期待实现从"磋商讨论"向"谈判"的转变。[3]

《ICoC草案》的一个重要目标是呼应联合国大会于2006年及2007年通过的《外空活动的透明度和建立信任措施》决议的要求,[4]推动建立外空活动透明度与信任措施。同时,《ICoC草案》也设定了推动外空军控以及外空活动安全、稳定开展的综合性目标。2008年首次公布的版本前言便提出:"包含透明度与信任措施的综合性准则可以促进共同和精确的谅解。"[5]可见,透明度与信任措施是草案综合性准则所包含的一项内容。2014年版对这一说法做了修改,但也明确提出了建立综合性措施以保障外空安全与可持续性的必要性,[6]除了建立外空透明度和信任措施之外,还希望通过促进合作、协调等方式保障外空可持续和平与持久利用。[7]

---

[1] Marcel Dickow, "The European Union Proposal for a Code of Conduct for Outer Space Activities", in Kai-Uwe Schrogl, Charlotte Mathieu, Nicolas Peter (eds.), *Yearbook on Space Policy* (2007/2008), Springer 2009, pp. 153~154.

[2] Lucia Marta, "Code of Conduct on Space Activities: Unsolved Critiques and the Question of Its Identity", 17 December, 2015, https://www.frstrategie.org/en/publications/notes/code-conduct-space-activities-unsolved-critiques-and-question-its-identity-2015.

[3] Paul Meyer, "Dark Forces Awaken: The Prospects for Cooperative Space Security", 58 *Simons Papers in Security and Development*, 3, 13 (2017).

[4] 决议邀请所有成员国……向联合国秘书长提出关于国际外层空间的透明度和建立信任措施的具体建议,以利于促进国际合作,防止外层空间军备竞赛。See "Transparency and Confidence-Building Measures in Outer Space Activities", United Nations General Assembly, Sixty-first Session Agenda item 90 (c), A/RES/61/75, 18 December, 2006; "Transparency and Confidence-Building Measures in Outer Space Activities", United Nations General Assembly, Sixty-second session Agenda item 98 (q), A/RES/62/43, 8 January, 2008.

[5] Preamble, Para. 10, "Draft Code of Conduct for Outer Space Activities", as approved by the Council on 8-9 December, 2008.

[6] Preamble, Para. 13, "Draft International Code of Conduct for Outer Space Activities", Version 31 March, 2014.

[7] Preamble, Para. 1, "Draft International Code of Conduct for Outer Space Activities", Version 31 March, 2014.

（二）《ICoC 草案》的主要内容

欧盟在公布《ICoC 草案》之后对其进行了数次修改，其中最新版本于 2014 年公布，该版本也是 2015 年在联合国会议谈判讨论的版本，因此本部分将以之为基础对草案内容进行简单梳理。

除前言部分外，2014 年《ICoC 草案》包括目标、范围和基本原则，外空活动安全（包含"Safety"与"Security"）及可持续性，合作机制以及组织机构等四个部分。

（1）目标、范围及基本原则。《ICoC 草案》制定的主要目标包括提高外空活动的安全及可持续性以及建立外空活动透明度与信任措施。如上所述，虽然透明度与信任措施是草案包含的综合性措施之一，但其直接意义是增强多边谅解和互信、防止冲突和对抗，从而增强国家、区域及全球的安全及稳定。从这个角度看，建立透明度与信任措施既是目的，也是手段。

《ICoC 草案》的适用对象为"外空活动"，包括草案签署国单独或与其他国家合作，或其管辖的非政府实体以及其在政府间国际组织框架下开展的发射空间物体（至地球轨道或轨道之外）的活动。[1]针对"外空活动"，目前并不存在国际社会普遍认可的权威概念，草案中提及的发射活动能否涵盖这一术语的全部内容值得商榷。从适用主体的角度看，草案向所有国家开放，各国可在自愿的基础上决定是否接受草案内容。此外，草案不妨碍国际法和国内法的适用且不具备法律约束力，因此草案提出了"签署国"（Subscribing States）的概念。

为了实现草案确定的目标，其规定了 4 项一般原则。分别为：其一，所有国家依据国际法规定，为和平目的自由进入、探索、使用外层空间而免受有害干扰；完全尊重外空物体安全（包括"Safety"与"Security"）及完整，并遵守为保障外空物体可持续发展而形成（制定）的国际实践、操作程序、技术标准及政策措施等。其二，各国有责任避免使用武力或威胁使用武力，破坏他国领土完整和政治独立。国家不得从事违反《联合国宪章》目的的任何行为，以及妨害各国依法享有的单独或集体自卫权。其三，各国有责任采取适当措施并开展善意合作，以避免对外空活动产生有害干扰。其四，各国

---

[1] Section I. Purpose, Scope and General Principles, Para. 20, "Draft International Code of Conduct for Outer Space Activities", Version 31 March, 2014.

第三章 防止外空武器化与军备竞赛的国际法规则:"硬法"与"软法"的并存与协调

有责任采取科学、民事、商业及军事活动,促进外空和平探索及利用,并应考虑全人类共同利益,采取一切适当措施避免使外空成为冲突的竞技场。[1]

(2)外空活动安全("Safety"与"Security")及可持续性。实现外空活动安全及可持续性是制定《ICoC 草案》的重要目的。草案本部分规定主要包含两方面内容:一方面针对外空运营,另一方面则针对空间碎片的减缓。两个方面相互影响、不可分割。

针对外空运营,《ICoC 草案》要求签署国建立和执行政策及程序措施,减少事故风险,避免外空物体碰撞以及对他国和平探索、利用外层空间的任何形式的有害干扰。除草案规定的正当情况外,签署国应避免任何直接或间接的对外空物体的损坏、毁灭。此外,签署国还应改善并履行国际电信联盟关于广播频率分配与空间服务的规则,关注此方面的有害干扰问题。[2]

关于空间碎片减缓问题,《ICoC 草案》对签署国日常空间运营的要求旨在最大限度地避免空间碎片的产生。并且,签署国还应依据联合国外空委《空间碎片减缓准则》的要求制定适当的国内政策、程序及措施等。[3]

(3)合作机制。《ICoC 草案》关于合作机制的规定包括空间活动通知、空间活动信息分享以及磋商机制等三方面的内容:①空间活动通知。《ICoC 草案》规定签署国应将可能影响他国外空物体飞行的空间活动或者可能产生空间碎片的碰撞事故等通知相关国家。有通知义务的国家可以通过《ICoC 草案》框架下的中央联络点(Central Point of Contact)或者外交途径将相关信息通报给可能受影响的其他国家。签署国之间也可以另行决定采取其他方式履行通知义务。如果签署国选择通过中央联络点进行通知,则有义务确定可能受影响的国家以便中央联络点及时向相关国家发出通知。[4]②空间活动信息分享。《ICoC 草案》要求签署国间分享包括与外空安全相关的以及可能影响

---

[1] Section Ⅰ. Purpose, Scope and General Principles, Paras. 25~28, "Draft International Code of Conduct for Outer Space Activities", Version 31 March, 2014.

[2] Section Ⅱ. Safety, Security and Sustainability of Outer Space Activities, Paras. 49~53, "Draft International Code of Conduct for Outer Space Activities", Version 31 March, 2014.

[3] Section Ⅱ. Safety, Security and Sustainability of Outer Space Activities, Paras. 54~55, "Draft International Code of Conduct for Outer Space Activities", Version 31 March, 2014.

[4] Section Ⅲ. Cooperation Mechanisms, Paras. 57~70, "Draft International Code of Conduct for Outer Space Activities", Version 31 March, 2014.

外空安全和可持续发展的空间政策与策略，主要空间研究和应用项目，以及阻止和减少空间事故、爆炸以及其他形式的有害干扰从而减缓空间碎片的空间政策及程序在内的有关信息。另外，《ICoC草案》要求签署国利用其空间态势感知能力，分享并预报空间环境信息，包括与可能给航天器正常运行带来风险的空间自然环境有关的信息等。[1] ③磋商机制。在不排除现有规则确定的磋商机制的前提下（如《外空条约》第9条及《国际电信公约》对磋商机制的规定），若一签署国发现其他签署国开展的空间活动可能对其产生影响，且有理由相信这些活动已经或可能违反了《ICoC草案》的规定，则可以要求开展磋商。磋商可以通过外交渠道或其他各方同意的方式开展，并应确定时间表，有效、及时地减少或避免风险的产生。[2]

(3) 组织机构。《ICoC草案》最后一部分规定了组织机构方面的内容，期待通过建立"签署国会议"以及"中央联络点"等常设性组织机构保障该草案的有效实施。"签署国会议"的主要职能包括审查该草案的执行情况，对该草案进行修改，讨论制定管理由空间技术发展带来的新问题的措施以及制定草案框架下规定的外空活动通知和信息分享的具体程序规则等。第一次"签署国会议"负责建立"中央联络点"。"中央联络点"是"签署国会议"的秘书机构，是推动、辅助签署国履行《ICoC草案》所要求的义务的常设机构，负责促进签署国之间进行信息分享，扮演签署国之间互相熟悉、交流的组织机构角色以及运营电子数据库和通信系统等。[3]

总体而言，欧盟希望通过《ICoC草案》推动保障外空活动的安全与可持续性规则的制定。该草案涵盖外空安全的"Safety"与"Security"层面，具有综合性特征。从规定的具体内容角度来看，该草案包含原则、机制及机构等多层次内容，具有完整性。当然，作为一种执行方式，《ICoC草案》建立透明度与信任措施对于防止外空武器化和军备竞赛的重要意义同样值得注意。

---

[1] Section Ⅲ. Cooperation Mechanisms, Paras. 71~79, "Draft International Code of Conduct for Outer Space Activities", Version 31 March, 2014.

[2] Section Ⅲ. Cooperation Mechanisms, Paras. 80~88," Draft International Code of Conduct for Outer Space Activities", Version 31 March, 2014.

[3] Section Ⅳ. Organizational Aspects, Paras. 90~107, "Draft International Code of Conduct for Outer Space Activities", Version 31 March, 2014.

第三章　防止外空武器化与军备竞赛的国际法规则："硬法"与"软法"的并存与协调

（三）《ICoC 草案》与建立外空透明度与信任措施

《ICoC 草案》除了在制定目标中明确提及推动建立外空活动透明度与信任措施之外，其他相关规定主要体现在合作机制以及组织机构规则部分。通过建立外空活动透明度与信任措施防止外空武器化与军备竞赛的逻辑基础是鼓励、建议各国通过开展合作、协商等对本国空间政策、活动及其他信息进行公开、交流，从而避免误判，进而防止冲突。与《专家组报告》类似，《ICoC 草案》重申了《外空条约》确定的外空国际合作基本原则，并依据 1996 年《国际合作宣言》的规定提出了对发展中国家利益的特别考虑。在合作机制方面，《ICoC 草案》提出的外空活动通知、信息分享以及签署国在自愿基础上采取措施熟悉彼此的空间项目、政策以及探索和利用外层空间的程序等都是建立外空活动透明度与信任措施的重要步骤。在此基础上，《ICoC 草案》还规定了通过建立"中央联络点"等机构实现信息交换的具体方式。与《专家组报告》相比，《ICoC 草案》进一步深入规定了建立外空活动透明度与信任措施的细节，并增强了可操作性。

《ICoC 草案》虽然具备建立外空活动透明度与信任措施执行方式的特征，但其有关合作机制的相关规定也明确指明其主要目的在于防止碰撞事故、爆炸和有害干扰以减缓空间碎片，总体上偏重外空安全的"Safety"层面。从防止外空武器化和军备竞赛的视角看，《ICoC 草案》有关透明度与信任措施的规定仅具有间接意义。当然，应当注意的是，建立透明度与信任措施本身也是一种间接的外空军控方式。

二、直接推动防止外空武器化及军备竞赛的"软法"规则

早在 20 世纪 80 年代，联合国大会便将防止外空军备竞赛列入了会议议程，并于每年通过名为《防止外层空间军备竞赛》的大会决议，从总括性层面介绍防止外空军备竞赛的重要性，回顾相关机构对此事项所作的努力，并为未来的工作方向提出建议。[1] 近年来，联合国大会防止外空军备竞赛的议题逐渐丰富，主要空间国家在此框架下不断发出提议。其中，俄罗斯于 2014

---

〔1〕 See "Prevention of an Arms Race in Outer Space", A/RES/36/97 C, 9 December 1981; "Prevention of an Arms Race in Outer Space", Federation of American Scientists, https://programs.fas.org/ssp/nukes/ArmsControl_ NEW/nonproliferation/NFZ/NP-NFZ-PAROS.html.

年提议并经联大表决通过的《不首先在外层空间放置武器决议》[1]，中、俄于2017年提议并经联大表决通过的《防止外空军备竞赛进一步切实措施》[2]以及以英国为代表的主要西方国家于2020年提议的《通过负责任行为准则、规则和原则减少空间威胁决议》[3]，都非常具有代表性，值得详细探讨。

（一）《不首先在外层空间放置武器决议》

以2021年12月6日联合国大会通过的最新版本为参照，《不首先在外层空间放置武器决议》的主要目标为在严格遵守现行相关法律制度的基础上研究采取切实措施，达成防止外空军备竞赛的协定，构建"人类命运共同体"。[4]

现行规则未能实现防止外空军备竞赛的目的，因此需要法律予以进一步推动与创新。对此，《不首先在外层空间放置武器决议》指出，中、俄于2008年提议并于2014年更新的《PPWT草案》值得关注。此外，该决议提出应以裁军谈判会议作为防止外空军备竞赛的唯一多边谈判论坛，以中、俄2014年《PPWT草案》为基础早日开展实质性工作。而在尚未有突破性进展达成最终协定之前，则可以采取其他措施助力确保不在外层空间放置武器。该决议提出的鼓励所有国家、特别是空间国家考虑是否可能酌情作出不首先在外层空间放置武器的政治承诺便是措施之一。

《不首先在外层空间放置武器决议》得以提出的一个重要前提是若干国家已经作出了关于不首先在外层空间放置武器的政治声明，决议倡议内容的实现也以此为基础。从俄罗斯等国家向裁军谈判会议转交的文件中，我们可以找到相关国家针对不首先在外空放置武器所作出的政治声明的依据。2013年7月，印度尼西亚和俄罗斯常驻裁军谈判会议代表向秘书长转交了《2013年7月1日印度尼西亚和俄罗斯联邦外交部长在斯里巴加湾市签署的宣布两国决定不首先在外层空间放置任何类型武器，将尽一切努力防止外层空间成为军事对抗场所，并确保外层空间活动的安全的联合声明》。之后，俄罗斯又分别与古巴、阿根廷等国签署了关于不首先在外空放置武器的联合声明，并转交给裁军谈判会议。[5]

---

[1]《不首先在外层空间放置武器决议》，A/RES/72/27，2017年12月4日。

[2]《防止外空军备竞赛进一步切实措施》，A/RES/72/250，2018年1月12日。

[3]《通过负责任行为准则、规则和原则减少空间威胁》，A/RES/75/36，2020年12月16日。

[4]《不首先在外层空间放置武器决议》，A/RES/76/23，2021年12月8日。

[5] 参见聂明岩：《"总体国家安全观"指导下外空安全国际法治研究》，法律出版社2018年版，第117页。

第三章　防止外空武器化与军备竞赛的国际法规则："硬法"与"软法"的并存与协调

目前，已有 30 个国家作出了相关政治声明。[1]

从积极的方面看，《不首先在外层空间放置武器决议》在很大程度上与《PPWT 草案》形成了互补之势，除了在内容上呼应禁止在外空部署武器的思路之外，该决议明确强调《PPWT 草案》是未来开展防止外空军备竞赛规则谈判的基础，客观上为《PPWT 草案》进一步得到更多国家的认同奠定了基础。此外，该决议还提出了构建"人类命运共同体"的目标，为《PPWT 草案》未来的修改提供了理论依据。并且，该决议对裁军谈判会议是防止外空军备竞赛唯一多边谈判场合的明确也巩固了《PPWT 草案》作为未来谈判基础的合法性。

从另一方面看，相比于《PPWT 草案》提出的禁止在外空部署武器的规定，"不首先放置武器"的说法有退而求其次的意味，限缩了《PPWT 草案》所涵盖的活动范围。并且，一旦关系到针对外空武器的规则，必然会涉及对其的精准定义，《PPWT 草案》面临的问题与争议在《不首先在外层空间放置武器决议》中同样存在。[2]此外，有质疑者指出，虽然诸多国家均作出了"不首先放置武器"的政治承诺，但是无法排除其具有违反承诺的可能性，而对于作出承诺的国家而言，只要不是首先放置武器，就不违反任何承诺。对于首先违反承诺者的担忧会促使所有参与国积极开发防御武器以预防未来违反承诺者可能带来的威胁。与此同时，一旦出现第一个违反者，其他国家便可以作为后来者合理部署武器。为此，所有作出承诺的国家也会积极开发进攻性武器，以备不时之需。[3]

(二)《防止外空军备竞赛的进一步切实措施》

2017 年中、俄联合提交《防止外空军备竞赛的进一步切实措施》的主要原因是意识到了防止外空军备竞赛，特别是防止在外层空间放置武器是保障国际和国家安全的重要方面，因此有必要采取切实可行的措施达成解决相关

---

〔1〕《不首先在外层空间放置武器决议》，A/RES/76/23，2021 年 12 月 8 日。

〔2〕 Explanation of Vote in the First Committee on Resolution: L. 50, "No First Placement of Weapons in Outer Space", U. S. Mission Geneva, 6 November, 2018, https://geneva.usmission.gov/2018/11/06/explanation-of-vote-in-the-first-committee-on-resolution-l-50-no-first-placement-of-weapons-in-outer-space.

〔3〕"'不首先在外层空间部署武器'决议草案在联大引发激烈辩论"，载 https://news.un.org/zh/audio/2015/11/307082#.Wl4eEfmOyfs，最后访问日期：2022 年 6 月 10 日。

问题的协定。然而，裁军谈判会议谈判已陷入僵局多年，未能良好地发挥唯一多边裁军谈判论坛的作用。因此，该协议呼吁在裁军谈判会议平台上谈判制定一项具有国际法约束力的防止外空军备竞赛的文件。此外，作为一项重要执行措施，该决议吁请联合国秘书长设立一个最多由25个联合国会员国代表组成的联合国政府专家组，专家组成员在公平和平等地域基础上产生，就一项防止外层空间军备竞赛（包括防止在外层空间放置武器）的具有法律约束力的国际文书的实质内容进行审议并提出建议，并对专家组的会议召开和工作程序做了简单计划。[1]专家组随即成立，并按照协议计划的程序开展工作，但至目前为止尚未满足全体一致程序的要求，针对防止外空军备竞赛问题作出专家组报告。[2]

《防止外空军备竞赛的进一步切实措施》是对防止外空军备竞赛传统议题的一次具有实质意义的推动，期待通过具有实效的专家组的设立逐步打破该领域谈判的僵局，这是值得肯定的进步。从内容上看，2017年之后每年通过的同名协议均包含中、俄在外空军控领域的基本主张。包括：秉持"人类命运共同体"理念；推动制定适当、可靠、可核查、具有法律约束力的多边协定；充分考虑2008年版与2014年版《PPWT草案》在多边协定制定过程中的基础性作用等。[3]

虽然中、俄针对防止外空武器化和军备竞赛国际立法作出了诸多努力，也得到了多数联合国会员国的认可，不过中、俄与美国及其盟友在外空安全治理层面的认知差异很可能会导致依靠协商一致程序才能达成的专家组报告长时间陷入僵局。而针对2017年的这份联大决议（包括有关成立专家组的建议），美国等国持反对态度，并对2017年决议投了反对票。[4]对此，其官方

---

〔1〕《防止外空军备竞赛进一步切实措施》，A/RES/72/250，2018年1月12日。

〔2〕Shpetim Bajrami, Stefan Talmon, "Preventing an Arms Race in Outer Space and Political Game-play at the United Nations", https://gpil.jura.uni-bonn.de/2020/02/preventing-an-arms-race-in-outer-space-and-political-game-play-at-the-united-nations.

〔3〕相关内容参见2021年由联合国大会通过的同名决议。《防止外空军备竞赛的进一步切实措施》，第七十六届会议，议程项目98（c），A/RES/76/230，2021年12月24日。

〔4〕对《防止外空军备竞赛的进一步切实措施》决议投票结果的统计和分析，参见本章第三节的内容。

第三章 防止外空武器化与军备竞赛的国际法规则:"硬法"与"软法"的并存与协调

解释概括如下[1]:第一,决议试图以《PPWT草案》作为未来谈判中具有拘束力协议的基础,美国等国对草案持反对态度,[2]因此无法支持该决议内容。第二,在裁军谈判会议协商一致的工作程序框架下,想要达成具有国际法约束力的防止外空军备竞赛的规则在短期内无法做到(这也可与裁军谈判会议在此议题停滞多年的事实相印证)。该决议对具有法律约束力规则的追求客观上忽略了不具备法律约束力的建立外空活动透明度与信任措施的形式,而建立外空活动透明度与信任措施可能会被列入裁军谈判会议后续日程,专家组的建立会分散各国对此日程的注意力。第三,从程序上看,(投票当时)联合国后两年(2018年至2019年)的预算已经确定,成立新的专家组会要求额外分配资源。其四,该决议体现了中国有关多边主义和世界地缘政治的观点,对此美国等无法接受,期待与中国及其他国家合作,在全球体系基础上谈判协商相关国际规则。

(三)《通过负责任行为准则、规则和原则减少空间威胁决议》

依据《通过负责任行为准则、规则和原则减少空间威胁决议》的首倡国英国的说法,其向联合国大会提起该决议的原因在于在过去的若干年间,国际社会无法就如何保障外空安全(尤其是关于"Security"层面的问题)达成一致意见,全球性的争论和有效规则悬而不决,无法适应外空技术和外空活动快速发展的需要。英国,当然也包括诸多具备空间活动能力的国家已经意识到:一方面,人类社会对外空技术日益倚重,外空技术应用已经渗透到了日常生活的方方面面;另一方面,外空逐渐呈现出了国家间对抗、私人参与者之间竞争以及数量日增的卫星等外空物体拥挤等危害安全的因素,[3]这一切都亟须有效的法律规则予以规制。而以裁军谈判会议为主要平台的国际机制在过去数年间有关防止外空武器化和军备竞赛规则的谈判几近停滞,联合

---

[1] "Explanation of Vote in the First Committee on Resolution L.54: Further Practical Measures for the Prevention of an Arms Race in Outer Space, Ambassador Robert Wood U.S. Permanent Representative to the Conference on Disarmament", October 20, 2017, https://usun.usmission.gov/explanation-of-vote-in-the-first-committee-on-resolution-l-54-further-practical-measures-for-the-prevention-of-an-arms-race-in-outer-space.

[2] 美国对《PPWT草案》反对态度的论证,参见本章第一节的内容。

[3] "United Kingdom National Submission on Space Threats to respond to the call from UN Secretary General under the UN GA Resolution A/RES/75/36 on 'Reducing Space Threats through norms, rules and principles of Responsible Behavior'", 30 April, 2021.

国框架下关于防止外空军备竞赛的议题虽有一定进展，但同样无法在主要国家之间形成共识，《通过负责任行为准则、规则和原则减少空间威胁决议》的提出便有打破僵局之意。

2020年与2021年，联合国大会两次以高票通过《通过负责任行为准则、规则和原则减少空间威胁决议》[1]，并将之设置为联合国大会"防止外空军备竞赛"议题下的分项。可以想见，针对该决议内容的细化和进一步谈判与前述的《不首先在外层空间放置武器决议》以及《防止外空军备竞赛的进一步切实措施》一样，将会是该议题框架下未来若干年之内的重要工作。

从2021年版决议的内容可知，其主要目的在于倡议所有国家共同努力，通过进一步制定和实施负责任行为准则、规则和原则，减少对空间系统的威胁，以维护和平、安全、稳定、可靠和可持续的外层空间环境，这可能在适当和不造成损害的情况下推动进一步审议在防止外层空间军备竞赛方面具有法律约束力的文书。[2]由此可见，《通过负责任行为准则、规则和原则减少空间威胁决议》以保障外空环境安全和可持续性为主，更为关注"Safety"层面的外空安全，所采方式为准则、规则和原则等不具法律约束力的形式。外空武器化和军备竞赛等危害和平与安全的行为则是该决议期待进一步推动解决的事宜，其表现形式为具备法律约束力的文书。这一思路与欧盟提出的《ICoC草案》可谓异曲同工。该决议具有创新意义的关键为明确要求各国就如何最好地采取行动减少对空间系统的威胁达成共识，将重点落在了规制和管理联合国各成员国的"行动"和"行为"上。换言之，该决议期待区分哪些外空行为是"负责任"的，哪些是"不负责任"的，以此来规范各国外空活动，达成保障外空安全的目标。

虑及前述世界各国针对《PPWT草案》以及《不首先在外层空间放置武器决议》中的诸多概念（尤其是外空武器概念）界定不明的巨大争议，针对何种行为是否负责任的定性存在同样的问题。有赖于世界各国在外空多年活动的实践经验，加之该决议本身亦不直接针对特定对象进行规制，因此对于行为的定性具备更大的弹性和达成共识的可能性。2021年版决议决定自2022

---

[1] 对《通过负责任行为准则、规则和原则减少空间威胁决议》投票结果的统计与分析，参见本章第三节的内容。

[2] 《通过负责任行为准则、规则和原则减少空间威胁》，A/RES/76/231，2021年12月30日。

第三章　防止外空武器化与军备竞赛的国际法规则："硬法"与"软法"的并存与协调

年起召集一个不限成员名额的工作组。以便：①评估国家行为对外层空间造成的威胁的现有国际法律和其他规范性框架；②审议各国目前和未来对空间系统的威胁，以及可被视为不负责任的行动、活动和不作为；③就与国家对空间系统的威胁有关的负责任行为的可能规范、规则和原则提出建议等。[1]随着工作组工作的展开及逐渐深入，该决议所作的相关设想对于防止外空武器化和军备竞赛的作用也会慢慢显现。当然，同时也可能带来更多需要协调和谈判的分歧和争议。

值得注意的是，针对《通过负责任行为准则、规则和原则减少空间威胁决议》，中、俄两个空间大国都投了反对票，不过两国对此阐释的理由有所差异。中国坚持认为将外空行为以"负责任"和"不负责任"进行二元划分过于简单，具有主观色彩，容易沦为政治工具。即便如此，中方仍愿意就"负责任外空行为"进行深入的讨论，但应坚持几项基本原则及具体措施，包括坚持"人类命运共同体"理念，进行外空军控条约谈判等。[2]俄罗斯则未在立场文件中明确指出该决议本身存在的问题，其总体观点是并不反对决议内容，但提出以《PPWT草案》为基础进行进一步的谈判。[3]

综上所述，以"软法"为主要形式推动治理外空武器化和军备竞赛的思路受到了美国和诸多欧洲国家的推崇。从欧盟提出的《ICoC草案》到英国最新提出的《通过负责任行为准则、规则和原则减少空间威胁决议》都延续了这一思路。相对而言，以中、俄为代表的空间大国则更为推崇国际条约这样的"硬法"形式，虽然两国也都在联合国大会防止外空军备竞赛框架下提出过新的议题，并不排斥"软法"方式，但坚持"软法"应作为"硬法"的补充而存在。当然，无论是"硬法"还是"软法"都存在一定的缺陷，需要经国际社会的进一步协商、谈判予以完善。

---

[1]《通过负责任行为准则、规则和原则减少空间威胁》，A/RES/76/231，2021年12月30日。
[2] "Document of the People's Republic of China pursuant to UNGA Resolution 75/36（2020）", 30 April, 2021.
[3] "Document of the Russian Federation pursuant to UNGA Resolution 75/36 of 7 December 2020", 30 April, 2021.

第三节 防止外空武器化与军备竞赛国际规则制定的新发展及"硬法"与"软法"关系的协调

在防止外空武器化和军备竞赛国际规则制定问题上,目前基本形成了"硬法"与"软法"并存的局面,世界主要国家也基本接受了这一现实,但存在的分歧在于对"硬法"和"软法"二者关系的协调上。随着国际社会利益的日益多元化,在外空军控国际规则谈判过程中呈现出了诸多新变化,这些变化增加了在不同利益群体之间形成共识的难度,也对"硬法"及"软法"关系的有效协调形成了挑战。

一、影响防止外空军备竞赛与武器化国际规则制定的新因素

(一)国家主导外空活动局面被打破与外空军控国际立法紧迫性降低

以1967年《外空条约》为代表的国际规则体系是在国家作为外空活动最重要主体的背景下形成的,因此确定了国家对私人实体活动的管控责任和赔偿责任。[1]然而,时至今日,私人空间活动已经呈现出了规模化、综合化和全球化的特点。诸多私人航天公司已经具备提供科学研究、发射服务、通信、导航、遥感以及相关深空探测服务的能力,并可以为世界各国的消费者提供服务。[2]对于相关国家而言,如何在履行条约义务的同时鼓励本国非政府实体开展航天活动,[3]并与其国内包括国外相关私人实体形成良好的互动合作关系(例如建立公私伙伴关系"Public-Private Partnerships")[4]是其国内法律和政策要重点关注和考虑的问题。

---

〔1〕 参见《外空条约》第6条。

〔2〕 对私人外空活动以及商业航天活动发展的介绍,参见孙为钢主编:《致知商业航天》,中国宇航出版社2018年版,第2~16页。

〔3〕 从国内空间立法的发展状况来看,世界各国,尤其是空间强国与大国都经历了从以履行国际条约义务为主到以鼓励本国私人实体参与外空活动为主的立法阶段,对国内空间立法的具体分析,See Setsuko Aoki, "Practical Background of the NatLeg Resolution", in Stephan Hobe, Bernhard Schmidt-Tedd, Kai-Uwe Schrogl (eds.), *Cologne Commentary on Space Law* (Volume Ⅲ), Carl Heymanns Verlag, 2015, pp. 503~535.

〔4〕 See Mingyan Nie, *The Growth of China's Non-governmental Space Sector in the Context of Government Support for Public-Private Partnerships: An Assessment of Major Legal Challenges*, 59 Space Policy, pp. 1, 1~10 (2022).

第三章　防止外空武器化与军备竞赛的国际法规则："硬法"与"软法"的并存与协调

从防止外空武器化和军备竞赛的视角看，国际规则的缺失对于私人实体活动的发展以及其拥有的外空资产的安全是一个潜在的威胁，但尚且不构成阻碍其发展的实质性因素。相比于外空军备控制等"Security"层面的问题，私人实体更为关切的是外空交通规则制定、空间碎片治理等保障外空活动可持续发展的"Safety"层面的问题。对于世界各国而言，在私人实体逐渐作为最重要主体参与甚至主导外空活动的背景下，其最佳选择为一方面制定推动、促进和管理私人实体活动的国内法律和政策；另一方面在国际社会作出协调，保障私人实体活动的有序发展，避免因外空秩序混乱、空间碎片治理效果不佳而影响私人实体活动的开展。

外空军控规则无疑是保障外空活动健康良性发展、维护外空和平与安全的重要基础，但是在国家在相关外空活动中的地位逐渐被冲击的情形下，对于地位日渐突出的私人实体利益的关注会转移世界各国的注意力，尤其是制定外空军控国际规则本身便是一项难度极大的长期系统性工程。

(二)　对保障外空活动安全及可持续性国际规则的重视与对外空军控立法重要性的弱化

私人实体在外空活动中地位的增强必然会带来世界各国对保障外空活动安全和可持续性规则制定更为重视的结果。而事实上，这些与外空"Safety"层面相关的要素与外空军控层面的"Security"密不可分且相互作用。在传统的国际规则制定进程中，这两个层面安全的问题分别对应着对外空资产的保护以及对外空武器的规制问题。[1]但实际上，无论从哪个角度看，将二者完全割裂开来对待都是过于武断的。

从外空资产保护（尤其是空间碎片治理）角度看，除了目前国际社会已经普遍认同的空间碎片减缓思路外，近年来诸多国家也具备了移除空间碎片的能力和技术。而移除技术的应用可能存在着对外空物体进行威胁（包括武力威胁）的风险，这与外空技术的两用型特征密切相关。而从防止外空武器化和军备竞赛的军控角度看，外空武器的内涵不确定与技术两用性特征相关，而针对反卫星武器这一极难在国际社会层面达成一致意见的领域，在短期之内完全禁止的可能性不大。因此，有的国家便提出因为开展反卫星武器试验

---

[1] 参见本书第一章第一节对外空安全概念的界定。

而产生大量空间碎片的行为是应当予以避免的,[1]因为类似行为除了加大在轨碰撞风险之外,还增加了误解和误判从而存在冲突的可能性。外空安全两个层面交叉融合的特征促使诸多国家开始逐渐考虑暂时放弃推动制定仅针对外空军控的条约或者说暂停关注防止外空武器化和军备竞赛这一短期内很难在空间大国之间达成一致意见的领域,而选择通过重点推动"Safety"层面规则的制定,间接达到维护外空整体安全的效果。从《ICoC 草案》开始,空间大国便秉持这一观点,而于 2020 年正式经由联合国大会通过的《通过负责任行为准则、规则和原则减少空间威胁决议》则更是进一步推动了这一观点的实践。该决议虽然系在防止外空军备竞赛议题下提出,但重点关注外空稳定以及可持续性等"Safety"层面的问题,并且回避了各国争论不休的外空军控过程中的定义界定问题,转而对世界各国的行为进行法律约束。相比于之前的诸多提议,该决议更具可行性。换言之,对该决议内容的进一步执行和实践必然会弱化原有的在外空军控领域制定规则的重要性,对有拘束力的国际条约这种虽然有效但很难短期实现的"硬法"模式的关注和推动自然也会被逐步削弱。

(三) 参与防止外空武器化及军备竞赛国际规则制定主体利益多元化与平台去中心化趋势

从外空国际规则制定的历程看,国际社会基本认可由日内瓦裁军谈判会议主导防止外空武器化及军备竞赛的规则制定,由联合国和平利用外层空间委员会主导民事及其他层面外空国际规则的制定。不过,从近年来的发展情况看,无论是外空军控还是外空资产保护及空间碎片治理等涉及外空安全保障的问题,都出现了规则制定(包括倡议)主体利益多元化、平台去中心化的现象。

以《PPWT 草案》为代表的文件是以裁军谈判会议为平台提出的最重要的外空军控国际规则提议,以其为基础进行谈判,从而制定行之有效的多边国际条约,是将外空武器化和军备竞赛纳入国际法治进程的最适当方式,也最为符合全人类共同利益。《PPWT 草案》以中、俄为首倡者,得到了诸多国家(尤其是发展中国家)的支持。不过遗憾的是,不同国家(尤其是空间强

---

[1] 例如,《ICoC 草案》便提出了类似的思路。

第三章　防止外空武器化与军备竞赛的国际法规则："硬法"与"软法"的并存与协调

国）之间在外层空间的多元化利益导致裁军谈判会议的外空军控进程长期停滞。[1]《PPWT草案》于2008年提出，后于2014年经修改提交后，至今仍未有实质性进展。另一方面，欧盟提出的《ICoC草案》得到了美国及其盟友的支持。[2]但是，《ICoC草案》于2015年在联合国框架下进行讨论之后，至目前为止同样没有实质性进展。规则制定主体的多元化特征实则是不同国家间的利益之争，未来无论采用何种外空军控的规则模式，其得到有效执行的前提都必然是中、俄与美、欧之间的政治和利益协调。[3]应当引起重视的是，世界主要空间国家所支持的外空军控国际规则模式无法代表国际社会所有国家群体的利益。近年来，有学者提出，不具备独立外空活动能力的其他国家也应作为一个重要主体，提出符合其利益的外空军控规则建议，从而打破空间大国之间在此问题上的僵局。[4]

不同主体利益多元化及难以调和的一个直接后果是无法在短期内达成一致意见。于是，作为权威谈判平台的裁军谈判会议的实效性必然会遭到质疑和挑战。以欧盟为平台提出《ICoC草案》的做法便是重要例证。而在《PPWT草案》与《ICoC草案》进程停滞后，各国在联合国大会框架下的实践进一步强化了制定外空军控规则平台去中心化的特征。俄罗斯提出的《不首先在外层空间放置武器决议》以及中、俄提议的《防止外空军备竞赛的进一步切实措施》仍旧强调重视裁军谈判会议作为重要（唯一）平台的作用，但是两项决议内容已经呈现出了采用具有法律约束力的国际规则与国家政治性承诺相结合解决外空军控问题的思路。而政治性承诺的作出则更加依赖于相关国家的推动和表率作用。例如，《不首先在外层空间放置武器决议》由俄罗斯主导和推动，作出相关政治承诺的国家也主要是通过与俄罗斯签订双边

---

[1] Laura Grego, "The Case for Space Arms Control", in Melissa de Zwart, Stacey Henderson (eds.), *Commercial and Military Uses of Outer Space*, Springer, 2021, p. 89.

[2] 奥巴马政府曾一度支持《ICOC草案》这种具有政治性质的原则性提议，但此后不了了之，《ICoC草案》自2014年版之后也再无实质性进展。

[3] 对此方面的具体介绍和分析，See Ryo Nakamura, Tomoyo Ogawa, "US, China and Russia Lock Horns over Weaponization of Space", Nikkei Asia, 29 July, 2020, https://asia.nikkei.com/Politics/International-relations/US-China-and-Russia-lock-horns-over-weaponization-of-space2.

[4] Rajeswari Pillai Rajagopalan, "Changing Space Security Dynamics and Governance Debates", in Melissa de Zwart, Stacey Henderson (eds.), *Commercial and Military Uses of Outer Space*, Springer, 2021, p. 165.

协议的方式进行。[1]而由英国提出的《通过负责任行为准则、规则和原则减少空间威胁决议》则不强调裁军谈判会议作为规则谈判平台的作用，并明确提出解决外空安全问题的办法可能涉及具有法律约束力的义务和政治承诺相结合。而此份决议所倡议的内容则以推动各国达成外空负责任行为标准，并敦促其作出政治承诺为主。[2]依据目前美国、英国、加拿大、澳大利亚、日本以及欧盟等发达国家和地区针对决议内容提交的立场文件，其所主张的负责外空负责任行为标准的内容具有较高的一致性，[3]未来在这些国家之间对相关问题达成一致具有较高的可能性。对于负责任行为标准达成一致并作出政治承诺，其直接后果便是进一步削弱裁军谈判会议平台的作用，虽然决议提出外空军控最后的目标仍旧是制定具有约束力的国际规则，但基于裁军谈判会议以往在此问题上的低效性经验，这一进程可能会被无限期搁置。

---

〔1〕 目前，已经作出不首先在外空放置武器政治承诺的国家包括：阿根廷、亚美尼亚、白俄罗斯、玻利维亚、巴西、布隆迪、柬埔寨、刚果、古巴、厄瓜多尔、危地马拉、印度尼西亚、哈萨克斯坦、吉尔吉斯斯坦、缅甸、尼加拉瓜、巴基斯坦、俄罗斯、塞舌尔、塞拉利昂、斯里兰卡、苏里南、叙利亚、塔吉克斯坦、多哥、土库曼斯坦、乌拉圭、乌兹别克斯坦、委内瑞拉和越南，共30个国家，参见《不首先在外层空间放置武器决议》，A/RES/76/23，2021年12月8日。

〔2〕《通过负责任行为准则、规则和原则减少空间威胁决议》，A/RES/76/231，2021年12月30日。

〔3〕 例如，美国提出的外空负责任行为的标准包括：公开、透明可预见地开展外空活动。相关内容则包括：重新确认遵守国际法包括《联合国宪章》以及相关空间条约；交流，并对保障提高外空领域安全与稳定进行通知；考虑其他国家利益；避免有意制造长期滞留轨道碎片等。英国提出的外空负责任行为标准则包括减少对和平的风险，稳定与安全；具体关注的内容则包括：反卫星试验，尤其是产生空间碎片滞留的反卫星试验；放置与他国卫星相邻的同轨武器或电子武器装置；开展威胁行为等。加拿大、澳大利亚、日本及欧盟国家也对此作出了反馈，相关国家对此的立场文，See "United States of America National Submission to the United Nations Secretary General Pursuant to UN General Assembly Resolution 75/36 'Reducing Space Threats through Norms, Rules and Principles of Responsible Behaviors'"; "United Kingdom National Submission on Space Threats to respond to the call from UN Secretary General under the UN GA Resolution A/RES/75/36 on 'Reducing Space Threats through Norms, Rules and Principles of Responsible Behavior'", 30 April, 2021; "Canada's Submission Views on UN GA A/RES/75/36 Resolution 'Reducing Space Threats through Norms, Rules and Principles of Responsible Behavior'"; "Australian Submission to the Report of the Secretary-General on Resolution 75/36 on 'Reducing Space Threats through Norms, Rules and Principles of Responsible Behaviors'"; "Japan National Submission to the United Nations Secretary General Pursuant to UN General Assembly Resolution 75/36 'Reducing Space Threats through Norms, Rules and Principles of Responsible Behaviors'"; "EU Joint Contribution to the Report of the UN Secretary-General following UNGA Resolution 75/36 on 'Reducing Space Threats through Responsible Behaviors'".

第三章　防止外空武器化与军备竞赛的国际法规则："硬法"与"软法"的并存与协调

（四）无法达成国际共识规则的折中做法：小圈子多边主义趋势

无论是通过具有国际法约束力的"硬法"模式还是通过不具国际法约束力的"软法"模式解决外空武器化和军备竞赛问题，其面临的挑战均是不同利益群体之间（尤其是中、美、俄几个空间强国之间）难以达成一致意见。《PPWT草案》生效的前提条件是联合国安理会五个常任理事国全部提交批准书，美、欧的支持是草案生效不可或缺的条件。"软法"形式不存在是否生效的问题，但如果单纯地以简单多数或者特定多数的方式确定其效力，似乎又显得过于草率了。

以联合国大会 2021 年针对上述《不首先在外层空间放置武器决议》《防止外空军备竞赛的进一步切实措施》以及《通过负责任行为准则、规则和原则减少空间威胁决议》三项决议的投票结果为例，其赞成票、反对票、弃权票以及不投票的情况统计如下：[1]

决议名称	投票国总数	赞成票数	反对票数	弃权票数	不投票数
《不首先在外层空间放置武器决议》	193	130	35	20	8
《防止外空军备竞赛的进一步切实措施》	193	114	9	44	26
《通过负责任行为准则、规则和原则减少空间威胁决议》	193	150	8	7	28

从上述统计结果看，以美、欧为主导提出的《通过负责任行为准则、规则和原则减少空间威胁决议》得到了最多的支持票和最少的反对票和弃权票，不过投反对票的国家包括了中国和俄罗斯，而中、俄主导提出的两项决议同样遭到了美国及部分欧洲国家的反对。[2] 不过，从欧美相关国家对《通过负责任行为准则、规则和原则减少空间威胁决议》的基本认知看，得到所有空

[1] 几项决议投票统计结果，See United Nations Digital Library, "No First Placement of Weapons in Outer Space: Resolution/Adopted by the General Assembly", https://digitallibrary.un.org/record/3950574?ln=en; "Further Practical Measures for the Prevention of An Arms Race in Outer Space: Resolution/Adopted by the General Assembly", https://digitallibrary.un.org/record/3952168?ln=en; "Reducing Space Threats through Norms, Rules and Principles of Responsible Behaviors: Resolution/Adopted by the General Assembly", https://digitallibrary.un.org/record/3952170?ln=en.

[2] 相关投票结果统计同上。

间强国的支持并非其现阶段追求的目标，亦不会影响其工作的进一步开展。现阶段的矛盾在于，几乎所有国家都承认应当避免外空武器化，保障外空活动安全，但是每个国家又都不愿意签署可能限制其相关活动的条约。[1]对于外空活动透明度与信任措施，世界各国（包括利益并不一致的美、欧与中、俄）也都认可，但正如上述投票统计结果所展示的，相关国家仍然很难在联合国等多边框架下达成一致意见。在《通过负责任行为准则、规则和原则减少空间威胁决议》已经得到了大多数国家认可的前提下，有学者指出，可以继续推动各国沟通与交流、增加空间活动透明度与信任措施、重点关注外空活动稳定与可持续性，以之为基础确定有关负责任行为标准和实践。鉴于联合国和相关国际平台的低效性，可以先以某个（或某几个）国家为主导者，在小团体范围内（例如以美国作为领导者，由欧盟国家、英国、加拿大、澳大利亚、日本与韩国等参与的国家团体）制定并实践相关标准，并对遵守标准者作出利益激励。一俟相关标准在具有影响力的国家团体间制定并得到有效遵守，便能在一定程度上确定外空负责任行为的基本国际标准。在私营实体已经作为重要主体参与甚至主导外空活动的今天，空间强国的示范效应、适当的激励机制加之美国（包括欧洲国家）在外空国际规则制定中的影响力，对于相关标准从小团体向更多国家推广具有巨大优势。[2]虽然决议框架下标准的实施依赖国家的自愿实践，对于违反者并无惩戒机制，但是，不同国家间的外空活动休戚相关，一旦标准受到普遍认可并被多数国家执行，违反标准者自然会被归类至不负责任的范畴，受到国际社会的质疑和谴责。

学者的上述论述和设想具有相当大的可行性，但仍有诸多问题需要进一步探讨：

（1）依据《通过负责任行为准则、规则和原则减少空间威胁决议》的思路，通过加强外空活动透明度与信任措施着重解决外空活动稳定性和可预见性等"Safety"层面的问题自然是相对可行的实践路径，但是不可否认的是，外空安全的"Safety"与"Security"本身便是不可分割、密切相关的两个层面。空间活动信息的公开和建立透明度是在自愿的基础上进行的，而对于涉

---

[1] Bruce Mcclintock et al., *Responsible Space Behavior for the New Space Era: Preserving the Province of Humanity*, Rand Corporation, 2021, p. 4.

[2] Bruce Mcclintock et al., *Responsible Space Behavior for the New Space Era: Preserving the Province of Humanity*, Rand Corporation, 2021, p. 29.

第三章　防止外空武器化与军备竞赛的国际法规则:"硬法"与"软法"的并存与协调

及外空"Safety"层面的相关信息是否公开、如何公开必然受到保障"Security"层面安全的影响和支配。2020年6月,美国国防部发布《外空防御战略》,将外层空间视为潜在战争和冲突领域,为保障美国的国家安全,《外空防御战略》从政策、策略、运营、投资以及能力建设方面布局,期待塑造新的外空战略环境。[1]显然,《外空防御战略》的发布与此前太空军的建立遥相呼应。早在太空军建立之初,美国国防部长詹姆斯·马蒂斯(James Norman Mattis)便指出:"太空军独立成为美国第六军种的重要动因在于其将外空视为一个发展中的战争领域,对于美国外空资产的保护关系国家安全,而越来越多的国家已经具备了攻击美国外空资产的能力。"[2]如上所述,除美国之外,也有不少国家将建设太空军计划提上了日程。这些做法无疑加剧了外空武器化和军备竞赛的风险,而无论是作为外空负责任行为标准的主导者还是实施者,美国包括相关欧洲国家能否使其已经界定为战争领域的外层空间的相关活动与相关标准契合并依照标准要求做到信息透明都是值得质疑的。

(2)从上述联合国大会决议的投票情况看,三个决议都获得了参与投票的大多数国家的支持,投反对票的国家属于少数。换言之,虽然美、欧与中、俄之间针对对方的提议暂时无法达成一致意见,但其他大多数国家对于三个决议的内容都是持认可的态度。如若依据欧美学者上述思路以部分国家团体内部制定规则为基础向外推广,可能同样会获得大多数国家的认可。如果以中、俄为代表的国家持同样的思路开展相同的工作,也会收获同样的结果。但其直接后果就是在国际社会层面导致外空军控规则的两极化发展,客观上反而会加剧不同利益群体之间的冲突,从而破坏外空活动秩序、背离国际规则制定的初衷。美、欧的上述做法本质上是一种"小圈子"多边主义。[3]相

―――――――――
[1] "Defense Space Strategy Summary", Department of Defense, 7 June, 2020, https://media.defense.gov/2020/Jun/7/20023117391/-1/-1/1/2020_DEFENSE_SPACE_STRATEGY_SUMMARY.PDF.
[2] King Ledyard, "Countdown to Space Force Continues as Trump Administration Details Trajectory of Plane", USA Today, 23, October 2018, https://eu.usatoday.com/story/news/politics/2018/10/23/space-force-trump-administration-details-trajectory-pentagon-plan/1739251002.
[3] 欧美国家对外空军控规则开展的"小圈子"多边主义本质上与专注于月球及其他天体开发的《阿尔忒弥斯协定》体现出来的"迷你多边"性质相同。这是近年来欧美各国在外空国际规则制定过程中的典型特点。鉴于"迷你多边"的说法是欧美学者在探讨《阿尔忒弥斯协定》时提出的概念,此处采用"小圈子"多边主义的说法,二者并无本质区别。有关《阿尔忒弥斯协定》"迷你多边"性质的分析,参见本书第五章第四节的内容。

比较而言，中、俄提议的《PPWT草案》以裁军谈判会议这个权威的国际多边论坛为平台，并明确规定该草案的生效条件之一是得到联合国安理会五个常任理事国的一致认可，其本质是充分尊重世界所有国家的意见，与此同时考虑外空安全国际法规则制定的特殊性，希望全面得到所有空间强国的支持。这种做法践行了多边主义理念，虽然难以在短时间内达成一致，但符合以《联合国宪章》为基础确定的国际法基本原则要求，应是未来制定外空军控国际规则的最佳路径。

二、防止外空武器化及军备竞赛"硬法"与"软法"规则的比较及协调

（一）"硬法"与"软法"规则的比较：《PPWT草案》作为防止外空武器化及军备竞赛国际规则进一步谈判基础的合理性

在防止外空武器化和军备竞赛国际规则制定进程中，"硬法"与"软法"之间并不是非此即彼的竞争关系，而应该是并存与协调关系。对此，主要空间国家（如美、欧与中、俄）都予以认可。但存在的争议在于，是以制定"硬法"规则为基础直接针对外空武器化和军备竞赛问题进行规制，还是以"软法"规则为依据从维护外空秩序和可持续性的角度间接推动防止外空武器化和军备竞赛规则的最终制定。本书认为，以《PPWT草案》这种"硬法"模式作为防止外空武器化和军备竞赛国际规则进一步谈判的基础具有必要性和可行性。

（1）从表现形式上看，"硬法"在处理国际问题上有一定的优势。首先，"硬法"最为显著的优势表现为接受者承诺内容的稳定和可靠性，因为违反"硬法"规则的代价和成本一般较高，并且"硬法"规则一般要求接受者通过国内立法的方式履行义务。其次，对于"硬法"规则无法短时间内解决的问题，还可以通过创设相关机制的方式进行逐渐的解释和完善。最后，"硬法"规则一般会通过监督、执行及争端解决机制的设置，较好地保障接受者对于相关义务的履行。[1]禁止外空武器化与军备竞赛是外空安全的重要组成部分，也是维护外空安全的基本前提。当今社会对于外空资产的依赖已经渗透到日常生活的各个方面，外空活动的安全稳定以及外空资产安全是事关国家安全的重要方面。《PPWT草案》明确提议禁止"在外空放置武器"以及

---

[1] Cregory C. Shaffer, Mark A. Pollack, "Hard vs. Soft Law: Alternatives, Complements, and Antagonists in International Governance", 94 *Minnesota Law Review*, pp. 706, 717~718 (2010).

第三章　防止外空武器化与军备竞赛的国际法规则："硬法"与"软法"的并存与协调

"对外空物体使用或威胁使用武力",即便各国对于相关细节和概念的理解仍有争议,但是对草案所提出的问题却既不否认,也无法回避。避免将外空变成武力冲突和新的战争领域是维护所有国家共同利益的前提,也是基于在外空践行"人类命运共同体"理念的需要。而在相关国家不断突破和平利用外层空间原则,筹备建立太空军并将外空视为未来作战区域的情况下,对于外空武器化和军备竞赛的有效规制不仅必要而且迫切。以条约为主要表现形式的"硬法"模式显然是最直接、最有效的保障各国履行其承诺的方式。

(2) 以《ICoC 草案》以及《通过负责任行为准则、规则和原则减少空间威胁决议》为代表的外空军控"软法"规则提议分别提出以建立透明度与信任措施和负责任行为准则的方式推动防止外空武器化与军备竞赛。尤其是《ICoC 草案》经过多轮修改,已经建立了相对完整的包括原则、规范、执行机制、争端解决机制等在内的框架体系。不过,两个提议在不同程度上呈现出了区域化和小圈子化特征。《ICoC 草案》提出的内部动因在于欧盟在欧洲空间活动中的地位愈加显现,原本由欧洲空间局(以下简称"欧空局")主导的欧洲空间活动的局面被打破,欧盟及欧空局于 2007 年联合发布的《欧洲空间政策》建立了空间政策与欧洲安全及防御政策的关系,[1]突破了欧空局框架下外空合作活动"仅用于和平目的"的原则。[2]《ICoC 草案》的提出则是欧洲空间政策的改变向国际社会外溢的一个具体表现。如上所述,《ICoC 草案》本质上是一份欧盟内部文件,虽然经 2015 年联合国框架下"纽约会议"讨论,但会议本身性质无法界定,欧盟自身也不具备在联合国监督下开展谈判的法律地位。因此,"纽约会议"性质并非谈判,仅为具有学术性质的讨论磋商。[3]《通过负责任行为准则、规则和原则减少空间威胁决议》由英国主导,得到美、欧等国家支持,其具体发展路径仍有待实践检验。但正如

---

〔1〕 聂明岩:《"总体国家安全观"指导下外空安全国际法治研究》,法律出版社 2018 年版,第 114 页。

〔2〕《建立欧空局公约》规定,欧空局的目的是仅为和平目的提供并促进成员国之间在外空科学技术及空间应用领域的合作……See Art. 2-Purpose, Convention for the Establishment of a European Space Agency.

〔3〕 Michael J. Listner, "The International Code of Conduct: Comments on Changes in the Latest Draft and Post-mortem Thoughts", The Space Review, 26 October, 2015, http://www.thespacereview.com/article/2851/1.

上文所分析的，对于决议所提出的准则、规则和原则等的制定与协商，仍会以欧美国家为主，并可能会先在一部分国家之间实践而后推广至国际社会。与上述的"软法"规则相比，《PPWT草案》在日内瓦裁军谈判会议这一国际军控规则制定的权威谈判平台提出，是中、俄在裁军谈判会议"防止外空军备竞赛"议程下多年努力推动的结果，无论在时间跨度上，还是在谈判参与国的范围上甚或是在草案生效的前提条件上都尽可能地践行多边主义原则，供所有国家充分、全面参与讨论。

（3）中、俄虽主张以《PPWT草案》作为进一步制定外空军控规则的谈判基础，但并不排斥和否认"软法"（尤其是建立外空透明度与信任措施规则）在防止外空武器化与军备竞赛进程中的重要作用。而是期待以《PPWT草案》为基础直接规制外空军事层面的活动，保障安全（Security），而以重点关注民事层面安全（Safety）的"软法"形式作为补充，间接推动防止外空武器化与军备竞赛的进程，从而在军、民两个层面形成协调，同步推进外空安全保障。以《ICoC草案》为代表的"软法"提议则以保障外空资产安全的民事层面为切入点，侧面起到外空军控的作用，实质上是一种混淆外空安全军、民两个层面保障的表现。新近提出的《通过负责任行为准则、规则和原则减少空间威胁决议》采取了与《ICoC草案》相同的方式，但是更进一步弱化了通过制定有拘束力的条约规制推动外空军控的意义，将外空军控方式从"物控"向内涵更为宽泛模糊的"行为控"方向推进，[1]同样是一种混淆外空安全军、民两个方面的表现。诚然，外空安全的军、民两个层次密不可分、互相制约，但从规则制定的角度将二者混淆有可能会使原本就因过多政治和利益考量而难以达成一致意见的外空军控问题被无限搁置，相关国家（包括地区）则会通过制定国内和区域法规和政策的方式不断突破底线，从而极大地危害外空安全。

（二）"硬法"与"软法"规则的协调：防止外空武器化及军备竞赛国际规则的"中心"-"外围"模式

"硬法"与"软法"并存已然是现代国际法发展的一个事实，二者在国际治理中的关系协调并不是一个新问题，诸多学者对此进行过较为详尽的讨

---

[1] 王国语："美国《外空防务战略》对外空军控国际规则博弈的影响分析"，载《太平洋学报》2021年第3期，第94页。

第三章　防止外空武器化与军备竞赛的国际法规则："硬法"与"软法"的并存与协调

论。但应当明确的是,现代国际法虽然总体上具有追求国际关系法治化的较为统一的目标,但已经发展为一个门类极为复杂的庞大体系,而"硬法"和"软法"几乎存在于这个体系中的每一个门类之中。

"硬法"与"软法"各有优劣,"硬法"有稳定性和可执行性的特征,但同时也存在谈判时间长、滞后性以及无法依据特定国家的特定需要而进行调整修改的缺陷,[1] 因而在涉及国家安全等具有较高政治敏感性的领域,"硬法"的形成存在一定的难度。相比而言,"软法"具有谈判相对简单、对国家主权让渡要求较少、具有灵活性并且适用于非政府实体的优势,但其明显的劣势在于不具法律约束力,一般要和硬法结合起来才能更好地发挥国际治理作用。换言之,"硬法"与"软法"并存的最佳状态应该为二者之间的互动和协调,在已经存在"硬法"的领域,"软法"应该在已有规则的框架内对"硬法"进行细化和补充;在尚不存在"硬法"的领域,可以先制定"软法"规则,而"软法"则应该作为形成"硬法"规则的初级阶段,逐步推动"硬法"规则的制定,有学者将这一过程定义为国际法的逐步发展(progressive)。[2] 但不尽如人意的现实是,国家之间(尤其是强国之间)在相关领域的分配冲突,加之国际法的碎片化和相同领域国际机制的分散化与复杂化加剧了"硬法"-"软法"在并存状态之下的割裂,甚至可能导致"硬法"-"软法"的对立,[3] 而这种对立与国家间分配冲突程度和机制复杂化程度呈正相关态势。有学者针对这种正相关的态势做出过如下四种假设[4]:

(1) 在强国之间分配冲突较低的领域,很可能在"硬法"与"软法"之间以进化的方式形成补充关系。

(2) 在强国之间分配冲突较高的领域,经常会出现不同国家之间将"硬法"与"软法"对立起来的情形,并且这种对立经常是通过不同的国际平台

---

[1] 更多的分析, See Kenneth W. Abbott, Duncan Snidal, "Hard and Soft Law in International Governance", 54 *International Organization*, pp. 421, 424~434 (2000).

[2] Cynthia Day Wallace, "The Legal Framework for Regulating the Global Enterprise Going into the New WTO Trade Round-A Backward and a Forward Glance", 16 *Global Business & Development Law Journal*, pp. 141, 141~142 (2002).

[3] Gregory C. Shaffer, Mark A. Pollack, "Hard Versus Soft Law in International Security", 52 *Boston College Law Review*, pp. 1147, 1173 (2011).

[4] Gregory C. Shaffer, Mark A. Pollack, "Hard Versus Soft Law in International Security", 52 *Boston College Law Review*, pp. 1147~1181 (2011).

实现的，而"硬法"和"软法"国际平台的重叠本身也会导致冲突。在二者冲突和对立的情况下，"硬法"和"软法"都会相应地丢失一部分其自身具备的优势。

（3）在相关领域对"硬法"和"软法"的战略性运用并非仅限于强国之间。即便是在大国间基本达成一致的领域，其他国家也可以通过利用国际法碎片化的这一特征，挫败大国希望达成的目标，从而选择对其有利的平台和机制。当然，其结果同样是制造了"硬法"-"软法"之间的对立。

（4）在现行的国际法框架体系下，世界各国对"硬法"和"软法"的选择也遵循一定的规律。在国家利益较为确定且能从第三方获得足够支持的情形下，其一般倾向于选择"硬法"规则（即具备清晰性、设定义务和监督执行机制的规则），而在利益不够明确或者有其他国家可能阻碍"硬法"规则通过时，国家则很有可能倾向于选择"软法"协议。

四个关于"硬法"-"软法"关系的假设是学者在充分总结了国际经济领域相关规则的发展规律的基础上作出的。[1]在后续研究中，这四个假设又被适用至以核安全为代表的国际安全领域。[2]以推动防止外空军备竞赛和武器化为目标的国际规则是保障外空安全（Security）的重要法律基础，是国际安全治理体系的重要组成部分，上述四个假设也基本适用。

（1）从外空军控国际规则追寻的总体目标上看，以中、俄和美、欧为代表的空间强国及其他国家较为一致，都以1967年《外空条约》确定的"和平利用外层空间"原则为基本遵循。这从各国针对联合国大会的相关决议的投票结果以及各国针对相关联大决议提交的立场文件中可以窥知一二。但是，"和平利用外层空间"原则自身的模糊性，外层空间国际规则自身从"硬法"向"软法"的逐渐过渡的发展趋势，多年来发展出来的针对外空军控规则制定的多个平台并存的现实，使外空安全规制领域呈现出了明显的碎片化和机制多元化趋势，这为"硬法"和"软法"的对抗提供了条件。

（2）从分配冲突的角度看，以中、俄和美、欧为代表的两个空间强国团

---

[1] 对这些假设在国际经济领域的表现分析，See Gregory C. Shaffer, Mark A. Pollack, "Hard vs. Soft Law: Alternatives, Complements, and Antagonists in International Governance", 94 *Minnesota Law Review*, 706, 765~788 (2010).

[2] 对这些假设在国际安全保障领域的表现分析，See Gregory C. Shaffer, Mark A. Pollack, "Hard Versus Soft Law in International Security", 52 *Boston College Law Review*, 1147, 1174~1181 (2011).

第三章 防止外空武器化与军备竞赛的国际法规则:"硬法"与"软法"的并存与协调

体之间在维护外空安全（Security）问题上秉持不同理念。以中国为代表的空间强国（同时也是发展中国家）提出了构建"人类命运共同体"理念，并将这一理念延伸至外层空间治理，在外空安全与国家利益协调中则坚持"总体国家安全观"，提倡坚持和平发展，承担与我国国力和地位相适应的国际责任；坚持国际合作，推进全球治理，引导国际社会共同塑造更加公正、合理的国际新秩序。[1] 这是一种将全球治理和国家安全联结起来的"共同、综合、合作、可持续"的新安全观，[2] 对我国在外空利益的保护源于外空安全，而外空安全的实现有赖于世界各国努力创造一个"共同"的安全环境，将"自身"安全嵌入了"共同"安全。而以美国为代表的相关发达国家则坚持"美国领导力"和"美国优先"的思路，[3] 保障本国外空活动在大国竞争中的绝对安全。[4] 其将外层空间视为拥挤的、争议对抗的和竞争的环境，提出应分别从"Safety"和"Security"两个层面保障其在民事、军事和商业航天领域的优势地位。对此，其采取的战略措施包括：推动促进负责任、和平与安全地利用外层空间；改善美国空间能力；与负责任的国家、国际组织和商业公司合作；组织并发现针对美国空间设施的敌对行为。[5] 中、美之间针对外层空间安全，立足于国际社会总体和国内领导地位的诉求必然会产生分配冲突。尤其是，美国及其盟友将中国和俄罗斯视为其外空安全的威胁，[6] 进一步加剧了冲突强度。从这一角度看便不难理解目前在防止外空军备竞赛与武器化规则制定问题上呈现出的"硬法"与"软法"的对立情形了。

---

〔1〕 钟国安："以习近平总书记总体国家安全观为指引，谱写国家安全新篇章"，载 http://www.81.cn/jlwh/2017-04/16/content_ 7564639.htm，最后访问日期：2022 年 6 月 16 日。

〔2〕 习近平：《决胜全面建成小康社会夺取新时代中国特色社会主义伟大胜利——在中国共产党第十九次全国代表大会上的报告》，人民出版社 2017 年版，第 24 页。

〔3〕 关于"美国优先"的评论，参见李辽宁："'美国优先'的实质是美国霸权"，载《红旗文稿》2018 年第 16 期，第 13~15 页。

〔4〕 美国 2020 年《外空防御战略》明确提出其制定目标即为在强国竞争的复杂外空安全环境中获得竞争优势，占据优先地位。See "Defense Space Strategy Summary", Department of Defense, 7 June, 2020, https://media.defense.gov/2020/Jun/7/20023117391/-1/-1/1/2020_ DEFENSE_ SPACE_ STRATEGY_ SUMMARY. PDF.

〔5〕 对此，美国 2020 年《外空防御战略》及 2020 年《国家空间政策》都有较为明显的体现，See "Defense Space Strategy Summary", Department of Defense, 7 June, 2020, https://media.defense.gov/2020/Jun/7/20023117391/-1/-1/1/2020_ DEFENSE_ SPACE_ STRATEGY_ SUMMARY. PDF; "National Space Policy of the United States of America", 9 December, 2020.

〔6〕 美国 2020 年《外空防御战略》明确提及中、俄为其保障外空安全的威胁。

（3）对于数量众多的其他国家而言，其利益立足点有相当的一致性，但也不尽相同。从利益一致性层面看，多数国家都期待外层空间和平、稳定的环境，尤其是希望避免外空武器化和空间强国的外空军备竞赛，从而保障本国在外层空间的利益。而从利益差异的角度看，这些国家之间空间能力的差异也会影响其对规则制定层面的主张。一般而言，单纯的空间技术使用者和接受者国家群体更加推崇有效地保障外空和平与安全的法律形式，而具备掌握空间技术、独立发展本国空间能力的国家则会作出相应的保留。另外，在中、俄与美、欧之间关于外空军控规则的"硬法"与"软法"的选择相对较为明晰的背景下，相关国家对某种法律表现形式的支持或否定与该国同该法律形式的倡议者的政治和外交关系密切相关。不过，从目前整体的状况看，大多数其他国家对于中、俄和美、欧的"硬法"和"软法"提议都持积极态度。因此，在防止外空武器化和军备竞赛问题上，能否形成"硬法"与"软法"的协调机制，主要还是依赖两个强国团体之间的谈判与沟通。

总的看来，将上述四个假设条件一一对应至外空军控国际规则制定问题，可以得到基本相同的结论。不过，应当强调的是，外空军控领域的国际规则有一定的特殊性。因为已有"硬法"规则在防止外空武器化和军备竞赛问题上存在明显缺陷，所以推动制定新的"软法"规则的国家群体并非意图削弱现行"硬法"规则的规定，而是期待以"软法"模式延后或者阻碍新的、更为全面的"硬法"规则的制定，这同样也是某种形式的"硬法"与"软法"的对立。

对以中、俄倡议的《PPWT草案》这一"硬法"模式作为外空军控国际规则未来谈判基础的合理性前文已经做了论述，《PPWT草案》的具体规定也包含未来制定"软法"规则的设想。因此，中、俄虽然提议以"硬法"规则为主要谈判依据，但其实较为明确地蕴含了"硬法"与"软法"协调的思路。与美、欧在外空军控"硬法"与"软法"协调思路中表现出的渐进式发展思路不同，中、俄主张的思路更加偏向于"硬法"与"软法"的"中心"－"外围"模式。[1]

"硬法"与"软法"协调的"中心"－"外围"模式本质上是温和的全

---

[1] "硬法"与"软法"的"中心"－"外围"模式的说法源于徐崇利教授的研究。参见徐崇利："全球治理与跨国法律体系：硬法与软法的'中心—外围'之构造"载《国外理论动态》2013年第8期，第19~27页。

第三章 防止外空武器化与军备竞赛的国际法规则:"硬法"与"软法"的并存与协调

球治理理论及弱势全球法律多元主义支持下的新的跨国法律体系,其核心要义在于肯定"软法"不断增加并对"硬法"起到了不可替代的补充作用,但是国家间传统意义上的国际法("硬法")仍将继续构成跨国法律秩序的基础。一方面,"硬法"规则在保障合作的稳定性以及主体造法的正当性方面有不可替代的优势,故而其"中心"地位不应被撼动;另一方面,"软法"虽然具备适应现代社会发展的诸多优势,但其优势作用的表现在很多时候仅限于事务性国际关系,不涉及基础性国际关系,并且"软法"在许多时候只是一种过渡形式,因而其作为跨国法律秩序"外围"地位较为恰当。

从推动防止外空武器化和军备竞赛的国际规则制定角度看,有效处理基础国际关系的"硬法"的缺失是目前面临的最紧迫问题,以美、欧为主的空间国家提出的"软法"模式从"物控"向"行为控"的转向也印证了相关"软法"规则较为倾向于处理事务性国际关系的特征。虽然美、欧也期待将"软法"规则作为一种向"硬法"的过渡形式,但从目前的发展状况看,这种过渡的期限不可预测,而世界各国对外空军备竞赛的担心以及对外空安全(Security)有效保障的强烈要求也在客观上明确了在该问题上推动"硬法"-"软法"协调,从而形成"中心"-"外围"模式的必要性和合理性。

第四节 本章小结

本章重点探讨防止外空武器化及军备竞赛的国际法规制,关注外空安全内涵中的"Security"层面。从人类具备外空活动能力开始,和平利用外层空间、防止外空武器化与军备竞赛即被作为重点目标提出。在此后的发展中,其法律规制层面形成了"硬法"与"软法"并存局面。

传统的防止外空武器化与军备竞赛的主要"硬法"规则包括《部分禁止核试验条约》以及空间五大条约体系中的1967年《外空条约》与1979年《月球协定》。《部分禁止核试验条约》是外空领域第一部军控条约,其本质上是针对核武器进行限制的军控规则,外空只是禁止核武器相关活动的一个对象范畴。因此,从禁止外空武器化和军备竞赛角度看,这一条约虽具有开创性意义但缺陷也较为明显。1967年《外空条约》素有"外空宪章"之称,是外层空间条约体系的基础,确定了诸多外空活动基本原则和规则,对防止外空武器化和军备竞赛的重要意义不言而喻。不过，限于条约谈判时期的冷战背景，《外空条约》同样存在诸多问题，例如为核武器和大规模杀伤性武器之外的武器在外层空间的部署预留了可能性等。1979 年《月球协定》以规制月球及其他天体的探索和开发为重点，在防止外空武器化和军备竞赛问题上对《外空条约》有一定的补充作用，但总体突破不大。此外，1979 年《月球协定》作为外空国际规则发展历程中的"空间条约"时代的最后一部"硬法"规则，签署国家数量不多，且未得到主要空间强国的认可，影响力有限。中、俄于 2008 年首次向裁军谈判会议提出并经 2014 年修改的《PPWT 草案》是通过"硬法"规制外空武器化和军备竞赛的新尝试。与传统的"硬法"规则相比，《PPWT 草案》规定的内容更为细致，反映了外空活动及外空军控最新发展的需要，不过以美国为代表的空间强国提出《PPWT 草案》存在概念界定不清晰、缺少有效核查机制以及禁止开展活动范围不周延等问题，仍有待进一步完善。

有关外空军控"软法"规则的提议主要包括建立外空活动透明度与信任措施以及直接推动防止外空武器化与军备竞赛的规则两类。欧盟提议的《ICoC 草案》具备从综合方面保障外空安全（"Security"与"Safety"）的性质，但其重要目标之一在于建立外空活动透明度与信任措施，因此可以被视为第一类规则的代表性"软法"提议。《ICoC 草案》涵盖内容丰富，除了原则与规范之外，还包括合作机制、组织机构与争端解决等多项内容。直接推动防止外空武器化与军备竞赛的"软法"规则以联合国大会决议为主要表现形式，较为具有代表性的包括《不首先在外层空间放置武器决议》《防止外空军备竞赛的进一步切实措施》以及《通过负责任行为准则、规则和原则减少空间威胁决议》。这三个决议中的前两个仍主要由中、俄提议，虽然表现形式为"软法"，但本质上旨在推动国际社会对《PPWT 草案》这样的"硬法"规则的认可，可以在《PPWT 草案》获得普遍认可之前起到补充作用。《通过负责任行为准则、规则和原则减少空间威胁决议》由英国于 2020 年提出，在很大程度上延续了《ICoC 草案》在外空军控问题上的"软法"思路，但有所不同的是，这一决议将重点放在了"负责任行为"上，将外空军控规则的关注方向从原来较难达成一致意见的"物控"转到了"行为控"之上，旨在回避国际社会争论不休的问题。

第三章　防止外空武器化与军备竞赛的国际法规则："硬法"与"软法"的并存与协调

　　总的看来，与外空活动发展之初相比，制定防止外空武器化与军备竞赛国际规则的环境发生了巨大变化，原本以国家为主导开展外空活动的局面被打破，私人实体的角色愈加重要。因此，世界各国对于外空秩序和外空安全的关注重点开始从外空军控转向对外空秩序和可持续性的保障。另一方面，参与外空军控国际规则制定的主体也因活动主体的复杂化而变得多元，外空军控谈判平台去中心化趋势明显。这些变化决定了在未来相当一段时间里，防止外空武器化及军备竞赛的国际规则会呈现出"硬法"与"软法"并存及相互竞争态势。传统"硬法"规则的滞后性和模糊性与新提议谈判的长期性将会在很大程度上阻碍"硬法"规则优势的呈现。而美、欧多国也逐渐倾向于以其坚持的"软法"提议在小范围内达成一致并推动最佳实践的形成，从而影响国际层面外空军控规则的制定和实施。这种"小圈子"多边主义的做法同样会对《PPWT草案》这种"硬法"模式造成较大冲击。不过，从长远角度看，《PPWT草案》以裁军谈判会议这一多边谈判论坛为平台提出，符合大多数国家对外空安全保障的期待，客观上践行了"人类命运共同体"理念，可以作为防止外空武器化与军备竞赛国际规则制定的进一步谈判基础。此外，作为草案的提议者，中、俄并不排斥和否认"软法"规则，《PPWT草案》自身也包含建立透明度与信任措施的"软法"规则条款。因此，可以在《PPWT草案》这一"硬法"规则的基础上，制定配套的"软法"规则，形成"硬法"与"软法"的"中心"－"外围"模式，最大限度地实现对外空安全的保障。

◆ 第四章 ◆

保障外空活动安全与可持续性的国际法规则：以"软法"为主的规则模式

实现外空活动可持续性是保障外空活动安全（Space Safety）的重要目标，反过来，保障外空活动可持续性的措施也是实现外空活动安全的重要途径。本书于前文中将"外空可持续发展"作为一项基本原则进行了分析，但是事实上，这一源于国际环境法的基本原则被引入外空领域的时间较短，相关规则的发展也经历了一个逐渐演变的过程。

1967年《外空条约》第9条针对保护外空环境作出了规定，但限于当时的技术发展水平，条约并未提及破坏外空环境的因素。[1]此后，有越来越多的国家和地区具备外空发射能力，外物体的数量逐渐增加，国际社会逐渐意识到空间碎片对外空环境的重大危害。其主要表现为威胁外空物体正常运行及外空活动可持续发展，从而损害空间资产的安全。

减缓和移除空间碎片是保护外空环境的重要手段，其更深层次的目的是保障外空资产安全，从而推动促进外空活动的安全与可持续性发展，因此完备有效的法律规则至关重要。近年来，外空活动呈现出了新的发展趋势，其中尤为值得关注的三个问题包括：第一，私人实体外空活动的飞速发展推动外空活动参与主体的多元化，客观上为外空物体数量的增加提供了现实条件；第二，一箭多星技术成为现实，发射成本降低，为外空物体数量的增加提供了技术基础；第三，卫星互联网产业的发展与对大规模小卫星星座部署的需求增大，为外空物体数量的增加提供了市场基础。这一系列变化对现行外空

---

[1] 有学者指出，在《外空条约》的谈判过程中，对破坏外空环境的"有害污染"的理解主要指的是生物污染，并未涉及空间碎片等其他内容。See Pamela L. Meredith, "Legal Implication of Orbital Debris Mitigation Measures: A Survey of Options and Approaches", *6 American University International Law Review*, 203, 206 (1991).

第四章　保障外空活动安全与可持续性的国际法规则：以"软法"为主的规则模式

活动秩序造成了极大冲击，仅依靠空间碎片减缓以及移除规则已经无法保障外空活动安全及可持续发展，因此需要新的法律协调。于是，国际社会开始将目光重新转向之前学术界探讨多年的外空交通管理规则的制定，联合国外空委也在多年的努力下于2019年推动通过了《外空活动长期可持续性准则》，构成外空交通管理规则的一个重要部分。与防止外空武器化和军备竞赛国际规则制定的实践相比，针对空间碎片减缓和移除、外空交通管理以及外空活动可持续性保障的国际规则制定的实践历史相对较短，且以"软法"为主要表现形式。为保障外空安全，相关规则有进一步完善的必要性。

本章将首先对威胁外空活动安全及可持续发展的因素进行分析，探讨制定相关国际规则的内在动因并总结国际规则发展历程。之后，分别从空间碎片减缓与移除以及外空交通管理包括外空活动长期可持续性保障等角度切入，梳理现行规则体系，分析其存在的不足。最后分析阐述"软法"规则在保障外空活动安全及长期可持续性问题上的合理性以及未来发展趋势。

第一节　威胁外空活动安全与可持续性的因素及国际规则的发展历程

从宏观方面看，外空武器化和军备竞赛同样可以对外空活动安全及外空长期可持续性发展造成巨大威胁，不过本章重点探讨"Safety"层面的外空安全，因此仅关注正常外空活动中的危害安全的主要因素，即数量日益增长的空间碎片以及日渐拥挤的地球轨道对外空活动安全及可持续性发展的威胁。

一、外空活动安全及可持续性的主要威胁因素：国际规则制定的动因

（一）空间碎片与在轨碰撞风险

以《外空条约》为代表的国际外空条约体系并未能对空间碎片进行概念界定。从世界各国的多年实践以及"软法"规则的规定看，空间碎片在严格意义上讲包括流星体和人为制造的轨道碎片，流星体一般绕太阳轨道运行，多数人造碎片围绕地球运行，所以也被称为轨道碎片，[1]一般包括火箭等运

---

[1] "Space Debris and Human Spacecraft", NASA, 26 May, 2021, https://www.nasa.gov/mission_pages/station/news/orbital_debris.html.

载工具或者航天器等被丢弃的部分,这些部分将长期滞留在地球轨道,[1]其中的大部分分布在离地球表面2000千米的近地轨道(Low-Earth Orbit),另外还有部分分布在赤道上空35 786千米处的地球静止轨道(Geostationary Orbit)。空间碎片在地球轨道的滞留时间与其所在高度密切相关,一般处于600千米以下高度的空间碎片会在绕轨道运转几年后逐渐落入地球大气层被燃烧掉,处在1000千米以上轨道的空间碎片则可能在轨道上存在几个世纪。[2]

空间碎片的产生原因可以被概括为如下几个方面:第一,火箭正常发射过程中产生的碎片,包括在近地球轨道留下的助推器、整流罩等;火箭非正常运行情形下发生的爆炸也是空间碎片的重要来源之一。据悉,在产生碎片最多的10个事件中,火箭爆炸事件便占了7个。[3]第二,因为在轨外空物体意外撞击而产生的空间碎片,这种情形被联合国外空委预测为未来最主要的空间碎片来源之一。[4]早在1996年便发生过在轨卫星与空间碎片的撞击事件,不过此次事故并未导致卫星损坏,也未产生更多的空间碎片,[5]而发生在2009年的另一次撞击事故就没有那么幸运了。2009年2月10日,美国铱星公司的"铱-33"卫星与俄罗斯已经报废的"宇宙-2251"通信卫星在西伯利亚上空760千米处相撞,两个卫星全部解体,产生了约2000块10厘米以上的空间碎片,体积更小的碎片数千块。[6]第三,对外空物体进行有意自毁而

---

〔1〕Marcia Sekhose, "Space Debris Continued to be a Big Problem in 2021 and It's Only Going to Get Worse", Business Insider India, 29 December, 2021, https://www.businessinsider.in/science/space/news/space-debris-continued-to-be-a-big-problem-in-2021-and-its-only-going-to-get-worse/articleshow/88558981.cms.

〔2〕Erik Gregersen, "Space Debris", 31 January, 2022, https://www.britannica.com/technology/space-debris.

〔3〕Max Polyakov, "We're Polluting Our Future Home-Before We Even Live There. Here's Why We Need to Clean up Our Space Junk", 5 May, 2021, https://www.weforum.org/agenda/2021/05/why-we-need-to-clean-up-space-junk-debris-low-earth-orbit-pollution-satellite-rocket-noosphere-firefly.

〔4〕《和平利用外层空间委员会空间碎片减缓准则》,1. 背景,第2段,载 https://www.unoosa.org/documents/pdf/spacelaw/sd/COPUOS-GuidelinesC.pdf.

〔5〕See Erik Gregersen, "Space Debris", 31 January, 2022, https://www.britannica.com/technology/space-debris.

〔6〕对此次撞击事件的具体介绍和相关分析,See Brian Weeden, "2009 Iridium-Cosmos Collision: Fact Sheet", 10 November, 2010, https://swfound.org/media/6575/swf_iridium_cosmos_collision_fact_sheet_updated_2012.pdf; NASA, "The Collision of Iridium 33 and Cosmos 2251: The Shape of Things to

第四章　保障外空活动安全与可持续性的国际法规则：以"软法"为主的规则模式

产生的空间碎片。此类情形主要指由开展反卫星试验产生的空间碎片。迄今为止，美国、俄罗斯、印度等空间国家都开展过类似的试验。[1]第四，由于使用寿命有限，报废后的卫星也会变成新的空间碎片来源。对于报废卫星是否能被视为空间碎片来源的问题，除了技术上和理论上的认定之外，还需要法律规则予以进一步确定。从目前的情况看，鉴于国家对其外空物体管辖权的绝对性，这一问题尚无确切结论。第五，其他情形产生的空间碎片。包括宇航员出舱作业遗留或丢弃的摄像头、钳子、手套、扳手、刮刀以及外空行走时丢失的工具包等。[2]当然，这些情况产生的空间碎片仅占总量的极小部分。

总体看来，目前地球轨道物体的运行处于外空物体和空间碎片并存的情形之下。最新统计数据显示：自1957年外空时代开启至今，世界各国共进行了约6170次发射活动（不计失败发射次数），将12 450颗卫星送入轨道，这些卫星中的7840颗仍在外层空间，5000颗仍在运营。而与这些外空活动相伴而生的空间碎片数量则尤为值得重视。据统计，目前地球轨道中10厘米以上的空间碎片约36 500块，1厘米以上10厘米以下的空间碎片的数量则有一百万块左右。而大于1毫米小于1厘米的碎片物体的数量则更为巨大。[3]与人类社会开展外空活动的次数及空间物体数量相比，空间碎片的庞大数量显得有些失衡，而空间碎片对人类外空活动的巨大危害则更应引起足够的重视。

空间碎片对于人类外空活动最大的危害表现在对卫星以及国际空间站等正常运行的外空资产的撞击威胁上。外空活动具有典型的技术要求高、高投入、收益周期长等特点，航天器、卫星等外空物体从研发、设计、生产到发射

（接上页）Come", 60th International Astronautical Congress, Daejeon, Republic of Korea, 16 October, 2009, https：//ntrs. nasa. gov/api/citations/20100002023/downloads/20100002023. pdf.

〔1〕 有关反卫星试验与空间碎片问题，See "Space Debris from Anti-Satellite Weapons", April 2008, https://www.ucsusa.org/sites/default/files/2019-09/debris-in-brief-factsheet.pdf.

〔2〕 Max Polyakov, "We're Polluting Our Future Home-Before We Even Live There. Here's Why We Need to Clean up Our Space Junk", 5 May, 2021, https://www.weforum.org/agenda/2021/05/why-we-need-to-clean-up-space-junk-debris-low-earth-orbit-pollution-satellite-rocket-noosphere-firefly.

〔3〕 关于人类外空活动和空间碎片数量及其他具体情况的统计，See ESA, "Space Debris by the Numbers: The Latest Figures Related to Space Debris, Provided by ESA's Space Debris Office at ESOC, Darmstadt, Germany", 5 January, 2022, https://www.esa.int/Safety_Security/Space_Debris/Space_debris_by_the_numbers.

再到地面站建设、数据处理分析，包括载人航天的宇航员培养等都需要投入巨大的人力、财力和物力，而空间碎片的撞击则可能轻易摧毁一颗卫星或损坏国际空间站，甚至对在轨执行任务的宇航员的人身安全造成损害。对于拥有较多外空资产的空间强国而言，这种撞击危险尤为值得重视。事实上，为了躲避空间碎片撞击，在轨外空物体需要时常进行避碰操作。据统计，所有在轨运行的卫星（包括国际空间站）每年要开展数百次避撞击作业。[1]

鉴于空间碎片对于外空活动的安全及可持续性存在如此巨大的威胁，国际社会在20世纪70年代便开始将这一问题纳入联合国框架进行讨论，这也是在《外空条约》规定的外空环境保护框架下最早被意识到的一个问题。不过，在很长一段时间里，国际社会对空间碎片治理的主要关注点仍在于防止产生新的空间碎片，并未针对已经存在的空间碎片提出治理建议。1978年，美国航空航天局的科学家唐纳德·凯斯勒与另一位作者合作发表的一篇学术论文提出："卫星碰撞会产生轨道碎片，每次碰撞都会增加下一次碰撞的可能性，从而促进地球周围碎片带的形成。"[2]换言之，如果一颗卫星偏离轨道或者遭到撞击，可能会产生连锁反应，进而摧毁大量卫星，形成更多的空间垃圾，反过来进一步产生碎片，增加下一次碰撞的可能性，[3]这一理论被称为"凯斯勒效应"。[4]从近几年的实际情况看，除了2009年的美、俄在轨卫星相撞事件之外，2021年3月，美国一颗废弃的气象卫星NOAA-17在外空自行解体爆炸，分解成了16块可探测到的空间碎片。[5]此后不久，我国于2019年9月发射的一颗仍在运营的云海1-02气象卫星发生了在轨解体，产生了21

---

[1] See Jonathan O'Callaghan, "What is Space Junk and Why is It A Problem?", National History Museum, https://www.nhm.ac.uk/discover/what-is-space-junk-and-why-is-it-a-problem.html.

[2] Donald J. Kessler, Burton G. Cour-Palais, "Collision Frequency of Artificial Satellites: The Creation of a Debris Belt", *83 Journal of Geophysical Research*, 2637, 2637~2646 (1978).

[3] See Louis de Gouyon Matignon, "The Kessler Syndrome", 27 March, 2019, https://www.spacelegalissues.com/space-law-the-kessler-syndrome.

[4] 对"凯斯勒效应"的详细介绍，See Mike Wall, "Kessler Syndrome and the Space Debris Problem", 16 November, 2021, https://www.space.com/kessler-syndrome-space-debris.

[5] 关于NOAA-17卫星的具体情况介绍和相关分析，See Jeff Foust, "Decommissioned NOAA Weather Satellite Breaks Up", Space News, 20 March, 2020, https://spacenews.com/decommissioned-noaa-weather-satellite-breaks-up; Meghan Bartels, "Defunct US Weather Satellite Breaks up in Earth Orbit", 23 March, 2021, https://www.space.com/defunct-weather-satellite-noaa-17-breaks-up.

第四章　保障外空活动安全与可持续性的国际法规则：以"软法"为主的规则模式

块可被监测的碎片。〔1〕对于这颗卫星解体的原因，美国学者的结论是与俄罗斯于 1996 年发射的一枚火箭产生的碎片"擦身而过"。〔2〕虽然此结论的权威性尚待考证，但可以明确的是，随着卫星数量的逐渐增加，即便是保持现有空间碎片数量不再增长，也仍然有可能因产生新的碰撞，从而陷入"凯斯勒效应"。换言之，仅从预防新碎片的角度采取减缓措施并制定相应规则已经无法解决现在面临的困境了。随着技术的不断成熟，有越来越多的国家和私人实体提出主动移除空间碎片的提议，并提供了相应具有可操作性的技术手段，〔3〕空间碎片移除作为治理的另一个方式开始受到世界各国的重视。〔4〕相应的，开展移除活动可能遭遇的法律问题和争议以及国际规则的制定也逐渐受到了关注。

（二）近地小卫星星座的部署与轨道拥堵的潜在风险

空间碎片数量的不断增加除了带来撞击空间物体的巨大危险之外，另外一个显著的危害在于使原本就已拥挤不堪的地球轨道的情况更加严峻。早在冷战时期，诸多不具备空间发射能力的发展中国家便担心空间强国对地球静止轨道的无限制利用最终会导致有限的资源被几个国家垄断，从而损害其国家利益、危害其国家安全。〔5〕而随着空间技术的不断发展，近年来，轨道拥挤的问题慢慢出现在近地轨道，为外空活动安全及可持续发展带来了更多不确定性因素。近地轨道之所以在近年来愈加受到各国重视，一个重要原因在于以美国行星探索公司（Space X）等为代表的私营实体发射巨型小卫星星座（Mega Satellite Constellation）计划的提出和稳步推进。

2015 年 1 月，Space X 公司 CEO 埃隆·马斯克提出准备向近地轨道发射 4000 颗卫星组建卫星互联网，为全球提供高速、价格低廉的互联网服务。

---

〔1〕　关于此次碰撞事件的介绍，参见"我国云海卫星被撞事件原因出来了！被撞成了 37 块，但至今仍在工作"，载 https://www.163.com/dy/article/GVLBFR0U05524KQ6.html，最后访问日期：2022 年 6 月 20 日。

〔2〕　Jeff Foust, "Decommissioned NOAA Weather Satellite Breaks Up", 20 March, 2020, Space News, https://spacenews.com/decommissioned-noaa-weather-satellite-breaks-up.

〔3〕　对空间碎片主动移除技术手段的介绍和分析，参见本章第二节的内容。

〔4〕　See ESA, "The Kessler Effect and How to Stop It", https://www.esa.int/Enabling_Support/Space_Engineering_Technology/The_Kessler_Effect_and_how_to_stop_it.

〔5〕　Michael J. Finch, "Limited Space: Allocating the Geostationary Orbit", 7 *Northwestern Journal of International Law & Business*, pp. 788, 789~790 (1986).

随后，这一项目被命名为"星链"（Starlink），计划发射卫星的数量也增至42 000颗。[1]美国联邦通信委员会（FCC）已经授权了12 000颗"星链"卫星的发射，[2]而后，Space X公司又向国际电信联盟提交了发射另外30 000颗卫星的申请。[3]至2022年初，Space X公司已经发射1900颗"星链"卫星，卫星星座已经开始向世界相关地区提供长波服务。[4]

Space X公司雄心勃勃的卫星星座建设计划并非孤例，卫星互联网这一巨大潜在市场同样引起了其他相关企业的重视，一网[5]以及亚马逊公司[6]都相继提出了自己的卫星星座发射计划和卫星互联网服务项目。作为重要的空间强国，我国也相继提出并逐步推进"虹云工程"[7]以及"鸿雁星座"[8]等近地轨道小卫星星座发射计划。2020年4月，国家发展和改革委员会将卫星互联网纳入了新基建，[9]为相关项目未来的进一步发展提供了政策依据。

如此数量的卫星发射必然会带来轨道的拥挤，而轨道拥挤一方面会对卫星的正常运转造成干扰，另一方面也会增加碰撞的风险。与地球静止轨道以及中地球轨道（Medium Earth Orbit）相比，近地轨道的拥挤问题尤其值得重

---

〔1〕 Adam Mann, Tereza Pultarova, "Starlink：SpaceX's Satellite Internet Project", 8 January, 2022, https://www.space.com/spacex-starlink-satellites.html.

〔2〕 Reuters, David Shepardson, "U.S. FCC Approves SpaceX Satellite Deployment Plan", 27 April, 2021, https://www.reuters.com/technology/fcc-votes-approve-spacex-satellite-plan-official-2021-04-27.

〔3〕 Caleb Henry, "Space X Submits Paperwork for 30,000 More Starlink Satellites", 15 October, 2019, Space News, https://spacenews.com/spacex-submits-paperwork-for-30000-more-starlink-satellites.

〔4〕 See：Jason Rainbow, "Space X Breaks Annual Launch Record as It Deploys 48 More Starlink Satellites", Space News, 2 December, 2021, https://spacenews.com/spacex-breaks-annual-launch-record-as-it-deploys-48-more-starlink-satellites；Adam Mann, Tereza Pultarova, "Starlink：Space X's Satellite Internet Project", 8 January, 2022, https://www.space.com/spacex-starlink-satellites.html.

〔5〕 Amy Thompson, "Arianespace Launches 36 One Web Internet Satellites on Soyuz Rocket", 29 May, 2021, https://www.space.com/arianespace-soyuz-launches-36-oneweb-7-satellites.

〔6〕 Elizabeth Howell, "Amazon's 1st Kuiper Mega Constellation Satellites Will Launch on a ULA Atlas V Rocket", 20 April, 2021, https://www.space.com/amazon-kuiper-megaconstellation-atlas-v-rockets.

〔7〕 对"虹云工程"的介绍，参见"航天科工虹云工程首星成功发射"，载http://www.sasac.gov.cn/n2588025/n2588124/c10071334/content.html，最后访问日期：2022年6月20日。

〔8〕 有关鸿雁星座的介绍可以参见："鸿雁星座受国外关注"，载http://cn.cgwic.com/news/2017/1101.html，最后访问日期：2022年6月20日。

〔9〕 关于卫星互联网与"新基建"的相关介绍与分析，参见"卫星互联网'新基建'发展要做好顶层设计"，载http://www.xinhuanet.com/2020-04/29/c_1125920571.htm，最后访问日期：2022年6月20日。

第四章　保障外空活动安全与可持续性的国际法规则：以"软法"为主的规则模式

视。研究者指出，高度越高，轨道的容积越大，也就能容纳更多的卫星。因此，地球静止轨道容纳卫星的数量高于中地球轨道，中地球轨道则高于近地轨道。相比于诸多国家对地球静止轨道被垄断的担忧，近地轨道拥挤的问题更加迫在眉睫。[1] 由于技术原因，Space X 公司于 2020 年 4 月向 FCC 申请了关于"星链"卫星星座相关设计的变更，将原计划的 1100 千米~1300 千米轨道飞行高度调整降低至 550 千米并获批准，[2] 进一步加剧了人们对近地轨道拥挤的担忧，也在美国国内引发了争议。就在"星链"卫星星座轨道调整申请获批不久，美国的另外两家卫星通信公司（Dish Network Corp. 与 Viasat）便针对 FCC 的这一许可提起了诉讼，认为该许可既违反了 FCC 自身的规则，也违反了包括《国家环境政策法案》在内的相关规则，是武断、反复无常和毫无道理的。[3]

"星链"卫星星座在近地轨道的大量部署的确存在干扰其他卫星运行以及与其他外空物体发生撞击的风险，增加了外空物体运营者的避碰成本。2021 年 7 月和 10 月，"星链"卫星曾 2 次接近中国空间站，为保障安全，我国不得已实施紧急避碰，规避了碰撞风险。[4] 对此，我国也依据《外空条约》的相关规定，[5] 要求美国履行国际义务。不过，美国回复声称"星链"卫星的活动没有达到既定的紧急避碰的标准门槛，因此不需要对可能受影响的对象进行紧急通知。[6] 这一说法应该引起足够重视，因为现行国际法规则对这种大型卫星星座碰撞风险的规定是极为模糊和缺乏的。

诸多学者针对"星链"部署的法律问题进行过分析，从美国国内法角度

---

[1] Kartik Bommakanti, "The Race for Mega Satellite Constellations: Crowding and Control in Low Earth Orbit", 1 May, 2021, https://www.orfonline.org/expert-speak/the-race-for-mega-satellite-constellations-crowding-and-control-in-low-earth-orbit.

[2] Joey Roulette, "Space X Wins Approval for Lower Starlink Orbits, Overcoming Rival Objections", The Verge, 27 April, 2021, https://www.theverge.com/2021/4/27/22405779/fcc-approves-spacex-starlink-lower-orbits-against-amazon-rival-objections.

[3] Mike Wall, "Change to Space X's Star Link Internet Constellation Faces Legal Challenge", 3 June, 2021, https://www.space.com/spacex-starlink-megaconstellation-fcc-viasat-dish.

[4] 参见"美国卫星两次接近中国空间站，外交部回应"，载 https://m.thepaper.cn/baijiahao_16048972，最后访问日期：2022 年 6 月 20 日。

[5] 《外空条约》第 5 条、第 9 条。

[6] Jeremy Kariuki, "U.S. Responds to China's Complaints Over Starlink Satellites", Flying, 8 February, 2022, https://www.flyingmag.com/u-s-responds-to-chinas-complaints-over-starlink-satellites.

看,学者重点关注FCC发布许可和之后对许可的更改是否合法。而从国际法角度看,研究者更倾向于从"星链"卫星引发碰撞事故的责任归属和空间碎片减缓的角度进行分析。对于前一个问题,如果因为拥堵而发生意外碰撞事件,依据1967年《外空条约》、1972年《责任公约》包括美国国内相关空间法规则,可以比较容易地确定赔偿责任主体和赔偿数额。针对空间碎片减缓问题,目前也有相对稳定的"软法"规则和较为清晰的技术标准。但存在的问题是,数量巨大的卫星在近地轨道运行造成的拥堵风险和碰撞风险是无法通过事后的法律救济措施予以事先避免的,而在这些卫星没有失去功能之前,任何国家、国际组织和私人实体都不可能将之认定为空间碎片,针对在卫星发射过程中或失去功能之后是否会造成大量的空间碎片这一问题,至少从FCC发给许可证的这一行为看,"星链"卫星的发射是符合外空环境保护要求的。[1]在轨道高度调整之后,处于550千米以下的近地轨道空间碎片停留时间本就相对较短。因此,无法判定失去功能后的"星链"卫星就是未来空间碎片的主要来源。更加需要注意的是,"星链"只是目前开展的相对成熟的卫星互联网项目之一,即便有专家质疑其可持续盈利的可能性以及其商业化存在的风险,[2]但这并未能阻挡诸多其他国家(包括私营公司)相继提出类似的发射计划和项目建设规划。无论是上述的一网还是亚马逊公司,包括我国相关航天公司,[3]都表现出了对这一领域的兴趣并进行了颇有成效的实际推动。

---

[1] 当然,也有诸多对此表示怀疑的声音,提出FCC根本没有对"星链"发射进行必要的环境影响评估,不过,这一说法暂时没有改变FCC许可的效力。从新近的法院判决看,Space X的发射活动没有因此受到限制。See Jon Brodkin,"Star Link Launches Continue—Judges Reject Viasat's Plea to Stop SpaceX Star Link Satellite Launches",23 July,2021,https://arstechnica.com/tech-policy/2021/07/spacex-wins-court-ruling-that-lets-it-continue-launching-starlink-satellites.也有研究者提出,全部"星链"卫星发射之后,每年至少可能引发6700次爆炸事故,从而产生大量空间碎片。See Srijesh Kumar Singh,"Star Link Project:Why the Law Needs to Catch Up",29 July,2020,https://lawschoolpolicyreview.com/2020/07/29/starlink-project-why-the-law-needs-to-catch-up.

[2] 参见中国国际金融有限公司对此所做的相关分析。黄乐平、尹会伟、闫慧辰:"航空航天科技商业航天系列:星链(Starlink)是泡沫还是革命?",载http://stock.finance.sina.com.cn/stock/go.php/vReport_Show/kind/lastest/rptid/638313428056/index.phtml,最后访问日期:2022年6月20日。Tim Farrar,"LEO Broadband:Will This Time be Different?",Space News,25 January,2022,https://space-news.com/op-ed-leo-broadband-will-this-time-be-different.

[3] Andrew Jones,"China is Developing Plans for A 13,000-Satellite Mega Constellation,Space News",21 April,2021,https://spacenews.com/china-is-developing-plans-for-a-13000-satellite-communications-megaconstellation.

第四章　保障外空活动安全与可持续性的国际法规则：以"软法"为主的规则模式

面对这一汹涌而来的新兴领域，世界各国在担忧其带来不良后果的同时也积极投身参与，而现行国际法规则又无法对这一领域进行有效规制。因此，较为务实的做法是制定合理的管制规则，尤其是避碰规则，在保障该轨道外空物体安全的同时，也为卫星互联网这一新兴的外空活动的可持续发展提供有力保障。

二、从碎片治理规则向外空交通管理规则的发展：从单一走向综合

Space X 公司"星链"项目的开展给近地轨道秩序保障带来了巨大的挑战，对于国际社会而言，制定有效的保障秩序的规则是必然趋势。从目前的研究情况看，大多数学者仍倾向于从传统的空间碎片减缓的角度讨论这一新兴问题的治理方式。这一方面表现出空间碎片治理问题在国际社会已经形成了较高共识，另一方面也显示出在法律规则层面存在的应对更为复杂的情况时的准备不足。保障空间活动安全及可持续性的国际规则经历了从单一的空间碎片减缓（包括近来讨论的主动移除）规则到更为综合的外空交通管理规则的发展过程，这种从单一到综合的发展路径逐渐确定了当前国际社会对保障外空活动安全及可持续性的基本认识。

20 世纪 70 年代起，国际社会开始关注空间碎片国际规则的制定。不过，此后数年，针对空间碎片治理的问题进展不大，直至 1994 年，联合国外空委科技小组委员会才首次将空间碎片治理纳入日程，并制定了一个为期 3 年的空间碎片工作计划，并与包括机构间空间碎片减缓委员会（IADC）[1]在内的国际组织展开广泛交流，推动制定减缓空间碎片的相关标准和准则。1999 年，在时任主席迪特里希·雷克斯（Dietrich Rex）的主持下，外空委科技小组委员会起草了空间碎片技术报告，并经委员会通过，[2]作为合作的重要内容，科技小组委员会建议由 IADC 起草空间碎片减缓的技术标准并提交委员会。2002 年，IADC 制定了《空间碎片减缓指南》（《IADC 指南》）并提交给科技小组委员会，委员会于 2004 年组织工作组，推动成员国通过该指南，但未获得一致认可。[3]

[1] "Inter-Agency Space Debris Coordination Committee", https://www.iadc-home.org.

[2] "Technical Report on Space Debris", UN Doc. A/AC.105/720, 1999.

[3] See "International Cooperation in the Peaceful Uses of Outer Space", UNGA Res. 58/89, 17 December 2003; Alexander Soucek, "Negotiation and Drafting History of the COPUOS SDM Guidelines", in Stephan Hobe, Bernhard Schmidt-Tedd, Kai-Uwe Schrogl (eds.), *Cologne Commentary on Space Law* (Vol. Ⅲ), Carl Heymanns Verlag, 2015, pp. 614~615.

以《IADC指南》为基础，科技小组委员会于2005年起草了《空间碎片减缓准则》（《外空委准则》），该准则于2007年提交联合国大会，大会于同年12月22日通过决议对其进行了核可。[1]而《IADC指南》作为更加详尽的技术规则在事实上受到了世界各国的广泛接受，其于2002年制定之后又根据现实情况分别于2007年和2020年进行了修改。[2]同样关注空间碎片减缓问题的机构还包括国际标准化组织（International Standard Organization-ISO）[3]以及国际电信联盟[4]等，这些机构也都制定了关于空间碎片减缓的标准和建议要求等。

《IADC指南》《外空委准则》包括其他相关机构空间碎片减缓文件的制定确定了空间碎片减缓的基本思路。不过，这些文件都主要针对碎片减缓的技术标准进行了规定，对于法律问题涉及很少。而从法律性质上看，《IADC指南》是IADC制定的供各国开展外空活动时加以参考的标准，各国可以通过制定国内政策和国内法的方式予以实施。《外空委准则》吸纳了《IADC指南》的大部分内容，由科技小组委员会通过，后经联合国大会以决议的形式通过。因此，这些文件虽不具备强制适用的效力，但具有"软法"特征。针对空间碎片治理的法律问题，国际法协会（International Law Association-ILA）于1994年起草并公布了《关于空间碎片造成损害的国际文书》（《ILA国际文书》）。[5]该文件共16条，除界定了重要术语的概念之外，还包含了义务条款、责任条款和争端解决条款。其中义务条款对各缔约国的合作义务（包括阻止空间碎片产生、移除轨道碎片、信息交流、国际磋商以及善意谈判等）作出了规定。责任条款则依据《外空条约》和《责任公约》的要求，对空间

---

[1] "International Cooperation in the Peaceful Uses of Outer Space", UNGA Res. 62/217, 22 December, 2007.

[2] "IADC Space Debris Mitigation Guidelines", Issued by IADC Steering Group and Working Group 4, IADC-02-01, Revision 2, March 2020.

[3] (ISO24113) ISO于2010年制定了《空间碎片减缓标准》，并于2019年进行更新，推出最新版本。See "ISO 24113: 2019 Space Systems-Space Debris Mitigation Requirements", https://www.iso.org/standard/72383.html.

[4] "Environmental Protection of the Geostationary-Satellite Orbit", Recommendation ITU-R S. 1003-2, December 2010.

[5] "Buenos Aires International Instrument on the Protection of the Environment from Damage Caused by Space Debris", *International Law Association*, 1994.

第四章　保障外空活动安全与可持续性的国际法规则：以"软法"为主的规则模式

碎片造成损害的赔偿责任做了更为详尽的说明。[1]争端解决条款主要针对文书的适用和解释争端的解决方式进行了规定，并对作为文书附件的《空间法争端解决公约草案》的地位进行了阐释。[2]与《IADC 指南》和《外空委准则》相比，《ILA 国际文书》除了涵盖减缓问题之外还包含了更为全面的空间碎片治理的法律问题。而且，《ILA 国际文书》提议的是国际条约这样的"硬法"模式，但国际法协会只是一个非政府间学术交流组织，[3]《ILA 国际文书》也仅具有学术建议的性质。[4]应当指出的是，在诸多缔约国的义务条款中，《ILA 国际文书》要求缔约国主动移除失去功能的卫星等外空物体以及轨道空间碎片等，[5]这是相当具有前瞻性的规定。

经过多年的发展，以空间碎片作为主要治理对象的规则已经初具雏形。从保障外空活动安全的角度看，空间碎片是最重要的影响因素但并非唯一因素，单纯以空间碎片为对象的规则渐渐无法适应日益复杂的外空活动要求。上文所述由卫星发射数量激增带来的轨道拥堵问题便是最重要的一个表现，亟须通过更具综合性的外空秩序治理规则加以规制。于是，外空交通管理的概念被提出并受到了国际社会和诸多空间大国的重视，相关国际机构也开始推动制定外空交通管理规则。

外空交通管理概念的提出源于与空气空间交通管理、海上交通管理甚至陆地交通管理的类比，[6]与单纯的空间碎片治理相比，外空交通管理将整个

---

[1] 对《ILA 国际文书》内容的详细分析，参见聂明岩：《"总体国家安全观"指导下外空安全国际法治研究》，法律出版社 2018 年版，第 159~169 页。

[2] 对《空间法争端解决公约草案》的详细介绍，See Gerardine Meishan Goh, *Disputer Settlement in International Space Law: A Multi-Door Courthouse for Outer Space*, Martinus Nijhoff Publishers, 2007, pp. 64~69.

[3] "About Us-International Law Association", https://www.ila-hq.org/index.php/about-us/aboutus2.

[4] 即便如此，国际法协会在推动条约制定进程中的重要作用仍不容忽视。自成立以来，国际法协会通过召开每 2 年一次的大会为国际法领域带来了历史性进展，主持起草了《约克-安特卫普共同海损规则》（1877 年，安特卫普）；《关于保护外侨财产的公约草案》（1932 年，牛津）；第一部国际河流法大全（1966 年，赫尔辛基规则）；《关于外交和领土庇护的公约草案》（1972 年，纽约）；《国家豁免仅公约条款草案》（1982 年，蒙特利尔）；《关于空间碎片造成的损害的国际文书》（1994 年，布宜诺斯艾利斯）等一系列重要国际法文件。

[5] Lubos Perek, "Technical Aspects of the Control of Space Debris", in Proceedings of the 33rd Colloquium on the Law of Outer Space, *American Institute of Aeronautics and Astronautics*, 1991, p. 400.

[6] Stephan Hobe, "Space Traffic Management: Some Conceptual Ideas", 1 *German Journal of Air and Space Law*, pp. 3, 3~4 (2016).

外层空间（主要是地球轨道）视为一个整体。2006年，国际宇航科学院（International Academy of Astronautics-IAA）发布了《外空交通管理研究报告》（《IAA研究报告》），这是国际社会首次对外空交通管理问题从技术、规则等多方面进行的系统性研究。[1]《IAA研究报告》的思路在后续的国际规则制定过程中起到了一定的积极作用。2007年，时任联合国外空委主席杰拉德·布拉赫特（Gerard Brachet）倡议以《IAA研究报告》提出的外空交通管理理念为基础，在联合国外空委设立专门议程开展进一步讨论。[2]欧盟于2008年首次公布的《ICoC草案》也包含了类似的思路和规则建议。有研究者认为，包含外空交通管理规则是《ICoC草案》的一个主要亮点，是构建保障外空安全法律体系的重要思路。[3]之后，外空委法律小组委员会于2016年设立了"外空交通管理所涉法律方面的一般意见交流"项目，并展开讨论，与会代表一致认为应在外空委科技和法律小组委员会继续讨论该问题。[4]

作为外空交通管理概念思路的延续，在2009年召开的联合国外空委科技小组委员会第46届会议上，法国代表提出了设立"外空活动长期可持续性"的新议题建议并得到了认可。[5]该议题在2010年2月召开的第47届外空委科技小组委员会上被正式讨论，委员会决定设立关于外空活动长期可持续性工作组，起草《外空活动长期可持续性准则草案》，[6]经过多轮会议讨论，外空委于第59届会议上就草案内容展开商谈，并对其中部分准则达成了一致意见，构成了第一套准则。[7]此后，工作组继续针对未达成一致意见的部分进行讨论，期待拟定同序言案文和第一套准则合并后的新的准则。2019年6月，联合国外空委通过了更新后的《外空活动长期可持续性准则》。[8]该项

---

［1］ Corinne Contant-Jorgenson, Petr Lala, Kai-Uwe Schrogl (eds.), *Cosmic Study on Space Traffic Management*, International Academy Astronautics, 2006.

［2］ "Future Role and Activities of COPUOS", Working Paper Submitted by the Chairman, UN Doc. A/AC. 105/L. 268, 10 May, 2007.

［3］ Wolfgang Rathgeber, Nina-Louisa Remuss, Kai-Uwe Schrogl, "Space Security and the European Code of Conduct for Outer Space Activities", https://www.peacepalacelibrary.nl/ebooks/files/UNIDIR_pdf-art2909.pdf.

［4］《联合国和平利用外层空间委员会报告》，A/71/20，2016年6月27日。

［5］《科学技术小组委员会第四十六届会议报告》，A/AC. 105/933，2009年3月6日。

［6］《科学技术小组委员会第四十七届会议报告》，A/AC. 105/958，2010年3月11日。

［7］《和平利用外层空间委员会报告：第五十九届会议》，A/71/20，2016年6月27日。

［8］《和平利用外层空间委员会的报告：第六十二届会议》，A/74/20，2019年6月12日至21日。

第四章　保障外空活动安全与可持续性的国际法规则：以"软法"为主的规则模式

议题虽然没有直接采用外空交通管理的名称，但与外空交通管理密切相关，为外空交通管理规则的进一步发展奠定了良好基础。

外空委法律小组委员会框架下的外空交通管理议题交流自 2016 年设立之后，尚未能如"外空活动长期可持续性"议题一样制定准则草案。不过，以发展卫星互联网为目的的大规模小卫星星座的部署给外空秩序带来了极大挑战，外空交通管理规则再次被重点关注，主要空间大国也都意识到了尽快制定规则、确定外空交通管理有效机制和框架的必要性和紧迫性。2018 年 7 月 18 日，美国白宫发布《国家外空交通管理政策》，从政策、概念、原则、目标以及相关部门角色和职能角度确立了美国国内空间交通管理的基本框架和发展方向。[1] 同年，IAA 也发布了最新版本的《外空交通管理》研究报告，并将副标题确定为"为了实施而进行的路径规划"。[2] 可以预见，在未来的若干年中，针对空间交通管理的国际和国内规则谈判和讨论将会是立法的重点问题。

第二节　空间碎片减缓与主动移除法律规则

国际社会较早便意识到了空间碎片治理对于保障外空活动安全与可持续发展的重要意义，即便是在综合的空间交通管理框架下，空间碎片治理问题也是一个重要组成部分。目前，国际社会针对空间碎片减缓已经形成了较为完备的包含《外空委准则》以及《IADC 指南》等在内的"软法"规则，而对于新近被注意到的移除问题却尚未制定成体系的规则，仍有待世界各国（包括日渐兴起的私人实体）的进一步推动。

一、空间碎片减缓法律规则：国际规则与国内实践

（一）《外空委准则》与《IADC 指南》：空间碎片减缓的原则要求与技术标准

《外空委准则》由背景、理由、适用、空间碎片减缓准则、更新和参考 6

---

[1] National Space Traffic Management Policy, Space Policy Directive-3, 18 June, 2018.

[2] Kai-Uwe Schrogl et al. (eds.), *Space Traffic Management: Towards a Roadmap for Implementation*, International Academy of Astronautics, 2018.

个部分组成。[1]作为主体的第 4 部分确定了 7 项外空活动参与者和营运者应当注意的减缓空间碎片的基本规范：

（1）限制正常运营期间分离空间碎片。在空间活动开展初期，运载火箭和航天器设计者会允许有意分离与飞行器有关的物体并使之进入轨道。随着技术的进步，在设计上避免这一问题已经成为可能，《外空委准则》的这一要求旨在于发射开始之前避免碎片的产生。

（2）在最大限度内减少操作阶段可能发生的解体。从以往的实践经验看，此类解体一般源于系统故障。《外空委准则》要求航天器和运载火箭在设计阶段减少隐患；如果已经预测到有在轨解体的可能，则应采取处置和钝化措施以避免解体发生。

（3）限制轨道中意外碰撞的可能性。如上文所述，近年来，外空物体在轨碰撞时有发生，而随着空间碎片和外空物体数量的增加，在轨碰撞（包括外空物体之间或外空物体与空间碎片的碰撞）可能会是未来空间碎片的最重要来源。因此，《外空委准则》要求："在航天器和运载火箭级的设计和飞行任务规划期间，估算并限制系统发射阶段和轨道寿命期内发生意外碰撞的可能性。如果现有的轨道数据表明可能会发生碰撞，则应考虑调整发射时间或者进行在轨避撞机动。"在实际操作过程中，为了避免碰撞推迟发射或者已经在轨的外空物体为了避碰而主动采取措施的情况逐年增加。而随着近地轨道外空物体数量的增加，《外空委准则》的规定已经表现出了明显的不足。当然，避免在轨碰撞也是外空交通管理的重要内容，伴随国际社会对外空交通管理规则的不断推进，避免在轨碰撞的规则和标准也将会日益完善。

（4）避免故意自毁和其他有害活动。外空物体故意自毁的主要形式是反卫星试验的开展。如上文所述，反卫星试验是国际社会在防止外空武器化和军备竞赛规则谈判中的一个重要争议问题，[2]产生争议的一个重要原因在于现行条约体系对此并无禁止性规定。世界诸多国家基于政治和军事原因都开展过类似试验，这在很大程度上与《外空委准则》的要求相违背。当然，作为致力于治理空间碎片的"软法"措施，《外空委准则》还是为反卫星试验的

---

[1] "和平利用外层空间委员会空间碎片减缓准则"，载 https://www.unoosa.org/documents/pdf/spacelaw/sd/COPUOS-GuidelinesC.pdf.

[2] 有关防止外空武器化与军备竞赛层面对反卫星试验的争论，参见本书第三章第二节的内容。

第四章　保障外空活动安全与可持续性的国际法规则：以"软法"为主的规则模式

开展留了一定空间，规定"如果有必要进行有意分裂解体，则应在足够低的高空进行，以缩短所产生的残块的轨道寿命"。这本质上也是一种空间碎片减缓措施。2008 年，美国海军利用 SM-3 导弹击毁了其一颗旧的侦察卫星，对于这次试验的开展，美国声称其严格依据《外空委准则》，减少了空间碎片在轨停留时间，符合减缓要求。[1]与美国类似，印度于 2019 年 3 月成功进行了一次反卫星试验，评论者将这次试验评价为周密计划的，尽量限制由试验撞击拦截产生的碎片的在轨停留时间，符合《外空委准则》及其他相关要求。[2]相比于美国和印度的做法，俄罗斯于 2021 年 9 月进行的一次同样性质的试验则被诸多西方国家指责为产生数千块可以追踪的长期停留在近地轨道的空间碎片，对其他外空物体（包括国际空间站）产生了巨大威胁。[3]由此可见，《外空委准则》的此项要求与另一个层面的外空安全（Security）密切相关，构成了主要空间国家反卫星试验开展的合理性的佐证。当然，在国际关系如此纷繁复杂的背景下，很难苛求作为保障外空活动安全（Safety）的"软法"规则的《外空委准则》就此问题制定禁止性规定。即便未来构建了外空交通管理规则体系，如何处理反卫星试验这种有意自毁行为也必将是一个难题。对此只能依赖防止外空武器化和军备竞赛国际规则的进一步发展。

（5）最大限度地降低剩存能源，以降低任务后解体的可能性。与上述第二项规则类似，该规定同样针对航天器的在轨解体问题。有所不同的是，此项准则针对的是任务后的解体。而避免任务后解体的最有效措施是对航天器和运载火箭轨道级做钝化处理，包括清除剩余推进剂和压缩液体等剩余能源，对储电装置实施放电处理等。

---

[1] 对本次反卫星试验的详细介绍和分析，See Justin Paul George, "History of Anti-Satellite Weapons: US Tested 1st ASAT Missile 60 Years Ago", The Week Magazine, 27 March, 2019, https://www.theweek.in/news/sci-tech/2019/03/27/history-anti-satellite-weapon-us-asat-missile.html.

[2] Ashley J. Tellis, "India's ASAT Test: An Incomplete Success, Carnegie Endowment for International Peace", 15 April, 2019, https://carnegieendowment.org/2019/04/15/india-s-asat-test-incomplete-success-pub-78884.

[3] 事实上，在俄罗斯开展试验当天，国际空间站 7 名宇航员（包括 4 名美国宇航员、2 名俄罗斯宇航员和 1 名德国宇航员在与碎片交汇时进行了躲避，并封闭了空间站模块。对俄罗斯此次反卫星试验的介绍和分析，See Shannon Bugos, "Russian ASAT Test Creates Massive Debris", Arms Control Association, December 2021, https://www.armscontrol.org/act/2021-12/news/russian-asat-test-creates-massive-debris.

（6）限制航天器和运载火箭轨道级在任务结束后长期存在于近地轨道区域。这同样是针对任务结束后提出的要求，不过确定了具体针对区域为近地轨道。依照《外空委准则》的要求，已经结束轨道操作阶段而穿越近地轨道区域的航天器和运载火箭轨道级，应当在控制下被从轨道中清除。如果这不可能，则应在轨道中对其进行处置，以避免它们在近地轨道区域长期存在。关于清除的具体方式，《外空委准则》并未作进一步说明，而鉴于清除活动本身需要相关空间活动的参与者付出更多的成本，这一要求能在多大程度上得到遵守值得怀疑。不过，目前近地轨道大规模利用已成事实，空间碎片主动移除的建议也逐渐被接受，这一问题势必要得到有效解决。

（7）限制航天器和运载火箭轨道级在任务结束后长期存在于地球静止轨道区域。与准则六类似，准则七同样针对任务后的航天器和运载火箭提出了要求，不过关注区域为地球静止轨道。与近地轨道相比，静止轨道对外空物体的容量相对较大，有学者认为多年来一直甚嚣尘上的对静止轨道频率争夺的担忧有些过于夸大，[1]但无法否认的是该区域同样是有限资源，且是卫星开展通信、广播以及气象活动必须依赖的区域，[2]因此对其进行保护同样有重要意义。准则七要求结束轨道操作阶段而穿越地球静止轨道区域的航天器和运载火箭轨道级，应被留在轨道内，以避免对地球静止轨道产生长期干扰；而对于地球静止区域内或附近的物体，可以将任务结束后的物体留在静止轨道区域上空的轨道，以减少未来碰撞的可能性。与对近地轨道的要求不同，对于地球静止轨道，准则七并未做出清除任务结束后物体的要求，而是要求将相关物体留在原有轨道或尽量远离同步区域，这与技术上的可操作性有关。研究者指出，现阶段将空间碎片从地球静止轨道清除还很难做到，[3]因此准则七做此要求具有现实可行性。

---

[1] Kartik Bommakanti, "The Race for Mega Satellite Constellations: Crowding and Control in Low Earth Orbit", Observer Research Foundation, 1 May, 2021, https://www.orfonline.org/expert-speak/the-race-for-mega-satellite-constellations-crowding-and-control-in-low-earth-orbit.

[2] See "Elizabeth Howell, What Is a Geosynchronous Orbit?", 25 April, 2015, https://www.space.com/29222-geosynchronous-orbit.html.

[3] Alexander Soucek, "Guideline 7: Limit the Long-term Interference of Spacecraft and Launch Vehicle Orbital Stages with the Geosynchronous Earth Orbit Region After the End of Their Mission", in Stephan Hobe, Bernhard Schmidt-Tedd, Kai-Uwe Schrogl (eds.), Cologne Commentary on Space Law (Vol. III), Carl Heymanns Verlag, p. 639.

第四章　保障外空活动安全与可持续性的国际法规则：以"软法"为主的规则模式

总体而言，《外空委准则》针对发射前的设计阶段、在轨操作阶段以及任务后阶段的外空活动做出了 7 项空间碎片减缓要求，并作出了相应说明。这对空间碎片减缓具有重要的推动作用。不过，《外空委准则》的内容偏向于原则性，对于具体的技术标准未做过多说明，而作为《外空委准则》基础的《IADC 指南》则确定了较为详尽的技术标准。

《IADC 指南》包括范围、适用、术语及概念、通用指南、减缓措施以及更新 6 个部分。在总结了诸多国际、地区和国内空间碎片减缓措施之后，《IADC 指南》将其覆盖范围概括为：第一，限制正常操作期间碎片的产生；第二，将在轨解体可能性降至最低；第三，任务后处理；第四，防止在轨碰撞。[1] 具体的减缓措施也围绕着这几个方面展开。

（1）限制正常操作期间碎片的产生。《IADC 指南》的要求与《外空委准则》大致相同，但就两个方面进行了细化：一是要求任何在轨道释放物体的项目、工程或试验都不应开展，如一定要开展，则要提供精确的环境影响评估；二是对于系绳系统的潜在危害的分析应同时考虑原系统和切断后的系统。[2]

（2）在轨解体控制的要求。《IADC 指南》同样规定尽量避免任务运营阶段、任务后以及有意自毁产生碎片的行为，但同时确定了更为详尽的技术细节要求。对于任务结束后由残存能源引起的在轨解体，《IADC 指南》针对剩余推进剂和其他液体、电池、高压容器、自毁系统、飞轮和动量轮以及其他形式的储能做了详细要求。针对操作阶段的解体，《IADC 指南》要求航天器及轨道级在项目或工程设计阶段采用故障模式和效应分析或等量分析等方法描述该航天器及轨道级在故障模式下不会发生解体，如果故障无法排除，在设计和发射阶段应将其可能性降至最低；在正常运行期间，应定期对外空物

〔1〕 "IADC Space Debris Mitigation Guidelines", Issued by IADC Steering Group and Working Group 4, IADC-02-01, Revision 2, March 2020.

〔2〕 对此项措施的中文译法，参见朱毅麟译："IADC 空间碎片减缓指南（草案）"，载《国际太空》2002 年第 3 期，第 22 页。所谓空间系绳系统是指一个人造外空物体（卫星、飞船、货物）的组合体，它们之间用一根长的挠性元件（系绳、电缆、软管）连在一起完成轨道飞行。一种最简单的系统是用一根长几十公里甚至几百公里的系绳把两个航天器连在一起飞行。复杂系绳系统由多个外空物体组成，用系绳把它们连接成闭环形、树形或多面体。参见张万周："空间系绳系统的发展及其应用前景"，载《中国航天》1999 年第 3 期，第 23 页。

体进行功能监测,确保不存在引发在轨解体的故障,如果发现故障要采取修复措施,无法修复则进行钝化等处理操作,避免解体产生碎片。而针对有意自毁的行为,《IADC指南》与《外空委准则》的规定类似,要求相关行为的开展要在足够低海拔的轨道区域,以保障由此产生的轨道碎片可以尽快落入大气层,不在轨道停留太长时间。

(3)任务后的处理要求。《IADC指南》对地球静止轨道区域、近地轨道区域以及其他轨道区域做出了较为详尽的技术说明。针对地球静止轨道区域,《IADC指南》的基本要求与《外空委准则》相同,要求任务结束后的航天器要离地球静止轨道区域足够远,以免产生干扰。有所不同的是,《IADC指南》通过界定近地点高度最小增加值和偏心率给出了具体的操作措施。对于近地轨道,《IADC指南》规定了离轨或者再入等清除措施,或者移入某一合适轨道,但停留时间不得超过25年,且进行处置的成功率要超过90%。对于大型卫星星座等则可以要求更短的停留时间和更高的成功率,或者直接采用回收措施。针对通过再入大气层方式清除航天器或轨道级的操作,《IADC指南》要求落入地球的碎片不应造成人身和财产损害,在具体操作上可以通过减少残留碎片数量或将残存碎片限定在无人居住区域(如海洋等)的方式进行。当然,也应防止航天系统所载放射性物质、有毒物质和其他有害物质对地面环境造成污染。此外,在航天器和轨道级再入大气层操作过程中,操作者应与空中和海上交通主管当局就再入时间、轨道以及区域等事项进行充分沟通。针对其他轨道区域,《IADC指南》要求停留在相关区域的航天器和轨道级同样要遵守时间限制,具体要求参照近地轨道标准,如果所载区域位置对高利用轨道区域造成了干扰,则应重新调整轨道位置。

(4)防止在轨碰撞要求。《IADC指南》要求项目和计划设计要考虑航天器或轨道级在轨期间与已知物体的碰撞可能性,并尽量予以避免。在已经获取可靠数据、确定了不容忽视的碰撞风险的情况下,应采取规避操作或调整发射窗口。航天器在设计时还要考虑避免与不容易控制的小体积空间碎片碰撞,以免阻碍任务后处理。

总体而言,《外空委准则》以《IADC指南》为基础,确定了空间碎片减缓的几项原则性措施,而《IADC指南》则确定了更为详尽的技术标准和操作要求。此外,《IADC指南》确定在外空活动和其对空间环境影响的信息可获

第四章　保障外空活动安全与可持续性的国际法规则：以"软法"为主的规则模式

取的情况下予以更新，于 2020 年最新公布的版本便在 2007 年版的基础上做了相应完善。2020 年版就近地轨道的碎片减缓规则问题增加了对于大型卫星星座的要求，这是回应外空活动最新变化的结果，也对各国包括国际组织的内部措施的进一步完善提出了要求。

（二）国内空间碎片减缓实践："软法"规则的硬化手段

空间碎片减缓问题切实涉及外空活动安全及可持续发展。对此，世界各国都无法回避，对于空间大国而言尤其如此。因此，即便《外空委准则》与《IADC 指南》都仅具有"软法"的性质，主要空间国家包括相关区域国际组织（例如欧盟）依然普遍接受了空间碎片减缓的思路，并制定了相应的国内或内部措施。当然，应当注意的是，不同国家和地区空间活动发展的水平不一，对于空间法律和规则的需求也不同。以空间能力发展程度进行划分，大致可将世界主要国家分为如下三种类型：其一，空间强国（包括以欧盟为代表的国际组织）诸如美、中、俄、日、印度以及欧洲主要国家等。这些国家或组织拥有较为全面的空间能力，具备独立的发射运营能力，且发射及运营能力被广泛适用于军事和民事领域，并能为他国提供空间产品和服务。此外，近年来，这些国家和地区都不约而同地努力推动本国（地区）非政府实体的空间活动和商业航天的发展。其二，也存在不少国家，其自身不具备独立的空间开发和发射能力，但是可以通过双边或多边合作的方式拥有卫星等空间产品，并在一定程度上进行运营。其三，数量更多的第三种类型是上述两种类型之外的发展中或不发达国家，这些国家不具备独立发射和部分运营能力，只是单纯的外空产品的消费者或使用者。[1]从目前情况看，三种类型的国家对于空间碎片减缓的认识基本一致，但第一和第二种类型国家推动制定国内（内部）执行措施的实践较为丰富。不过，不同国家法律规则体系差异巨大，很难用统一标准予以横向比较，从不同国家和地区国内（内部）规则的具体内容出发进行分析，大致可以将其空间碎片减缓规则总结为如下三个层面：

---

[1] 日本著名外空法学者青木节子教授曾以上述标准对亚洲国家进行分类，这一标准同样可以适用至全球范围。See Setsuko Aoki, "Regional Cooperation in Asia Relating to Space Activities (Commentary)", in *Proceedings of the Space Law Conference 2006: Asian Cooperation in Space Activities a Common Approach to Legal Matters*, 2-3, August 2006, Bangkok, Thailand, pp. 153~170.

（1）以政府为主体开展的外空活动的空间碎片减缓措施。在 1967 年《外空条约》谈判之初，美国和苏联争议的一个焦点便在于是否允许非政府实体参与外空活动，[1]主张支持私人实体参与的美国最终与持反对态度的苏联达成妥协，在允许私人实体参与的前提下，发射国应负管控和赔偿责任。[2]由此足见国家在外空活动发展中的重要地位。事实上，外空活动本身的高投入、高风险和回报周期长的特点也决定了国家在其发展进程中的重要地位。即便是私人外空活动与商业航天发展得如火如荼的今天，用于军事和民事诸多领域的外空发射和运营活动也仍然有赖于国家的投入和直接参与。因此，对以政府为主体开展的外空活动的碎片减缓施加明确要求尤为必要。从国内法的角度看，不同国家的做法存在一定的差异性，但总体上接受以《外空委准则》和《IADC 指南》为基础的空间碎片减缓思路。举例而言，美国于 2001 年通过的《美国政府轨道碎片减缓标准实践》便适用于美国所有与外空活动和运营相关的政府部门和机构。[3]此外，对于具体的发射和运营机构，美国还制定了更为详尽的减缓空间碎片规则。例如，于 2017 年 2 月生效的《美国航空航天局限制轨道碎片程序要求》（NPR）便被强制适用于 NASA 开展的所有空间项目和计划。NPR 确立了 NASA 内部负责碎片减缓的机构和人员，具体的项目或计划从开发至结束的具体责任以及遵守 NPR 要求的报告记录结构等。[4]与美国类似，日本于 1996 年通过并于 2011 年修订的《日本宇宙航空开发机构（JAXA）管理要求-003》（JMR-003）同样对空间碎片减缓进行了详细规定。JMR-003 是 JAXA 的一项内部文件，但是同样适用于参与或开展相关空间活动的其他政府部门。[5]相较于美国和日本的做法，加拿大的规制模式则

---

〔1〕 See：Michael Gerhard，"Article Ⅵ of the Outer Space Treaty"，in Stephan Hobe，Bernhard Schmidt-Tedd，Kai-Uwe Schrogl（eds.），*Cologne Commentary on Space Law*（Vol.Ⅲ），Carl Heymanns Verlag，2009，pp. 105~106.

〔2〕 参见《外空条约》第 6 条。

〔3〕 "U.S Government Orbital Debris Mitigation Standard Practices"，adopted in February 2001，updated in November 2019.

〔4〕 "NASA Procedural Requirements for Limiting Orbital Debris and Evaluating the Meteoroid and Orbital Debris Environments"，NPR 8715.6B，Effective Date：February 16，2017.

〔5〕 对《日本宇宙航空开发机构（JAXA）管理要求-003》（JMR-003）的详细介绍，See "Space Debris Mitigation Standards：Japan"，https://www.unoosa.org/documents/pdf/spacelaw/sd/Japan.pdf.

第四章 保障外空活动安全与可持续性的国际法规则：以"软法"为主的规则模式

更为直接，加拿大空间局（CSA）于2012年通过了《IADC指南》，用以指导CSA计划、设计、建造、运营的外空活动和项目以及任务结束之后的空间碎片处理。[1]此外，还有诸多国家虽未制定专门针对政府外空活动应遵守的法律规则，但通过政策和其他国内规则的方式接受了《外空委准则》与《IADC指南》有关空间碎片减缓的要求。

（2）对于非政府实体外空活动的许可和持续性监督与空间碎片的减缓。1967年《外空条约》第6条规定："非政府实体在外层空间，包括月球及其他天体的活动，应由有关缔约国批准，并连续加以监督。"本条规定一般被认为是各缔约国制定国内法的重要动因。[2]诚然，随着外空活动参与主体的日益多元化和活动表现形式本身的复杂化发展，国内空间立法的样态也开始呈现出多样化特征，但在诸多类型的国内空间法规则中，履行条约义务、规定对非政府实体开展外空活动发放许可的条件和前提的规则一般会是国内空间法规则的重要组成部分。[3]一般而言，世界各国对于授权本国非政府实体开展相关发射或运营活动的要求具有相当高的一致性，联合国《外空委准则》以及《IADC指南》关于空间碎片减缓的要求已经得到了多数国家的认可，并且诸多国家，例如美国[4]、俄罗斯[5]、英国[6]、法国[7]以及日本[8]等

---

[1] "Space Debris Mitigation Standards: Canada", https://www.unoosa.org/documents/pdf/spacelaw/sd/Canada.Pdf.

[2] Ronald L. Spencer, "International Space Law: A Basis for National Regulation", in Rams Jakhu (ed.), *National Regulation of Space Activities*, Springer 2010, pp. 5~9.

[3] 关于世界主要国家国内空间立法的总结以及国内空间立法类型、构成要素等内容的具体分析，See Setsuko Aoki, "Practical Background of the NatLeg Resolution", in Stephan Hobe, Bernhard Schmidt-Tedd, Kai-Uwe Schrogl (eds.), *Cologne Commentary on Space Law* (Vol. Ⅲ), Carl Heymanns Verlag 2015, pp. 503~535.

[4] "Space Debris Mitigation Standards: United States of America", https://www.unoosa.org/documents/pdf/spacelaw/sd/United_States_of_America.pdf.

[5] "Space Debris Mitigation Standards: Russian Federation", https://www.unoosa.org/documents/pdf/spacelaw/sd/RF.pdf.

[6] "Space Debris Mitigation Standards: United Kingdom of Great Britain and Northern Ireland", https://www.unoosa.org/documents/pdf/spacelaw/sd/United_Kingdom.pdf.

[7] "Space Debris Mitigation Standards: France", https://www.unoosa.org/documents/pdf/spacelaw/sd/France.pdf.

[8] "Space Debris Mitigation Standards: Japan", https://www.unoosa.org/documents/pdf/spacelaw/sd/Japan.pdf.

139

已经将相关要求纳入了其规制非政府实体空间活动的法律规制体系。2012年8月，在总结研究了现行国家国内空间立法的基础上，国际法协会发布了《国内空间立法示范法》，提出了国内空间立法应具备的5个要素，其中第1项要素便是外空活动许可。而针对发放外空活动许可的条件，示范法做了9项建议，其中第4项建议便为满足空间碎片减缓要求，而针对空间碎片减缓，该范本又在专门条款中进行了说明。[1]2013年12月，联合国大会通过了题为《就有关和平探索和利用外层空间的国家立法提出的建议》的大会决议，同样对国内空间立法应考虑的要素进行了建议，这些要素也包含国家审批空间活动、发放许可的基本条件。其中一个条件为"有助于确定外空活动以安全的方式进行，尽量减少对人、环境或财产造成的威胁，并确定这些活动不致对其他外空活动造成有害干扰……还可包括尤其是符合和平用外层空间委员会《空间碎片缓减准则》的安全和技术指标"。[2]总体而言，在针对非政府实体外空活动的许可这一问题上，无论是已存的还是未来即将制定的国内规则，都会将空间碎片减缓纳入其中作为发放许可的条件。

（3）空间碎片减缓的具体国内规则与技术标准。除了在总体上对政府部门包括私人实体开展外空活动的空间碎片减缓要求进行规范之外，诸多国家还在《外空委准则》（尤其是《IADC指南》）的基础上做了详细的减缓技术标准的要求。例如，法国于2011年颁布的《2008年〈空间活动法案〉技术条例》便对发射系统和在轨系统的碎片减缓技术标准作出了详尽的说明。[3]同样作为欧洲大国的德国虽然尚未制定国内空间法，但是同样制定了详尽的空间碎片减缓技术标准——《德国宇航中心（DLR）航天项目产品保证与安全要求》（《DLR安全要求》）。依据《DLR安全要求》，空间项目开展要进行碎片减缓评估，具体内容包括评估报告、设计措施、钝化、近地轨道，静止轨道与中地轨道处理措施、再入安全措施以及项目检查等，并规定了具体

---

〔1〕 "Sofia Guidelines for a Model Law on National Space Legislation", Resolution No. 6/2012, the 75th Conference of the International Law Association held in Sofia, Bulgaria, 26-30 August, 2012.

〔2〕 "Recommendations on National Legislation Relevant to the Peaceful Exploration and Use of Outer Space", UNGA Res. 68/74, 11 December, 2013.

〔3〕 "Decree on Technical Regulation Issued Pursuant to Act n° 2008-518 of 3rd June 2008", 31 March, 2011. 有关该条例的详细介绍，See "Space Debris Mitigation Standards: France", https://www.unoosa.org/documents/pdf/spacelaw/sd/France.pdf.

第四章 保障外空活动安全与可持续性的国际法规则：以"软法"为主的规则模式

的评估标准。[1]另外，多个欧洲国家的空间主管机构还于2004年联合欧空局发布了《欧洲空间碎片减缓准则》，意图在符合《IADC指南》和《外空委准则》的前提下进行更多的技术细节规定和阐释。[2]除欧洲国家外，其他诸多空间国家也都制定了本国的空间碎片减缓技术标准，例如前文提及美国制定的《美国政府轨道碎片减缓标准实践》以及日本制定的JMR-003等。与之类似，我国也于2005年制定了《中华人民共和国航天业标准——空间碎片减缓要求》，并于2009年进一步发布《空间碎片减缓与防护管理暂行办法》，并编制了十余项空间碎片减缓配套规范。[3]

从上述介绍的各国国内立法和政策制定实践看，无论采用何种形式，世界主要国家对于《外空委准则》以及《IADC指南》确定的空间碎片减缓基本原则以及具体技术标准的接受和认可均并非仅是简单通过作出政治承诺或声明的外交方式进行，多数国家都将相关要求转换为国内法规则。这种类似于缔约国对其所签订的条约义务在国内进行履行的方式显然超出了《外空委准则》以及《IADC指南》单纯作为"软法"规则的法律意涵。这些国内行为能在多大程度上起到对"软法"的硬化作用是一个值得探讨的问题。

空间碎片减缓是外空环境保护的最重要内容之一。而针对外空环境保护，1967年《外空条约》第9条要求缔约国对外层空间以及月球及其他天体进行研究和探索，并避免使它们受到有害污染。不过，本条并未明确有害污染的具体范畴。即便多数学者认同第9条的有害污染范畴包含空间碎片，[4]但本条能发挥的保护外空环境的作用是十分有限的。一个比较典型的表现是《外空条约》包括之后的《责任公约》虽然规定了国家因为其自身或其私人实体开展外空活动所应当承担的管控责任和赔偿责任，但是赔偿的对象并不包括

---

[1] 对《DLR安全要求》的详细介绍，See "Space Debris Mitigation Standards: Germany", https://www.unoosa.org/documents/pdf/spacelaw/sd/Germany_2_20220222.pdf.

[2] "European Code of Conduct for Space Debris Mitigation", Issue 1.0, 28 June, 2004.

[3] 参见"中国代表在联合国外空委法律小组委员会第52届会上关于'空间碎片'议题的发言"，载http://www.fmprc.gov.cn/ce/cgvienna/chn/hplywk/t1034115.htm，最后访问日期：2022年6月26日；韩剑锋："与空间碎片有关的空间立法述评与中国立法设想"，载《上海政法学院学报：法治论丛》2008年第3期，第80~82页。

[4] Sergio Marchisio, "Art. IX of the Outer Space Treaty", in Stephan Hobe, Bernhard Schmidt-Tedd, Kai-Uwe Schrogl (eds.), *Cologne Commentary on Space Law* (Vol. I), Carl Heymanns Verlag 2009, pp. 176~177.

因为产生空间碎片而对外空环境造成的损害。[1]此外，多个《外空条约》缔约国开展了反卫星试验，在地球轨道形成了长久停留的空间碎片，但并没有国家因此而承担违约责任。因此，有学者主张第9条本身并未直接设定缔约国保护外空环境的义务，仅仅是要求各国的外空活动不对他国利益造成影响。[2]从这个意义上来说，无论是《外空委准则》还是《IADC指南》都在很大程度上弥补了《外空条约》的不足，事实上也将源于国际环境法的可持续发展原则在外空活动中进行了延续。但无论如何，《外空委准则》和《IADC指南》从性质上看都并不足以保障外空活动的稳定和可持续发展，而实践中各国表现出来的对减缓空间碎片准则的认可和遵守也让诸多研究者急于为这种法律悬浮的状态找到一个落脚点。显然，"软法"在尚未达成国际条约的规则真空阶段能够起到一定的弥合作用，其理想的落脚点之一就是推动以条约为主要表现形式的"硬法"的形成。[3]但从目前的状况看，针对外空活动达成新的国际条约仍有难度。因此，有研究者根据碎片减缓目前的实践情况主张相应"软法"规则所包含的空间碎片减缓要求已经具备了国际习惯的效力。[4]

作为公认的国际法渊源，国际习惯是一种那些认为它有效力的人所感觉的通例。因此，须存在一种如果不遵守通例便会产生某种不利后果的感觉。[5]依据布朗利教授的说法，国际习惯的要素包含了时间的持续性；做法的一致性、连贯性；做法的一般性与法律及必要的确念四个层面。[6]多数学者则依据

---

[1] 在管控责任中，对私人实体空间活动的许可和持续监督，在后来的国家立法实践中都加入了空间碎片减缓的要求。但在条约制定之时，并未明确相关内容。

[2] David Tan, "Towards a New Regime for the Protection of Outer Space as a Province of All Mankind", in Charlotte Ku, Paul F. Diehl (eds.), *International Law—Classic and Contemporary Readings*, Lynne Rienner, 2009, p.427.

[3] Gregory C.Shaffer, Mark A. Pollack, "Hard Versus Soft Law in International Security", 52 *Boston College Law Review*, pp.1147, 1157 (2011).

[4] 李寿平："外空安全面临的新挑战及其国际法律规制"，载《山东大学学报（哲学社会科学版）》2020年第3期，第57页。

[5] [英] 安德鲁·克拉彭：《布赖尔利万国公法》（第7版），朱利江译，中国政法大学出版社2018年版，第35页。

[6] [英] 伊恩·布朗利：《国际公法原理》，曾令良等译，余敏友、曾令良审校，法律出版社2003年版，第6页。

第四章　保障外空活动安全与可持续性的国际法规则：以"软法"为主的规则模式

《国际法院规约》第 38 条的规定，[1]将这些要素整合为两个层面，即物质要素和心理要素。[2]物质要素主要指各国在相互关系上对某种事项长期地采取类似行为或不行为的通例的存在。心理要素则指各国对通例体现出来的行为的一种主观上的认可。判定通例是否存在一般要考量时间上的延续性、空间上涵盖国家的数量和范围以及数量上的多次不断实践和方式上的对同类问题采取经常和一致的做法。而心理要素的重点则在于确定某种行为实践的做出是以一种各国相信这种实践是因法律要求而必须做的信念实施的。[3]证明国际习惯的证据包括外交通信、国家立法行为以及国内法院判决等。[4]随着国际组织在国际关系中发挥日益重要的作用，各国在国际组织中开展的行为也是证明国际习惯法的一种新证据。[5]

以上述国际习惯形成的要素标准来分析空间碎片减缓规则。首先，从物质要素角度看，基本可以判定外空发射和运营活动减缓碎片要求通例的存在。不过，需要思考的一个问题是，人类社会具备外空发射能力不过七十余年的时间，空间碎片减缓实践不过二三十年时间，与动辄需要经过数十年甚至百余年的实践才形成的国际习惯相比，[6]外空领域的实践发展时间显然过于短暂了。当然，郑斌教授在多年之前便以航空航天等具有高度技术迭代性和紧迫法律需求的领域为例，提出了"速成国际习惯法"的理念，淡化了国际习惯形成的物质要素，尤其是时间持续性要求。[7]以这一理论为基础的话，可以证明空间碎片减缓基本符合国际习惯形成物质要素要求。其次，从心理要素层面看，世界多数国家通过国内空间政策以及法规的方式对空间碎片减缓

---

[1] 《国际法院规约》第 38 条对作为国际法渊源的国际习惯的描述为："国际习惯，作为通例之证明而经接受为法律者。"
[2] 参见梁西主编，曾令良修订主编：《国际法》（第 3 版），武汉大学出版社 2011 年版，第 39 页。
[3] [英] 安德鲁·克拉彭：《布赖尔利万国公法》（第 7 版），朱利江译，中国政法大学出版社 2018 年版，第 35 页。
[4] [英] 伊恩·布朗利：《国际公法原理》，曾令良等译，余敏友、曾令良审校，法律出版社 2003 年版，第 7 页。
[5] [英] 安德鲁·克拉彭：《布赖尔利万国公法》（第 7 版），朱利江译，中国政法大学出版社 2018 年版，第 37 页。
[6] 例如，不干涉内政从提出到被确认，经历了长达一个世纪的时间。参见梁西主编，曾令良修订主编：《国际法》（第 3 版），武汉大学出版社 2011 年版，第 39 页。
[7] Bin Cheng, *Studies in International Law*, Oxford University Press 1997, pp.126~149.

进行的规定，联合国大会、联合国外空委以及IADC等组织和机构制定并通过的减缓空间碎片的准则和决议（如《外空委准则》和《IADC指南》）等可以作为参与国将之接受为法律通例的重要证据。

当然，确定空间碎片减缓为国际习惯的直接法律后果是赋予原本不具备法律约束力的"软法"规则强制性特征，这是"软法"在"硬法"真空或缺位情况下存在的最终发展目的，但能否实现质变仍有赖于世界各国，尤其是空间大国的态度。[1]从理论上看，空间碎片减缓相关规则具备了国际习惯法的特质，但如果将之作为国际习惯适用至司法程序中，可能会引起相关国家的警惕。目前的实际状况是主要国家已经通过国内立法和政策等方式实践了空间碎片减缓的"软法"规则的要求，已经在很大程度上将之硬化了。从切实可行的角度出发，推动更多国家认可现行"软法"准则和措施并内化为国内措施应是一个较为现实的近景目标。[2]

二、空间碎片主动移除：法律挑战及解决思路

与已经形成较为完备的规范体系的空间碎片减缓不同，空间碎片主动移除问题于近年来才逐渐受到关注，相关规则的发展也处在初级阶段。因此，移除活动的开展仍要以现行法律规则为依据。此外，空间碎片移除技术正处在逐步发展阶段，[3]技术开发主体包括相关政府机构和私人实体，[4]不同主体开展移除活动的目的不尽相同，政府部门偏重保障公益层面的外空活动的

---

〔1〕 学者指出，各国根据它们在国际社会的权力地位，通常会自愿参与国际习惯法的形成，它们要么认为是在创设法律，要么认为是在遵守必须遵守的法律，而这种法律就是来自那些认为它们是在创设法律的国家的意志。See Brigitte Stern, "Custom at the Heart of International Law", 11 *Duke Journal of Comparative & International Law*, pp. 89, 108 (2001); ［英］安德鲁·克拉彭：《布赖尔利万国公法》（第7版），朱利江译，中国政法大学出版社2018年版，第35页，注释［11］。从空间碎片减缓国际习惯规则的形成角度看，以美、中、俄、欧为代表的空间强国的具体实践和措施便具有"创设"法律的意义，美、欧近年来在外空活动的诸多领域推动形成最佳实践便是十分明显的表现。

〔2〕 如上所述，主要空间强国与空间大国都已经基本通过国内法和国内政策的形式认可了《外空委准则》及《IADC指南》，在此基础上推动更多其他国家认可现行"软法"规则，具有现实可行性。

〔3〕 对空间碎片移除技术的介绍和分析，See C. Priyant Mark, Surekha Kamath, *Review of Active Space Debris Removal Methods*, 47 Space Policy, pp. 194, 194~206 (2019).

〔4〕 具有代表性的致力于维护外空资产安全，提供清除空间碎片商业服务的私人公司是Astroscale公司。该公司于2013年成立，总部设在新加坡，2015年于日本设立研发办公室，2017年于英国设立分支机构。See "About Astroscale", https://astroscale.com/about-astroscale/about.

第四章　保障外空活动安全与可持续性的国际法规则：以"软法"为主的规则模式

安全，私人实体的重要目标则在于通过提供空间碎片移除服务盈利。但比较复杂的问题在于，空间碎片治理是一个不仅涉及某个国家，而且涉及世界各国外空活动安全的全球性问题。因此，如何开展不同主体之间的活动协调是一个值得考虑的问题。当然，从现行法律角度看，空间碎片主动移除所涉及的问题远不止如此，如果这些问题不予解决，无论是以政府机构为主体开展的相关活动还是以私人实体为主体开展的相关活动都将受到极大的限制。

（一）空间碎片主动移除的法律挑战

开展空间碎片主动移除活动的法律问题和相关挑战可以被概括为如下几个方面：

（1）空间碎片术语内涵的不确定性带来的法律适用模糊。确定空间碎片的概念对于主动移除活动的展开具有极为重要的意义。因为如果无法确定概念，便无法确定移除活动的对象。指导外空活动开展的最重要的五个空间条约并没有明确规定空间碎片的概念。1972年《责任公约》与1975年《登记公约》对外空物体这一术语进行了规定，不过仅是简单提及外空物体一词包括外空物体的组成部分以及其发射载器及零件。[1]这种界定方式存在较大的缺陷，但从表述上看，外空物体的概念基本可以涵盖空间碎片。《IADC指南》对空间碎片做了较为明确的定义，规定所谓空间碎片是指在地球轨道上或者再入地球大气层的所有没有功能的人造物体，包括碎片和组成部分。[2]但是从空间碎片移除的角度看，上述两类对于空间碎片的界定都存在一定的问题。《责任公约》与《登记公约》针对的是外空物体，且条约的主要目的在于确定发射国对外空物体进行管控、赔偿以及登记的责任，除了造成损害的情形可能涉及空间碎片，其他情形基本与之无关。《IADC指南》将空间碎片从外空物体的宽泛概念中剥离出来，并明确了空间碎片的一个重要特征，即无功能性。作为防止新的碎片产生的减缓准则，这一界定较为明确，不过其是否能够被作为判定碎片移除的标准值得进一步探讨。其中最具争议的方面在于失去功能的卫星是否被包含在可以移除的空间碎片范围内。据统计，至2021年初为止，地球轨道中有大约3000颗不再运营的"死星"，这些卫星大多属

---

〔1〕1972年《责任公约》第1条第4款；1975年《登记公约》第1条第2款。

〔2〕"IADC Space Debris Mitigation Guidelines", Issued by IADC Steering Group and Working Group 4, IADC-02-01, Revision 2, March 2020.

于美国、俄罗斯、中国、欧盟以及日本等空间强国（地区）或私营卫星营运公司。[1]显然，如果针对这些"死星"开展移除活动，需要同时解决不同国家对它们的管辖控制权以及私营实体的所有权问题。毕竟，目前并不存在一个权威机构来决定这些"死星"的归属和处置权问题，而《IADC 指南》仅以一个无功能性标准还很难将之定性为可以移除的空间碎片。

（2）国家对于外空物体的管辖控制权与空间碎片移除活动之间的冲突。1967 年《外空条约》第 8 条规定，凡登记把实体射入外层空间的缔约国对留置于外层空间或天体的该实体均应保持管辖及控制权。该条约未进一步规定缔约国管辖控制权在外空物体失去功能之后的情形，但从 1968 年《营救协定》的相关规定中我们似乎可以得到一些启发。《营救协定》第 5 条第 3 款规定："如经发射当局请求，在发射当局领域范围外发现射入外空物体或其构成部分应送还发射当局代表或留待发射当局代表处置。"此款规定虽然旨在确定缔约国返还宇航员和外空物体的义务，但发射当局提出返还请求的权力基础很显然是《外空条约》赋予的其对外空物体的管辖和控制权。结合《营救协定》的这一表述，这种管辖和控制权其实是扩展到了不具功能的外空物体及其组成部分的（包括已经落入地球的"空间碎片"）。[2]现行条约体系确定的外空物体管辖和控制权实质上是将空间碎片移除活动的主动权交到了享有管辖和控制权的国家手上。第三方如果想要针对某些空间碎片开展移除作业，需要首先征求相关国家的同意。但问题在于很难期待受到碎片影响需要移除碎片的国家和享有管辖、控制权的国家总是同一个国家，一旦所涉主体为两个或两个以上国家，主动移除问题便不仅仅是一个简单的技术和法律问题，其还会掺杂政治、经济以及军事等各种其他复杂的影响因素

（3）可移除碎片分类的缺失导致移除责任划分不明。依据碎片的大小不同，世界不同监测机构对空间碎片做出了大致的分类，并基本确定了不同体积碎片的数量。不过，从空间碎片移除的角度看，这种分类的意义并不明显。如上文所述，目前世界范围内不同国家外空活动的发展水平并不一致，处于

---

〔1〕See Katharine Rooney, "The Big Space Clean-up-and Why It Matters", World Economic Forum, 20 May, 2021, https://www.weforum.org/agenda/2021/05/space-junk-clean-satellite.

〔2〕See "Active Debris Removal-An Essential Mechanism for Ensuring the Safety and Sustainability of Outer Space", A Report of the International Interdisciplinary Congress on Space Debris Remediation and On-Orbit Satellite Servicing, A/AC. 105/C. 1/2012/CRP. 16, 27 January, 2012.

第四章 保障外空活动安全与可持续性的国际法规则：以"软法"为主的规则模式

不同发展阶段的国家对空间碎片移除的要求和利益立足点也不尽相同。对于后发空间国家而言，目前地球轨道大量存在的空间碎片主要是美、俄、中、欧等空间强国（地区）活动的产物，《外空条约》第1条规定外层空间为全人类的开发范围，不论其经济和科学发展程度如何。并且，所有国家均可以根据国际法自由探索和利用外层空间，若已存空间碎片达到了阻碍后发国家自由利用地球轨道的程度，显然可以扩大解释为违反了《外空条约》确定的关于自由探索和利用的相关规定。自由探索和利用外层空间被普遍视为外空安全以及国家安全的内容，[1]在这样的背景下，是否有必要要求空间强国对已存空间碎片在适当的条件下进行有计划移除，如何分配这些空间强国的移除责任等很显然都是值得探讨且在短时间内很难达成一致意见的难题。而一旦空间碎片移除机制开启，仅仅针对已经存在的空间碎片进行移除显然也不足以满足外空活动可持续发展的需求，除了进一步加强减缓措施之外，对于就新产生的空间碎片是否应对责任者规定强制清除的义务，如何确定强制清除义务的标准等都需要进一步探讨、协商。

（4）空间碎片移除活动开展过程中产生损害的责任承担问题规定不清，阻碍了移除的进一步开展。除了移除主体和责任分担存在难题之外，移除活动开展过程中产生损害的责任承担问题同样值得重视。如果是以国家为主体开展的碎片在轨移除作业活动导致他国外空物体受损，可以依据《责任公约》的相关规定予以解决。《责任公约》针对相关活动对处于外层空间的物体造成的损害责任认定采用过错责任原则，[2]在一般的发射和外空物体运营实践中，在轨道运行的外空物体都处于高速运行中，因为碰撞等导致的损害其实很难判定过错方。[3]如果单纯以碰撞的外空物体是否正常运行作为判断过错的依据，无疑会进一步阻碍空间碎片移除活动的开展。以私人实体为主体开展的

---

〔1〕 例如，我国《国家安全法》第32条规定："……增强安全进出、科学考察、开发利用的能力，……维护我国在外层空间……的活动、资产和其他利益的安全。"安全进出外层空间是保障外空安全和国家安全的前提，而无论这种能力是通过科学技术的不断进步达到的还是通过有效的法律协调和国际合作达到的。

〔2〕 1972年《责任公约》第3条。

〔3〕 See "Active Debris Removal-An Essential Mechanism for Ensuring the Safety and Sustainability of Outer Space", A Report of the International Interdisciplinary Congress on Space Debris Remediation and On-Orbit Satellite Servicing, A/AC. 105/C. 1/2012/CRP. 16, 27 January, 2012.

移除活动产生的损害，受害方同样可以援引《外空条约》及《责任公约》的规定向发射国主张赔偿。对于相关国家而言，因为对其私人实体负有许可和持续监督的责任，所以一般在国内法中会对私人实体外空活动的开展设置许可条件，如果对碎片移除活动造成损害责任认定存在争议，相关国内法自然会为其本国私人实体设置较高的准入门槛，抑制私人实体碎片移除活动的开展。当然，也有可能存在某些空间活动发展水平不高的国家通过降低相关准入门槛的方式吸引私营实体开展活动的许可证买卖（License Shopping）现象[1]，客观上加剧了国内空间立法的冲突，从长远看，同样不利于高度依赖国际合作的空间碎片移除活动的良性开展。

（5）空间碎片移除技术的军事利用界限无法明确，可能会导致碎片移除活动长期停滞。空间技术的军民两用性特征贯穿外空活动发展的始终，对于空间碎片移除这一新兴技术而言，存在同样的问题。与外空活动其他领域，如通过卫星收集信息的具有辅助意义的军事用途相比，碎片移除如若被用于军事目的，则必然存在外空武器化的特征。一般而言，可以将空间碎片或失去功能的卫星移除既定轨道的技术同样应用于功能正常的其他外空资产，这与反卫星武器并无太大实质性差别。换言之，空间碎片主动移除活动的特殊性质决定了在制定相关国际规则时必须考虑国际社会防止外空武器化和军备竞赛规则的进展，这又在一定程度上将外空安全的两个方面的问题交叉在了一起。目前虽不能直接断言在没有制定有效防止外空武器化和军备竞赛国际规则之前无法达成有关空间碎片主动移除的协议，但是外空军事安全的高度敏感性很可能会使围绕移除问题的讨论长期处于不确定之中甚至停滞。从长远角度看，虽然世界各国可能会视空间碎片的严峻情况而相应地调整立场，但是较为贴切的做法仍旧是努力促成外空军控规则的达成，将外空"Security"与"Safety"两个层面的规制有效贯通起来。

（二）空间碎片主动移除的国际法规制思路

推动制定国际规则是保障空间碎片主动移除活动开展的重要措施，不过相关国际规则如何制定应考虑多重因素且满足一定要求。总结如下：

（1）从一般定位角度看，未来针对空间碎片移除活动进行规制的国际规

---

[1] 通过国内立法降低发放外空活动许可门槛的许可证买卖问题，See Stephan Hobe, "The ILA Law for National Space Legislation", *1 German Journal of Air and Space Law*, pp. 81, 94 (2013).

第四章　保障外空活动安全与可持续性的国际法规则：以"软法"为主的规则模式

则应有效应对空间碎片移除活动面临的法律挑战。不过，正如上文所述，移除活动面临的法律挑战具有多元化和复杂性特征，对于相关的国际规则和机制而言，至少要包括具体的空间碎片移除的操作规则、负责管理协调移除活动的国际机制建立与职能规则以及争端解决规则等几个方面的内容。显然，如此复杂规则的制定需要多个国际平台和机制的综合协调和参与，不可能一蹴而就。

（2）规制空间碎片移除活动的国际规则应能有效协调外空活动"Security"与"Safety"两个层面。在防止外空武器化和军备竞赛国际规则发展并不完善的背景下，对于空间碎片移除国际规则做此要求显然过于苛刻了。然而，碎片移除活动的两用性的潜力会增加空间强国对该项活动武器化应用的担心，从而阻碍相关活动的开展。应当指出的是，碎片移除规则不可能取代军控规则，所以移除活动能否顺利开展，一方面依赖外空国际军控规则的发展进程，另一方面也有赖于空间碎片移除国际规则综合性发展的程度。一旦碎片移除操作规则、移除活动执行及监督（包括争端解决规则）得以建立，便可以在很大程度上保障活动的顺利开展而不必触动外空武器化和军备竞赛的界限，并且可以反过来促进外空军控规则的达成。

（3）空间碎片移除国际规则应为私人实体的活动开展留有余地，同时考虑不同国家国内立法的协调。一个可能存在的事实是，在空间碎片移除国际规则制定之前，国际社会不断出现碎片移除活动的实践，这些实践可能是由政府机关主导开展的，更大的可能则是由政府委托给提供移除服务的私营公司开展。此外，亦不能排除相关国家通过制定国内法规或者政策的方式规制空间碎片移除活动。制定国际规则的谈判耗时颇久，对于空间碎片移除这个需要制定综合性规则的领域而言更是如此，因此很难期待国际规则与具体实践同步发展。不过，在制定国际规则的进程中，对于已有实践充分考量，并在规则中予以充分体现十分必要。其中最关键的问题包括对私人实体活动的鼓励以及对不同国家已经制定的国内规则进行有效协调。

（4）空间碎片主动移除国际规则应与现行的空间碎片减缓相关准则以及未来的外空交通管理国际规则进行协调。除了要与国内规则进行协调，与现行的相关国际规则进行协调也极为必要。从外空条约规则体系之后的发展情况看，国际社会对外空活动的规制呈现出了不成体系的特征，外空安全（"Security"

与"Safety")层面的国际规制体现出来的分散化便是其中一个例证。即便是针对空间碎片这一特定问题本身,也存在减缓与移除的分别。在规则层面,针对碎片减缓有《外空委准则》与《IADC指南》,更为综合的规则制定思路则包括了外空交通管理规则和外空长期可持续性准则等。空间碎片主动移除是碎片治理的方式,也是外空交通管理和外空活动安全可持续发展需要关注的重点内容,没有必要制定一套独立的规则。因此,如何与现有和未来计划制定的规则体系融会贯通,是在制定空间碎片主动移除国际规则过程中需要考虑的重要问题。

综上所述,以空间碎片为治理对象的国际规则经历了从以减缓为主到减缓与移除并行发展的过程。当然,无论是针对减缓还是移除,目前均还尚未形成完善的规则体系。而在这样的背景下,国际社会逐渐将目光从单纯的空间碎片治理过渡到完善外空交通管理规则,追求外空活动可持续性发展的目标,以保障外空活动及资产安全。作为交通管理的重要部分,空间碎片治理在未来的发展进程中也必然会逐步融入外空交通管理规则,从而构成一个综合、完备的体系。

第三节 外空交通管理与外空活动长期可持续性规则

随着外空物体的逐渐增加以及地球轨道的日益拥挤,国际社会逐渐意识到原有的以某个国家为主体开展的碎片减缓及移除活动已经不足以有效应对新出现的风险,要保障外空资产安全从而维护外空可持续性需要依赖世界所有国家的协作。于是,外空交通管理的概念被提出并愈加受到重视。在外空交通管理的框架下,卫星及其他外空间物体的运营者、外空物体追踪机构以及相关领域的科技专家等应通力合作、彼此配合才有可能实现维护外空活动安全及可持续发展的目标。[1]本节首先剖析外空交通管理这一综合性概念的关键构成要素,之后分析联合国外空委最新通过的第二套外空活动长期可持续性准则,重点关注其对外空交通管理规则创建的推动作用;最后分析以美国为代表的空间强国的国内外空交通管理规则的发展态势,探讨外空交通国

---

[1] Daniel L. Oltrogge, *The "We" Approach to Space Traffic Management*, Space Ops Conferences, 28 May-1 June 2018, Marseille, France, p. 1.

第四章　保障外空活动安全与可持续性的国际法规则：以"软法"为主的规则模式

际与国内规则的关系。

一、外空交通管理的关键要素：技术与法律要求

虽然外空交通管理已受到国际社会的广泛重视，联合国框架内也纳入了相关议题并开展讨论，但是对于外空交通管理的概念，目前并不存在权威的界定。作为最早对外空交通管理进行系统研究的重要成果，2006年公布并于2018年更新的《IAA研究报告》将外空交通管理的概念界定为，促进安全进入外空，在外空运营以及从外空返回地球而免受物理性或无线电频率干扰的一系列技术和法律规范的总称。[1]与之类似，有研究者将这一概念总结为一套保障外空长期使用，外空资产免受有害干扰的有组织的程序。[2]也有研究者从更加细化的角度出发，将外空交通管理划分为四个重要方面：保障对信息的需要，一个通知系统，详细的、可执行的交通规则和机制以及最后控制。[3]学术研究和讨论勾勒了外空交通管理的构成要素和基本特征，虽有不甚恰当之处，但总体上奠定了进一步讨论和进行谈判的基础。相较于学术研究层面的讨论，美国于2018年发布的《国家外空交通管理政策》确定的外空交通管理概念则更明确地反映出了空间强国对此问题的看法以及外空交通管理在法律和政策层面的实际需求。依据美国2018年《国家外空交通管理政策》的规定，所谓外空交通管理是指通过计划、协调和在轨同步活动的方式增强在外层空间环境中开展的活动的安全性、稳定性和可持续性。[4]

总结现有对外空交通管理的认知可以发现，无论是学术界的讨论还是国内政策法规的界定，都基本认同外空交通管理的综合性特征。其总体目标在于维护外空活动秩序，具体目标则包括提高在轨活动的安全性，减少碰撞和干扰风险；通过减少对外空环境的消极影响保障外空活动安全及长期可持续性；解决外空环境全球化、对抗化和日益多元化带来的问题。以外空活动开

---

〔1〕 Kai-Uwe Schrogl et al. (eds.), "Space Traffic Management-Towards a Roadmap for Implementation", *International Academy of Astronautics*, 2018, p.22.

〔2〕 William Ailor, "Space Traffic Management", in Kai-Uwe Schrogl et al. (eds.), *Handbook of Space Security*, Springer 2015, p.232.

〔3〕 Nicholas L. Johnson, "Space Traffic Management: Concepts and Practices", 20 *Space Policy*, 79, 80~81 (2004).

〔4〕 "National Space Traffic Management Policy", Space Policy Directive-3 of 18 June, 2018.

展的不同阶段为划分依据，外空交通管理则旨在通过分别协调发射前、在轨运营以及再入阶段的活动达到外空安全、稳定与可持续的目的。而上述目标的实现则需要经过技术和法律层面的综合协调。

（一）外空交通管理的技术能力要求

对于一个交通系统而言，信息的收集和分享能力是开展一切管理活动的最重要前提。而针对外层空间，与外空活动、外空物体及外空环境有关的信息都极为重要。除了外空信息收集和分享这类被动的交通管理方式之外，采取积极避碰措施、对现存轨道碎片进行移除以及制定相应配套措施等同样是外空交通管理的重要组成部分，也需要技术支持和法律协调。

（1）对外空物体和外空环境的信息的收集最典型的技术手段为空间态势感知与追踪。所谓空间态势感知是指及时、准确地获得外空环境相关数据信息，尤其是对在轨或者地面设施有危害的信息和数据。[1]在外空交通管理过程中，空间态势感知系统的实质意义是通过有效识别相关威胁，保障外空系统的有效运营，以实现保障外空活动的可持续性发展目的。[2]有研究者指出，如果需要获取及时、准确的信息，空间态势感知系统至少要包括整体系统、感应器、数据收集与融合、空间态势感知分析、外空物体元数据、轨道计算与推演以及射频干扰飞跃和减缓等诸多环节。[3]空间态势感知对于技术和协作极高的要求决定了技术本身的稀缺性。目前，仅有为数不多的国家具备相关能力，例如美国国防部通过地面空间监测网络、空间雷达和望远镜构建了目前世界上最先进的空间态势感知体系，其他国家和地区如俄罗斯、日本、中国、印度以及欧盟等也开发了相关技术。[4]不过，迄今为止，只有美国通过其空间态势感知系统向使用者分享了相关数据和信息，[5]国际层面尚未建

---

[1] "Space Situational Awareness-SSA", https://www.esa.int/About_Us/ESAC/Space_Situational_Awareness_-_SSA.

[2] Brian Weeden, "Space Situational Awareness Fact Sheet", https://swfound.org/media/205874/swf_ssa_fact_sheet.pdf.

[3] Daniel L. Oltrogge, *The "We" Approach to Space Traffic Management*, Space Ops Conferences, 28 May-1 June, 2018, Marseille, France, pp.5~6.

[4] European Space Policy Institute (ESPI) (ed.), *ESPI Report 71-Towards a European Approach to Space Traffic Management*, European Space Policy Institute 2020, p.9.

[5] Kai-Uwe Schrogl, "Regulations for Future Space Traffic Control and Management", in Joseph N.Pelton, Ram S.Jakhu (eds.), *Space Safety Regulations and Standards*, Elsevier Publisher, 2010, p.305.

第四章　保障外空活动安全与可持续性的国际法规则：以"软法"为主的规则模式

立一个适用于全球的系统。然而，空间态势感知系统通常具备战略性特征，一般由军方直接控制，由其他空间主管机构和研究机构予以支持，[1]国家单方分享的数据的权威性和准确性无法保障。近年来，诸多私营公司逐渐致力于参与研发空间态势感知系统并将数据服务纳入商业化运营的范畴，[2]这对未来构建完整的全球性空间态势感知系统具有重要的推动意义。

（2）外空物体避碰是外空交通管理依赖的另一项重要技术。一般而言，避碰措施的采取依赖空间态势感知系统对外空物体数据的收集和分享，如果确定存在外空物体在轨碰撞的风险，则可以要求有关运营者采取主动措施，避免碰撞发生。然而，在缺少权威的空间态势感知国际系统的情况下，能否协调存在碰撞风险的外空物体进行有效避碰还取决于碰撞风险存在的状态。当碰撞风险存在于正常运营的外空物体与空间碎片之间时，对运营者的有效通知可以在很大程度上免除碰撞风险。而当碰撞风险存在于不同国家或不同机构运营的外空物体之间时，就很难判定由哪一方采取躲避措施了，毕竟对外空物体的在轨操作是要花费成本的，[3]在没有权威协调机构的情况下，只能依据受风险影响的各方自行决定。在Space X公司雄心勃勃地开展"星链"卫星星座项目进程中，为保障美国空间资产安全，NASA与Space X公司签订协议，要求若Space X卫星与NASA设备相遇存在碰撞风险，应主动采取避碰措施。[4]

在存在碰撞风险的情况下，是否要主动采取避碰措施，更多地取决于外空物体操作者的主观意愿，除了技术要求之外，同样需要法律和政策的协调。而随着越来越多的卫星星座被部署至近地轨道，以Space X公司"星链"为代表的外空项目开始愈加强调对自动避碰技术的应用。依据NASA与Space X

---

[1] European Space Policy Institute (ESPI) (ed.), *ESPI Report 71-Towards a European Approach to Space Traffic Management*, European Space Policy Institute 2020, p. 9.

[2] 对私营公司开展的空间态势感知活动的介绍和分析，See Hawaii Wailea, "Private Firms Spy a Market in Spotting Space Junk", Nature, 23 September, 2015, https://www.nature.com/articles/nature.2015.18425.

[3] Jeff Foust, "From Space Traffic Awareness to Space Traffic Management", Space News, 20 October, 2021, https://spacenews.com/from-space-traffic-awareness-to-space-traffic-management.

[4] Art. 3-Responsibilities, Non-reimbursable Space Act Agreement between the National Aeronautics and Space Administration and Space Exploration Technologies Corp for Flight Safety Coordination with NASA Assets, January 2021.

公司协议的规定，Space X 的一项重要责任为："通过对在轨'星链'卫星执行规避行动以减少与 NASA 的外空资产的近距离接触，从而避免碰撞。'星链'卫星可以执行规避行动的原因在于其应用了所载自动避碰装置进行风险评估及机动执行。"[1]但如果从国际社会的总体视角出发分析的话，会发现这个可能为未来外空交通管理带来诸多裨益的技术也存在一定的隐患。其中一个显著的问题是由谁来确定自动避碰系统采取积极避碰措施的临界点。从现有为数不多的经验看，"星链"卫星虽然装置了避碰系统，但仍然造成了几次事故隐患。2021 年 4 月，一网公司声称因为与 Space X 的"星链"卫星过于接近，其不得不移动自己的一颗卫星以避免碰撞，不过 Space X 公司则称卫星接近的情况尚未触发自动避碰的临界点，因此没必要采取措施。[2]类似的情况同样出现在 2021 年 7 月与 10 月，"星链-1095"与"星链-2305"卫星接近中国空间站，迫使我国不得不采取预防性碰撞规避控制，"星链"的自动避碰系统同样未采取有效避碰措施。[3]随着不同主体运营的卫星星座的不断部署，各自为政的自动避碰系统的操作将面临更为复杂的挑战，从国际视角看，如何确定权威机构对此进行协调会是未来一段时间内一个极为重要的议题，而从国内视角看，是否将自动避碰系统作为未来卫星发射许可的前置条件，如何确定相关的技术标准也是值得进一步讨论和协调的重要问题。

（3）空间碎片移除也是保障外空交通管理开展的重要技术。如上文所述，空间碎片是阻碍外空可持续发展的突出问题。对此，国际社会除了制定空间碎片减缓的诸多"软法"规则之外，也正逐步推动建立空间碎片移除的相关规则与制度。从更为综合的外空交通管理角度看，包括移除在内的空间碎片治理措施是重要的组成部分，因此对碎片移除技术的需求也便顺理成章了。依据研究者的统计，目前被用于空间碎片移除的技术手段包括利用网、鱼叉、

---

[1] Art. 3-Responsibilities, Non-reimbursable Space Act Agreement between the National Aeronautics and Space Administration and Space Exploration Technologies Corp for Flight Safety Coordination with NASA Assets, January 2021.

[2] Joey Roulette, "One Web, Space X Satellites Dodged a Potential Collision in Orbit", The Verge, 9 April, 2021, https://www.theverge.com/2021/4/9/22374662/oneweb-spacex-satellites-dodged-potential-collision-orbit-space-force.

[3] 对相关事件的介绍和评论，参见苏金远："中美'星链'之争凸显航天合作重要性"，载《南华早报》2022 年 1 月 7 日。

第四章　保障外空活动安全与可持续性的国际法规则：以"软法"为主的规则模式

链、触手、机器手臂、黏合剂、离子束以及激光等推、拉或者无接触的方法将空间碎片移出相关轨道区域，[1]大致可以被概括为综合性方法、激光方法、离子束引导方法以及系链方法等几个类型。[2]

综上，对于外空交通管理而言，用于外空物体信息收集和跟踪的空间态势感知技术、自动避碰技术以及空间碎片移除等技术都不可或缺。除此之外，还需要信息分享与支撑外空交通管理和协调的技术能力等。从目前的发展情况看，世界主要空间大国以及诸多私营公司已经拥有或正在开发上述技术，外空交通管理的技术要求层面虽仍有待进一步发展，但已经初具规模。然而，应当注意的是，随着卫星等外空物体数量的不断增加，不同国家各自为政的技术应用非但无法助力外空交通秩序的形成，还有可能适得其反。因此，制定具有普遍适用性的法律规则尤为重要。

（二）外空交通管理的法律规制要求

外空交通管理需要何种法律规则？对此问题，诸多研究者都进行过研究，但意见莫衷一是。总的看来，外空交通管理规则目前呈现出国际法和国内规则并行发展的趋势，以联合国外空委以及空间碎片减缓委员会等为代表的机构一直努力推动法律规则的制定和完善；以美国和欧盟为代表的国家和地区则积极探索国内和内部外空交通管理政策和规则。在外空交通管理框架下，国家（地区）的规则与政策的实施和执行必然依赖国际规则的稳定。因此，无论是美国还是欧盟都不仅仅立足于本国或本地区，而是在此基础上谋求本国和本地区在国际规则制定过程中的地位。总结《IAA研究报告》最新版本的内容，我们可以将外空交通管理对国际规则的需求概括为如下几个方面：[3]

---

〔1〕 Christopher Daniel Johnson, "International Legal and Political Context of Active Debris Removal (ADR) and On-Orbit Servicing (OOS)", https://swfound.org/media/205558/cjohnson_aba_forum_talking_points_international_legal_context_of_adr_and_oos.pdf.

〔2〕 C. Priyant Mark, Surekha Kamath, "Review of Active Space Debris Removal Methods", *47 Space Policy*, pp. 194, 194~206 (2019).

〔3〕 针对外空交通管理国际法规则层面的设想，诸多研究机构以及不同国家国内空间活动主管机构都做过相关研究。这些规则的设想存在诸多重合之处，但总体看来，于2018年最新公布的新版《IAA研究报告》所作的总结具有综合性和全面性。因此，本部分将以其为基础展开论述。See Kai-Uwe Schrogl et al. (eds.), *Space Traffic Management–Towards a Roadmap for Implementation*, International Academy of Astronautics, 2018, pp.134~142; See Kai-Uwe Schrogl, "Space Traffic Management Towards A Roadmap for Implementation- The 2018 IAA Study on STM", *University of Oslo, Law Faculty*, 5 February, 2020.

（1）外空物体信息收集的规则。从技术层面看，空间态势感知能力主要被用于收集外空物体和外空环境的相关数据。而从外空交通管理的法律层面看的话，则要首先明确收集数据的定义，即从法律上明确哪些数据是应该收集的对象，以便为进一步的法律规制奠定基础。此外，还应明确数据提供和数据管理规则，包括由什么机构在什么情况下向哪个主体提供数据以及管理机关的职权和行为准则等。数据提供和管理规则是外空物体信息收集规则的核心内容，因为其既涉及被监测物体登记国的安全也涉及外空交通管理的效率。

（2）信息通知的规则。信息通知系统同样需要相关的技术支持，不过更加依赖法律层面的协调。例如，确定对发射行为和外空物体运行情况进行通知的具体参数要求的规则；需要采取在轨机动通知的规则；外空物体可能接近情形的通知规则；外空物体再入大气层的通知规则以及外空物体寿命终止情形的通知规则等。

（3）为了外空交通管理目的而对外空物体性能提出要求的规则。卫星和相关空间任务的设计本身对于防止在轨碰撞、维护空间交通秩序具有重要意义。依据技术发展的客观状况，可以确定对卫星和外空物体的材料要求、任务终止后设计要求、避免电磁干扰要求以及其他相关绿色技术应用要求的规则。

（4）具体的外空交通规则。前述几个方面所涉及的内容是外空交通管理的保障性规则，而直接与外空交通相关的规则是核心部分。相关规则应至少包括如下几个方面的内容：①有关发射的安全（Safety）规定；②对于临近空间的特别制度规定；[1]③在轨阶段的通行权规则；④在轨机动的优先权规则；⑤载人航天安全规则；⑥地球静止轨道的具体规则；⑦近地轨道卫星星座的具体规则；⑧空间碎片规则；⑨再入操作安全规则；⑩因外空活动操作对空气空间环境产生影响的保护规则；⑪电磁频率使用与避免干扰规则等。

（5）保障外空交通规则实施和执行的机制以及有关规则。规则的有效性

---

[1] 空气空间与外层空间界限的不确定性导致国际社会对临近空间的法律地位认识仍有争议。外空交通管理规则虽然主要针对外层空间，但无法忽略临近空间的重要地位，因此，同样有必要对其法律地位及所涉相关法律问题予以明确。对临近空间法律问题的探讨，See "Near Space-The Quest for a New Legal Frontier, International Association for the Advancement of Space Safety", IAASSSR26032020, https://www.mcgill.ca/iasl/files/iasl/near_space_-_the_quest_for_a_new_legal_frontier_0.pdf.

以实际的实施和执行为检验标准。以各国自愿履行为基础的"软法"规则缺少的恰恰是这一部分。现行与外空交通管理有关的规则虽然主要表现为"软法"形式,但从长远的发展看,推动以国际条约为主要表现形式的"硬法"规则的制定应是一个必然选择。为保障缔约国履行义务,有必要制定具体的执行规则,并辅之以监督规则以及争端解决规则等。

总体而言,多数国际、国内机构和研究者均认同外空交通管理应同时包括技术框架与法律框架,二者相互促进、互相协调。技术层面的发展有赖于世界各国,尤其是空间大国的进一步实践。法律层面的发展则依赖于国际和国内的有效协调。从国际层面的法律制定实践看,联合国外空委于2019年通过的《外空活动长期可持续性准则》(《2019准则》)[1]是外空交通管理规则建立的重要推动力,对此,后文将予以详细分析。

二、2019年《外空活动长期可持续性准则》与外空交通管理

外空交通管理是一个融合了科技和法律因素的综合性框架,其最为直接的意义为维护外空活动秩序,保障外空活动安全,而这本质上也是保障外空活动长期可持续性的重要前提。换言之,推动外空交通管理的最终意义在于保障外空活动的长期可持续发展,从而履行以《外空条约》为代表的条约体系规定的基本法律原则和规则。从外空交通管理与外空活动长期可持续性的发展历程来看,前者被置于联合国外空委法律小组委员会框架下,后者则被置于科技小组委员会框架下。目前,针对外空交通管理本身,法律小组委员会尚未推出正式的文件,科技小组委员会则经历了多次讨论,最终通过了21项准则。应当明确的是,无论是法律小组委员会还是科技小组委员会,在外空交通管理及长期可持续性的问题上,都不可能只关注法律或者科技问题,《2019准则》所规定的内容即表现出了综合性的特征,从科技和法律两个层面为更为完善的外空交通管理机制的建立奠定了良好的基础。

(一)外空活动的政策和监管框架:对外空交通管理法律规范建设的推动

1967年《外空条约》第6条要求条约缔约国对本国在外空开展的活动负国际责任,且不论开展的主体是政府机构还是非政府机构。非政府团体开展

---

[1] "和平利用外层空间委员会外层空间活动长期可持续性准则",载《和平利用外层空间委员会的报告(第62届会议)》,附件二,A/74/20,2019年6月12日~21日。

的活动应经缔约国批准且要接受缔约国的不断监督。目前,世界各国国内空间立法重点关注对非政府实体空间活动的批准条件及条件的设置,对于持续性监督的要求体现得并不明显。[1]《2019准则》的第一部分则试图在现有规则的基础上,提出完善各国国内空间活动监督管理法律的细节性措施。具体内容包括:①视必要情况通过、修正并修改外空活动国家监管框架,并考虑确保和加强外空活动长期可持续性的需要。②各国包括政府间国际组织修正或修改外空活动监管框架履行包括其所加入的条约所确定的国际义务,并应根据国际规范和实践的最新发展考虑监管框架的相关要素。[2]③监督国家外空活动。[3]④建议确保公平、合理、有效地利用卫星所用无线电频率频谱及各个轨道区域。[4]⑤加强外空物体登记实践。[5]

与学者针对外空交通规则提出的较为全面综合的设想相比,《2019准则》

---

[1] 多数国家对非政府实体外空活动的批准和持续性监督的规定是重叠的,但事实上,二者之间存在本质区别。在现存国内空间法中,奥地利、比利时、法国、荷兰、挪威、瑞典、乌克兰以及英国法中有关于持续性监督的规定。相关规定集中在如下几个方面的内容:运营者信息提供和通知,监管、监督主体获取材料和信息的权利、监管机构指导、修改、中止和结束相关行为的权利以及处罚措施。See Setsuko Aoki, "Practical Background of the NatLeg Resolution", in Stephan Hobe, Bernhard Schmidt-Tedd, Kai-Uwe Schrogl (eds.), *Cologne Commentary on Space Law* (Vol. Ⅲ), Carl Heymanns Verlag 2015, pp. 521~524.

[2] 包括:空间碎片减缓措施,处理外空物体发射、在轨运行和再入对人身、财产、公共健康和环境威胁的措施,符合空间环境保护的可持续发展措施,符合国际准则的在外空使用核动力源的监管和保障措施等。

[3]《2019准则》建议各国对非政府实体外空活动的监管应以加强外空活动长期可持续性目标的方式进行,在履行批准和持续性监督职能时鼓励开展外空活动的实体建立和保持以安全负责任开展外空活动所要求的必要技术能力、制订飞行任务期间外空活动的安全性与可靠性问题的要求与程序以及评估飞行任务寿命周期各阶段外空活动对长期可持续性的各类威胁,并采取减缓风险的步骤。此外,鼓励各国制定一个或多个规划、协调和评估空间活动的责任实体,并对责任实体的管理措施和协调提出了建议。

[4] 对无线电频率频谱的利用问题,《2019准则》主要依据国际电信联盟《组织法》和《无线电规则》的相关规定,提出包括避免有害干扰在内的符合外空活动长期可持续性发展的相关要求。而针对轨道区域的使用问题,则主要援引了有关空间碎片治理的《IADC指南》与《外空委准则》的相关规定,对已经结束其穿越近地轨道区域、地球同步轨道区域在轨操作阶段活动的航天器和运载火箭轨道级以及地球同步轨道区域和区域内空间物体的处理提出了要求。

[5] 外空物体登记是实践外空安全及长期可持续性的关键因素。1975年《登记公约》以及2007年联合国大会通过的《关于加强国家和国际政府间组织登记空间物体的做法的建议》(《关于加强国家和国际政府间组织登记空间物体的做法的建议》,A/RES/62/101,2007年12月17日)对外空物体登记制度有较为详尽的规定,《2019准则》是在推动执行上述规则的基础上进行了细节性的说明,包括建议各国和政府间国际组织在尽可能广泛的国际基础上协调和统一登记实践,并要求相关发射国在发射前和发射后积极采取措施,保障外空物体登记。

第四章　保障外空活动安全与可持续性的国际法规则：以"软法"为主的规则模式

针对各国和政府间国际组织提出的建议略显单薄，但这与其基本定位相符。依据《2019 准则》前言的表述，其是本着加强各国和国际组织在适用国际法相关原则和规范上的实践的精神而拟定的。即便如此，《2019 准则》仍在现有国际规则基础上提出了相对细化的建议，对外空交通管理中有关信息通知的规则及具体交通规则的建构有重要的推动作用。从某种意义上讲，如果《2019 准则》对现行规则的细化建议很难在不同国家和国际组织间推动的话，那么未来制定推行更为繁杂的外空交通管理规则将更加举步维艰。当前，外空活动形式愈加多元化，越来越多的国家开始制定、完善其国内外空规则或政策，[1]这是推行《2019 准则》的绝佳时机，不同国家国内规则和政策的内容是反映国际共识的试验场，对于《2019 准则》内容的认可与否也预示着未来外空交通管理规则的最终归宿。

（二）外空业务安全：外空交通管理规则协调下的技术保障

外空业务安全是实现外空活动可持续性的核心内容，对此，《2019 准则》做了 10 项规定，分别涉及信息收集、分享，外空物体交会评估，空间天气数据分享，外空物体设计以及失控再入风险防控等诸多方面的内容。

（1）信息收集与分享。《2019 准则》要求各国及政府间国际组织：①提供最新联系信息并分享关于外空物体和轨道事件的信息。[2]②改进外空物体轨道数据准确度并加强轨道数据分享实践和效用。外空飞行安全高度依赖轨道数据及其他相关数据的准确度。因此，各国及国际组织应推动拟定和使用改进外空飞行轨道数据准确度的方法，并推动改进这类数据准确度的研究。此外，应在共享空间数据过程中使用共同的国际公认标准。③推动收集、分享和传播空间碎片监测信息。

（2）外空物体交会评估。《2019 准则》提出对受控飞行所有阶段以及拟发射前进行交会评估的要求。①针对受控飞行所有阶段的交会评估，建议各国和政府间组织通过国家机制和（或）开展国际合作，在所有受控飞行轨道阶段针对现有和计划中的航天器开展交会评估，各国应鼓励其管辖下的实体

---

[1] 世界主要国家外空国内规则，See "National Space Law", United Nations Office for Outer Space Activities, https://www.unoosa.org/oosa/en/ourwork/spacelaw/nationalspacelaw/index.html.

[2] 包括确定责任实体，确定方便、及时的协调手段，在自愿基础上确定交流的信息以及确保按照统一标准协同保存有关外空物体和事件记录等。

通过国内机制开展此类评估。②针对发射前的交会评估,《2019准则》提出各国和国际组织应为其管辖控制下的发射服务供应商提供意见,以考虑对拟发射的外空物体进行发射前的交会评估。同时,鼓励各国和政府间国际组织交流各自就将要发射的外空物体与在所计划的插入轨道附近运行的其他外空物体相撞风险变化趋势进行分析评估。

(3) 空间天气数据分享。《2019准则》将之确定为加强外空活动长期可持续性的一种手段。对此,建议各国和国际组织:①分享业务所用型空间天气数据和预报结果,包括推动空间天气数据与模型产出和预报结果展开实时收集、存档、共享、互为校准及长时间延续和传播,建立空间天气数据网络,推动加强数据端口的互操作性以及鼓励空间天气服务方开展相关活动等。②开发天气模型和工具并收集减轻空间天气影响的既有实践,包括各国采取协同做法,查明并弥合研究与作业模型和预测工具缺口措施,对数据的法律限制以及对私人实体的相关要求等。

(4) 外空物体设计以及失控再入。《2019准则》建议:①各国和国际组织提高对外空物体包括小型外空物体设计的可追踪性,以便利对其在轨位置进行准确定位,应鼓励制造商和运营商在设计具有任何物理和操作特点的外空物体时遵照空间碎片减缓准则。②各国和国际组织应拟定程序,对其管辖和控制的有潜在危害的外空物体的失控再入大气层进行预测并对信息进行沟通,采取减缓风险措施,具备追踪能力的国家应对不具备能力的国家进行支持,各国和国际组织间应及时提供信息,支持处理失控再入等。③各国和国际组织包括非政府实体应在使用穿越外空的激光束光源时进行风险评估并遵守防范措施。

《2019准则》对空间业务安全的技术阐释与外空交通管理对技术能力的要求基本一致,其所涉及的技术手段虽各有侧重点,但基本目的都在于减缓空间碎片、防止外空物体在轨碰撞,从而保障外空活动安全。作为联合国外空委科技小组委员会主导的文件,《2019准则》对技术标准的阐释和要求具有权威性。在遵循现行国际法的前提下,对各国和国际组织信息分享、交会评估的要求本身也具备推动创建和完善规则的意义。这种在规则协调下对技术标准进行的要求本身与外空交通管理兼具技术与法律性特质高度契合。如果此部分的诸项准则能够逐渐得到世界各国的认可并予以不断践行,也必然会

第四章　保障外空活动安全与可持续性的国际法规则：以"软法"为主的规则模式

为未来的外空交通综合治理奠定良好的基础。

（三）国际合作、能力建设以及科技研究与开发：实现外空交通管理目标的机制保障

外空国际合作是外空法确定的开展外空活动应遵守的基本原则，对于外空安全保障同样具有重要意义。在保障外空活动长期可持续性问题上，秉持国际合作思路是各国与政府间国际组织采取或不采取相关措施的前提。同时，外空国际合作原则蕴含的特别考虑发展中国家需要的内涵也要求促进和支持新兴空间国家的能力建设和认识。为此，《2019准则》要求：①促进并便利开展支持外空活动长期可持续的国际合作。②分享外空活动长期可持续性的相关经验并酌情拟定有关信息交流的新程序。③促进和支持能力建设，具备外空活动经验的国家和国际组织应鼓励并支持持有新兴外空活动方案的发展中国家开展能力建设，对数据可及性进行努力协调，确保在合理范围内避免职能和努力的不必要重复。④提高对外空活动的认识，建议各国和政府间国际组织采取措施让公众认识外空活动及外空活动长期可持续性的重要意义，包括外空应用促进可持续发展、环境监测和评估、灾害管理和应急响应的作用。各国与国际组织应推动工业界、学术界及其他相关非政府实体开展或协同其开展外联活动，相互合作，推动加强外空可持续性的实际措施。

针对科学技术研究与开发，《2019准则》的建议分为两个方面：其一，总括性地建议各国和国际组织推动并支持关于外空可持续探索和利用方法的研究与开发，并为这种研究与开发的开展设定了诸多条件。[1]其二，从较为细节性的角度建议各国和国际组织考虑从长远角度研究和考虑管理空间碎片的新措施。[2]

依据《外空条约》对外空国际合作的规定，合作内容包括科学技术和法律两个方面。《2019准则》第三部分对国际合作以及科学研究作出了详尽的要求，与《外空条约》的规定形成呼应。对于外空交通管理而言，科学技

---

[1] 例如，应顾及可持续发展所涉社会、经济和环境方面的情况，减少制造和发射空间资产的环境影响并尽量利用可再生资源；考虑保护地球环境及空气空间免受有害污染的适当安全措施；鼓励发展中国家的参与等。

[2] 这些措施包括延长运作寿命的方法、防止碎片相互碰撞及碎片与无法改变轨道的物体发射碰撞的技术、用于航天器消能和任务后处置的超前措施以及改进空间系统在失控再入大气层期间的解体的设计等。

术是进行一切规划，调整与实际采取措施的基础；法律规则是对作为参与主体的各国、国际组织以及私人实体的关系进行协调的具体方式；而在国际层面和各国建立的机构和机制则是保障实现外空交通管理目标的最终途径。在外空国际合作原则的指导下，国际社会目前稳步在外空科学技术、教育以及保障外空活动可持续性等问题上建立协调机制和模式，并逐渐形成了诸多细节化的可操作措施。在目前尚且无法建立全面综合的国际外空交通管理机制的背景下，以科学技术等方面的合作作为未来执行机构建设的初步探索具有一定的积极意义，尤其是科学技术本身也是外空交通管理的重要前提。

三、国内外空交通管理规则和标准的实施对国际法的塑造作用：机遇与挑战

在外空交通管理的框架体系下，科学技术标准与法律规则呈现出互相依存的特征，而法律规则同时包括国际法和国内法，但是国际法规则与国内法规则不能相互独立，国内规则应以执行国际规则为目的。然而，外空国际法规则的发展历程呈现出了一个明显特征，即科学技术先进的国家或国家群体往往依仗其技术优势先行制定国内法或国内政策，反过来推动国际规则的制定。这些国家的国内法以及国内政策客观上塑造了外空活动的国际秩序。在外空交通管理国际规则的建构过程中，这一特征同样有所体现。

（一）美国2018年《国家外空交通管理政策》与外空交通管理国际规则的制定

美国2018年《国家外空交通管理政策》（《2018政策》）将发展新的外空交通管理方式、规范现在及未来的外空活动风险作为保持美国在外空活动中的领导地位的方法。[1]这一定位在某种程度上揭示了外空交通管理规则国际法与国内法相结合的特征。而美国以世界上最重要的空间强国的身份推动其本国国内政策的发展，客观上必然起到影响国际规则和措施制定和实施效果。《2018政策》自身便具备兼顾国际和国内协调的混合特征，为此，其原则部分明确提出，安全（Safety）、稳定与可持续性是开展包括商业、民事和涉及国家安全（Security）的外空活动的基础。因此，缔造一个安全、稳定及可持

---

[1] Section 1, "National Space Traffic Management Policy", Space Policy Directive-3 of 18 June, 2018.

第四章 保障外空活动安全与可持续性的国际法规则：以"软法"为主的规则模式

续性的外空环境应当是所有空间强国的共同利益和职责。[1]《2018政策》所规定的种种措施便是结合了国际利益的需求而提出的国内措施。

（1）在基本原则的指导下，《2018政策》确定了外空交通管理的多项目标，包括：改进空间态势感知和外空交通管理的科技水平；减缓空间碎片对外空活动的影响；鼓励和促进美国在空间态势感知和外空交通管理实践中的商业领导力；向公众提供政府支持的基本空间态势感知数据和外空交通管理服务；完善空间态势感知的互操作性并推动数据分享；开发外空交通管理标准和最佳实践；阻止无意识的轨道频率干扰；改善美国国内外空物体登记以及未来开展轨道活动的政策和规则。[2]总的看来，这些目标涉及科技水平提升、国内组织机构的协调、国际义务的履行、国内规则的制定等，涵盖了外空交通管理科技和法律框架的大多数内容。在外层空间这个休戚与共的领域，美国的这些做法无疑为全世界所有国家提供了模板和范本。

（2）为履行基本原则、实现外空交通管理的目标，《2018政策》确定了美国开展行动的三项重要指南，包括：实现空间操作活动的完整性；考虑在拥挤的外层空间进行活动的做法以及在全球背景下推动外空交通管理的战略。[3]结合《2018政策》设定的目标，指南部分旨在从技术、外空活动的现状以及外空活动国际交往的现实背景进行进一步指导。而这三项指南描述的内容也是所有国家在制定本国国内规则以及相关国际机构在制定外空交通管理国际规则过程中都必须考虑的问题。

（3）在确定了原则、目标及指南之后，《2018政策》对美国国内相关职能部门的角色和责任进行了协调与说明。[4]机构和组织协调是相关政策能否最终得到实施的保障，但这一问题无论是对国际社会还是对某个国家而言都

---

[1] Section 3（a），"National Space Traffic Management Policy"，Space Policy Directive-3 of 18 June，2018.

[2] Section 4（a）-（i），"National Space Traffic Management Policy"，Space Policy Directive-3 of 18 June，2018.

[3] Section 5（a）-（c），"National Space Traffic Management Policy"，Space Policy Directive-3 of 18 June，2018.

[4] Section 6（a）-（i），"National Space Traffic Management Policy"，Space Policy Directive-3 of 18 June，2018.

是巨大的挑战。以外空交通管理最为核心的技术要求为例（即数据收集和分享），数据自身的军民两用关系以及民用数据与商用数据的关系处理等问题都需要多部门协同解决。即便是获取了充分的有效数据，能否提供且如何提供给用户都需要多个部门的沟通协调。[1]在对外空交通管理需求并不迫切的情形下，逐案审查的做法尚能满足一般要求，而一旦外空交通管理成为常态化的要求，就必须建立起稳定且清晰的组织和部门协同关系。《2018政策》此部分的规定目的也便在于此。

如上文所述，联合国外空委科技小组委员会《2019准则》以不具法律约束力的建议的方式敦促各国采取符合现行国际法的措施，以保障外空活动的可持续性。而美国则在最新版的《2019准则》最终通过之前便采取了实质行动。从《2018政策》的具体规定内容看：一方面提出进一步履行国际义务以符合国际社会对建构外空交通管理秩序的总体设想；另一方面也结合美国自身的经验，提出建构更具细节性的安全标准和最佳实践。现有国际规则的原则性和模糊性为国内实践预留了足够的空间，而在美国强大技术实力的支撑下，其所确定的安全标准和最佳实践必然会对外空交通管理国际规则起到重要的塑造作用。

（二）强国主导的国际外空交通规则制定与利益协调的挑战

在建立国际外空交通管理规则的过程中，国内实践与空间强国的引领作用极为重要。不过，在外空活动参与主体数量日益增长、性质日益多元的背景下，由一个或几个强国主导建立的规则体系存在诸多不确定性和挑战。

（1）在外空交通管理的技术应用方面，美国目前拥有世界最先进的空间态势感知等用于外空活动和外空物体信息收集的技术手段。从《2018政策》的相关规定看，美国仍会进一步推动相关技术的开发，并完善信息分享机制。但也正如上述，外空活动和空间信息本身具备军民两用属性，数据信息的收集和分享本身也依赖于美国国内军事与民用部门之间的协调。目前为止，除了美国之外，世界上还没有其他国家和国家群体开展同样的活动，这便使美国具备了外空交通管理技术上的垄断地位，在没有权威的国际机制进行协调

---

[1] Marlon E. Sorge, William H. Ailor, Ted J. Muelhaupt, "Space Traffic Management: The Challenge of Large Constellations, Orbital Debris and the Rapid Changes in Space Operations", *Center for Space Policy and Strategy*, September 2020, pp. 4~5.

第四章 保障外空活动安全与可持续性的国际法规则：以"软法"为主的规则模式

的背景下，技术层面的可靠性和有效性会大打折扣。此外，《2018政策》明确鼓励和支持美国商业航天部门在国际市场上争取外空交通管理技术、产品、数据和服务的优势和领导地位，并通过组织化推动和减少法律障碍的方式鼓励相关领域商业活动的开展，[1]这实际上是将外空交通管理技术市场化的表现。如何平衡民事和商事活动的关系在美国国内是一个需要协调的问题，在国际层面同样如此，而且面临更为严峻的挑战。

（2）《2018政策》设定的诸多目标需要对美国国内法律规则进行完善。从长远目标看，《2018政策》期待经过完善和细化的国内规则而在全球范围内被广泛接受。从美国的视角出发，如果这些规则的建立具备实践基础以及技术上的正当性和可行性，便基本具备了被广泛接受的可能。[2]以推动其国内外空活动主体遵守国内规则的方式推动具备全球意义的技术标准和最佳实践具有相当的示范意义。但必须明确的是，在外层空间这一不具备主权属性的"全球公域"，没有任何一个国家可以在不顾及他国意愿的前提下做到独善其身，美国以国内政策推动的外空交通管理模式的成功与否依赖于世界其他国家的共同参与和努力。从这个意义上讲，美国国内规则对外空交通管理的要求本身便应当是国际规则的一部分，以其为主导推出的标准和最佳实践能否在国际层面推行，仍需要国际层面的协调。而世界各国在外层空间利益的多元化则加重了协调的困难。举例而言，《2018政策》指南提到全球化背景下的外空交通管理应包括防止轨道拥挤的措施，[3]具体内容则包括确定一个共同的程序处理大型星座的空间轨道容量，尤其是极为接近已有星座部分的轨道容量的利用问题。此外，《2018政策》还提出应确定单独的航天器穿越已有卫星和卫星星座使用的轨道容量的共同程序等。[4]为了对外空物体（如卫星和大型星座）进行保护，制定统一的程序避免碰撞是极为必要的。不过，

---

[1] Section 4（c），"National Space Traffic Management Policy"，Space Policy Directive-3 of 18 June，2018.

[2] Marlon E. Sorge，William H. Ailor，Ted J. Muelhaupt，"Space Traffic Management: The Challenge of Large Constellations, Orbital Debris and the Rapid Changes in Space Operations"，*Center for Space Policy and Strategy*，September 2020，p. 8.

[3] Section 5（c），"National Space Traffic Management Policy"，Space Policy Directive-3 of 18 June，2018.

[4] Section 5（c-i），"National Space Traffic Management Policy"，Space Policy Directive-3 of 18 June，2018.

以已有的卫星以及星座为标准对未来的外空活动提出限制性要求存在一定风险。对于资源稀缺的近地轨道而言，大型卫星星座的部署带来的是外空活动的不稳定性。因此，相关外空物体的所有人或经营者应该承担更多的注意义务，如果将之视为既成事实，围绕其利益保障制定国际规则必然会引发具备空间实力但尚未部署卫星星座的国家阻碍国际规则的制定和实施，并随之开展部署卫星星座的竞赛，以便使其所属卫星星座亦被归为"已有"之列。而对于诸多不具备开展外空活动能力的国家而言，此类规范的模式则有妨碍外空活动自由之嫌。

外空交通管理是近年来再次引起国际社会重视的议题。不过，与单纯涉及外空活动某一个或几个方面的议题不同，外空交通管理是涉及外空活动安全（Safety）及长期可持续性的综合性议题，具有统筹全局的意义。从外空活动发展的总体特征看，世界主要空间强国之间通过多年的实践基本塑造了合作与竞争并存的局面。一方面，法律规则是外空活动合作和竞争的保障；另一方面，规则制定过程也表现出了合作与竞争的双重属性。《2018政策》提出为维护美国在外空活动中的领导地位，推动外空交通管理措施的发展。其潜在内涵是对外空交通管理国际规则制定主导权的争夺。当然，美国国内政策的提出与规则的配套也会在客观上起到推动国际规则制定的作用。随着越来越多国家和地区空间态势感知及其他相关技术能力的增强，[1]以及国内和内部外空交通管理措施的制定和实施，[2]对不同措施的协调的要求也必然会更为强烈。从保障外空活动安全和可持续性的长远角度看，开展多边谈判、制定世界各国普遍接受的国际规则和措施仍是必然选择。

---

[1] 我国于2022年初发布的《2021中国的航天》白皮书提到在空间环境治理领域，未来五年中国将继续统筹推进治理体系建设，加强外空交通管理，建设完善空间碎片监测体系……统筹做好航天器在轨维护、碰撞规避控制、空间碎片减缓等工作，确保外空系统安全稳定有序运行。

[2] 欧洲空间政策研究所发布的报告即分析了欧洲在外空交通管理问题上的角色定位，包括：建立一个欧洲外空交通管理区域政策和框架、优化欧洲外空交通管理能力和最佳实践以及在国际层面提升欧洲的位置。See European Space Policy Institute（ESPI）（ed.），"ESPI Report 71-Towards a European Approach to Space Traffic Management"，*European Space Policy Institute 2020*，pp. 63~66.

第四节　保障外空活动安全与可持续性："软法"的意义及对国际规则未来发展的新需求

从本书探讨的外空安全的几个主要方面看，防止外空武器化和军备竞赛（Security）更受到空间强国的关注，但外空活动安全及可持续性保障（Safety）直接惠益世界上所有空间产品和服务的应用者。外空武器化和军备竞赛是危及外空安全的非常态情况，而包含外空物体运营，空间碎片减缓、移除以及防止在轨碰撞等内容的外空交通管理则是维护外空活动日常运行秩序的重要前提。在人类社会开展外空活动的最初阶段，军事利用和军备竞赛思维在美、苏两大政治阵营中占据主导地位，这直接决定了现行外空国际法规则的样态。但是，也正如上述，目前的"硬法"与"软法"并存形态无法满足防止外空武器化与军备竞赛的新发展需求，传统外空国际法规则存在的诸多问题需要进一步完善与协调。而外空活动可持续性以及外空交通管理规则制定始于"软法"占据主流的外空规则发展阶段。在"硬法"规则相对缺失的情形下，"软法"规则在相当长的时间内起到了过渡和补充作用，并且取得了较好效果。不过，伴随以近地轨道卫星星座大规模部署为主要表现的外空活动发展新阶段的到来，未来的外空交通管理规则能否仍以"软法"形式起到保障外空活动安全及可持续发展的作用是值得怀疑的。

一、"软法"对空间碎片减缓规制的有效性

（一）"软法"规则在国际法体系中的地位变化

在国际法的发展过程中，"软法"与"硬法"的关系是无法回避的话题，如果从表现形式上对二者加以区分，一般认为条约是"硬法"的最主要表现形式，而"软法"的表现形式则相对宽泛，包括决议、宣言、国际组织文件等。若从法律效力角度进行区分，则一般认为"硬法"具备强制约束力，"软法"不具备相应特征。[1]不过，随着国际实践的发展，这种绝对的二分法在诸多国际治理领域呈现出了松动迹象。越来越多的观点开始倾向于关注"硬

---

[1] Hema Nadarajah, "Fewer Treaties, More Soft Law: What Does it Mean for the Arctic and Climate Change?", in *Arctic Yearbook 2020*, p. 2.

法"和"软法"中间的部分,并将二者视为一个连续的统一体。[1]"软法"的有效性在诸多领域逐渐显现。有研究者以内容和形式框架为标准,对国际法律文件的效力等级做了详尽的说明:①当文件内容表现为规范和标准且以有拘束力的形式制定时,其便属于有法律约束力的"硬法";②当文件内容表现为具有激励性的促进措施且以具备约束力形式制定时,其同样属于"硬法",不过更具激励意义,施加给缔结方的义务较弱;③当文件内容表现为规范和标准,但以不具约束力的形式制定时,其属于"软法",但对签订者有一定的或源于政治承诺或源于道德的义务要求;④当文件内容表现为具有激励性的促进措施且以不具备约束力的形式制定时,其属于无须做出任何承诺的"软法"范畴。[2]

依据这一分类标准,"硬法"和"软法"虽然仍以是否具有法律约束力为区分依据,但很难断言所有类型的"软法"都不对接受者产生任何义务。在国际交往中,相关主体如何以及为何作出选择,且能在多大程度上履行"软法"义务,受到诸多因素的影响:第一,国际主体的日益多元化决定了以条约为主要表现形式的"硬法"开始无法适应所有类型主体的需要。除作为条约适格主体的国家和国际组织之外,国际事务的发展开始受到诸如非政府间国际组织、科学技术专业团体以及跨国公司等主体的影响,这些主体广泛参与环境保护、人权保护以及国际经济与贸易等多个领域,[3]其签订或参与的法律文件虽只能以"软法"形式存在,但一般属于上述第3种类型,具备相应法律效力。第二,国际交往的增多、科学技术的进步以及交往领域的复杂化催生了大量事务性国际关系,基于对国际条约漫长的谈判时间以及修订困难等诸多缺陷的担忧,具备灵活性要求的事务性国际关系领域更倾向于选择"软法"形式规则,其中最具代表性的为快速发展的科学

---

[1] Andrew T. Guzman, Timothy L. Meyer, "International Soft Law", 2 *Journal of Legal Analysis*, 171, 173 (2010).

[2] Dinah Shelton, "Commitment and Compliance: What Role for International Soft Law?", 22 November, 1999, https://carnegieendowment.org/1999/11/22/commitment-and-compliance-what-role-for-international-soft-law-event-47.

[3] 对非政府组织在国际事务中重要影响的分析,See Ann Marie Clark, "Non-Governmental Organizations and their Influence on International Society", *48 Journal of International Affairs*, pp. 507, 507~525 (1995).

第四章　保障外空活动安全与可持续性的国际法规则：以"软法"为主的规则模式

技术领域。[1]与科学技术和标准相关的领域具备政治上的中立性，一般较少存在国家利益协调问题，而科学技术和标准要求本身便构成了相关规范的内容，不涉及基础性国际关系的协调，所以对其执行一般也不会存在主观的争议和分歧。

（二）促成空间碎片减缓"软法"规则有效性的主要因素

在外空交通管理领域，尤其是涉及空间碎片减缓的相关问题时，以《IADC指南》和《外空委准则》为代表的"软法"规则得到了大多数国家的认可并通过国内措施予以执行。如上文所述，有学者主张对空间碎片减缓的相关要求已经具备了国际习惯法的效力，虽然这一说法仍有待论证，但以"软法"为主要表现形式的空间碎片治理措施的有效性值得肯定。当然，这种有效性的形成是多种因素综合作用的结果。

（1）空间碎片治理虽然是在外空国际规则发展的"硬法"阶段结束之后才产生并逐渐引起国际社会重视的问题，但以1967年《外空条约》为代表的"硬法"规则确定了多项规制外空活动的基本原则，1972年《责任公约》与1975年《登记公约》也从具体规范层面确定了发射国对外空物体造成损害的责任制度以及外空物体登记制度等。此外，国际环境法领域认可的可持续发展原则也逐渐被国际社会引入外空环境保护，这些因素在客观上加强了国际社会对空间碎片治理必要性的认知，为相关规制的有效实施奠定了基础。

（2）1987年，美国NASA空间碎片项目办公室主持召开运载火箭末级在轨解体的国际会议，其直接原因是1986年11月阿里安-Ⅰ火箭第二级在近地轨道发生了爆炸，产生了当时最大的轨道碎片云，引起了拥有最多外空资产的美国的担忧。[2]会议的召开促使ESA成立空间碎片工作组。在此次会议成功举办之后，NASA与ESA进一步针对空间碎片治理问题展开了协调与合作，至1989年，美国意识到邀请其他空间强国共同参与这一事项的重要性。随

---

[1] See Andrew T. Guzman, Timothy L. Meyer, "International Soft Law", 2 *Journal of Legal Analysis*, 171, 173 (2010); Hema Nadarajah, "Fewer Treaties, More Soft Law: What Does it Mean for the Arctic and Climate Change?", in *Arctic Yearbook 2020*, p. 2.

[2] Johnson Nicholas, "Origin of the Inter-Agency Space Debris Coordination Committee", ARES Biennial Report 2012 Final, 1 January, 2014, https://ntrs.nasa.gov/citations/20150003818.

后，日本、俄罗斯也相继加入机制，并于 1993 年由美、欧、日、俄四个创始国空间主管机构正式通过机构间空间碎片减缓委员会（即 IADC）这一命名，并签订文件确定了 IADC 的职权范围。[1]至目前为止，已有共 13 个国家和地区的空间活动主管机构加入了 IADC。[2]作为目前空间碎片治理最重要的国际机构之一，IADC 的建立源于对客观事件应对的需要，其发展体现出了从双边协调机制逐渐向多边机制过渡的特征。从法律性质角度看，IADC 并非联合国框架下的机构，而是由主要空间国家自发组成，其组成主体为主要空间国家的外空活动主管机构，不是国际法意义上的政府间国际组织，而仅为一个国际政府间机构论坛。从覆盖范围看，IADC 包括所有主要空间国家和地区机构，但总体数量有限。不过通过与联合国外空委的合作，IADC 制定的技术性标准已经获联合国大会核可，具有普遍适用的意义。从合作内容角度看，IADC 正式成立之前的多次国际会议都集中在空间碎片治理研究和技术方法等科技层面的讨论，《IADC 指南》也是对相关技术标准的整合和细化。作为由 13 个国家的空间机构组成的具有相对专业性的团体，IADC 制定的标准很大程度上反映了国际社会对空间碎片减缓的需求。因此，无论从发展历程、法律性质还是合作内容角度看，以 IADC 为主体制定的规则均具备有效实施的可能性。

（3）无论是《外空委准则》确定的空间碎片治理总体原则，还是《IADC 指南》详尽规定的技术标准，其主要目的都在于防止新的空间碎片的产生，并将协调范围限制在开展外空活动主体的技术操作领域，尽量不涉及国际机构对相关国家行为的建议以及不同国家间法律和政策调整的要求。另外，《外空委准则》与《IADC 指南》仅限于对外空活动民事层面安全保障的协调，对反卫星试验等军事领域问题虽有涉及，但未作深入细化规定[3]，这

---

[1] Johnson Nicholas, "Origin of the Inter-Agency Space Debris Coordination Committee", ARES Biennial Report 2012 Final, 1 January, 2014, https://ntrs.nasa.gov/citations/20150003818.

[2] IADC, "Member Agencies List", https://www.iadc-home.org/member_agencies_list.

[3] 与同样期待针对外空安全治理作出规范的"软法"规则（《ICoC 草案》）相比，《外空委准则》和《IADC 指南》仅针对外空活动安全保障的民事层面进行规制的优势显得更为突出。如本书前文所述，《ICoC 草案》同样涉及空间碎片治理等保障外空活动安全（Safety）及可持续性的内容，但其并未受到广泛认可，目前处于停滞状态。除了制定主体适格性等其他原因之外，一个重要原因是《ICoC 草案》混合了外空活动的军事和民事两个方面，试图将外空安全的两个层次（"Security"与"Safety"）综合考量。对《ICoC 草案》的介绍与详尽分析，可以参见本书第三章第二节的内容。

第四章　保障外空活动安全与可持续性的国际法规则：以"软法"为主的规则模式

种最大限度地避开可能引起争议因素的做法也在客观上提升了其被认可的程度。

空间碎片减缓是外空交通管理的重要内容，也是保障外空活动安全与可持续性的重要手段。在过去的很长一段时间里，以"软法"为主要规制方式的空间碎片减缓措施得到了普遍的接受和良好的执行。这得益于"软法"在国际法体系中地位的发展变化，也与国际社会对空间碎片减缓活动的要求等诸多因素密切相关。作为空间碎片减缓最重要的国际技术标准，《IADC指南》于2020年进行了修订，对外空活动最新发展做了一定的回应，但修改并未改变空间碎片治理的基本样态，其是否能继续维护外空活动安全开展且满足保障外空活动可持续性的最新要求仍有待检验。

二、保障外空活动安全及可持续性对国际规则发展的新需求

（一）对现行空间碎片减缓规则内容及执行措施完善的需求

《IADC指南》于2020年进行的修改回应了外空活动的最新变化，针对大型卫星星座部署的空间碎片减缓提出了要求。不过，整体表述不够清晰，仍有进一步完善的空间。2020年版《IADC指南》在减缓措施的第三部分"任务后处置"中规定，已经结束在轨操作任务的航天器和轨道级在穿过近地轨道或者对近地轨道可能产生影响的情况下，应当采取离轨或者再入等清除措施，或者移入某一合适轨道，但在轨道的停留时间不得超过25年，同时处置的成功率要超过90%，对于大型卫星星座等则可以要求更短的停留时间和更高的成功率，或者直接采用回收措施。[1]《IADC指南》规定的任务后处置不超过25年轨道停留时间的要求是其制定之时专家依据现实情况确定的不影响在轨其他外空物体运行的恰当时间。[2]但是，近年来，有越来越多的研究者开始提出修改该时间要求的必要性。学者依据近地轨道外空物体以及可追踪的空间碎片状况，对这一期限修改的必要性进行了详细分析，提出基于"凯斯勒效应"的存在以及近地轨道外空物体数量的不断增加，有必要加速对这一轨道失去功能外空物体的处置速度。据估计，轨道停留时间越

---

〔1〕 对《IADC指南》的介绍和分析，参见本章第二节的内容。
〔2〕 Jeff Foust, "U.S. Government Updates Orbital Debris Mitigation Guidelines", Space News, 9 December, 2019, https://spacenews.com/u-s-government-updates-orbital-debris-mitigation-guidelines.

长,产生碰撞的风险越大,停留时间25年的碰撞风险是5年停留时间的6倍,10年停留时间的3倍,15年停留时间的2倍。[1]不过,2020年修改后的《IADC指南》并未在总体上缩短这一处置时间要求,只是言辞模糊地对大型星座处置提出了缩短时限的建议,这对愈加增长的碰撞风险的预防作用并不大。

伴随对近地轨道任务后物体处置时间的争论,学者们注意到了《IADC指南》的实际遵守情况也并不尽如人意。上文已对《外空委准则》以及《IADC指南》在诸多国家国内规则的引入情况作了说明和分析,国内对此类"软法"规则确定的原则和标准的认可是一种硬化手段。然而,从国际法层面看,违反"软法"规则并不负担法律后果,这便可能传导至对国内法的遵守和执行层面。有研究者估计,全球范围内外空活动参与者对于25年内处置规则的遵守的比例不会超过50%。[2]欧空局则对此做过更加详尽的统计和分析。总的看来,近年来规则遵守总体情况有所好转,不过不遵守情况仍十分普遍。此外,受到技术不确定性和较长时间跨度等因素制约,对于25年内处置规则遵守情况的判断也相当复杂,最理想的状态是相关主体在规定时间内采取了可控的再入操作,最不理想的状态则是时限要求未得到遵守,且相关主体不采取任何措施。在最理想和最不理想状态之间,还存在其他可能性,例如采取了措施但不充分、不成功的情形,或者未按照时限要求但采取了成功措施等。[3]法律遵守方面的不尽如人意加之技术的复杂性促使研究者开始考虑将现行空间碎片减缓"软法"规则"硬法"化和细化的必要性、可行性和具体实践措施。[4]

---

〔1〕 Isabel Moore, Iliass Tanouti, Simon Wheeler, "Uncontrolled De-orbiting: An Assessment of On-orbit Collision Risk at end of Life with respect to De-orbit Times", in Flohrer, R. Jehn, F. Schmitz (eds.), *Proceeding of the 1st NEO and Debris Detection Conference, Darmstadt, Germany*, 22~24 January, 2019, https://conference.sdo.esoc.esa.int/proceedings/neosst1/paper/503/NEOSST1-paper503.pdf.

〔2〕 Jeff Foust, "Orbital Debris Mitigation Guidelines Still Useful, if Complied with", Space News, 15 January, 2020, https://spacenews.com/orbital-debris-mitigation-guidelines-still-useful-if-complied-with.

〔3〕 ESA Space Debris Office, *ESA's Annual Space Environment Report*, GEN-DB-LOG-00288-OPS-SD, 27 May, 2021, pp.77~93.

〔4〕 See Paul B. Larsen, "Solving the Space Debris Crisis", 83 *Journal of Air Law and Commerce*, pp.475, 492~494 (2018).

第四章　保障外空活动安全与可持续性的国际法规则：以"软法"为主的规则模式

（二）保障外空活动可持续性对空间碎片移除国际规则的需求

除了对空间碎片减缓规则进行完善和加强遵守和执行的要求之外，在推动外空交通管理规则制定的过程中，空间碎片移除也愈加受到世界各国的重视。目前，以减缓为主要内容的空间碎片治理准则主要着眼于预防新的空间碎片产生。这样的做法绕开了诸多可能产生的法律争议，在很长一段时间内保证了在外空环境保护问题上不同利益团体之间相对平衡的状态，也是推动"软法"规则得到更多国家认可的权宜之计。而随着越来越多的国家对地球轨道开发利用能力的提高，地球轨道（尤其是近地轨道）愈加拥挤，对空间碎片移除的需求也便越来越强烈。

就空间碎片主动移除涉及的法律问题及对未来国际法制定的一般要求，上文中已经做了详细分析，此不赘述。[1]但应当提出的是，在现行国际外空法和国内航天规则的基础上，国家或者私营实体参与开展的外空运营活动有可能在小范围内开展碎片移除的实践。从外空活动及国际规则制定的发展情况看，将空间碎片减缓与移除整合为空间碎片治理的常态化内容，并构成外空交通管理国际规则的重要部分是未来发展的必然要求。

（三）建设综合性外空交通管理机制对"硬法"的需求

《IAA研究报告》对外空交通管理的设想同时涵盖了技术能力和法律框架要求两个方面。由联合国外空委科技小组委员会制定的《2019准则》偏重技术层面的促进和协调，但同样涉及法律问题。与空间碎片减缓相比，外空交通管理更具综合性和复杂性，国际社会目前针对空间碎片减缓问题采取的仍是以技术标准为主要内容，以"软法"为表现形式的权宜措施。对于更为复杂的外空交通管理而言，当前似乎也没有更好的选择。从性质上看，外空交通管理的技术性要求十分明显，具备复制空间碎片减缓相对成功的实践的可能性。[2]依据这一思路，未来外空交通管理机制可以先以现行的不同目的、性质和内容的规则为基础，建立单一领域的外空交通管理框架，不同国家也可以依据本国的实际发展情况自行选择解决方式。这是一种灵活且能最大限度地在不同国家之间达成一致的解决方案，但其缺点也较为明显，即会造成

---

〔1〕对空间碎片移除所涉法律问题的具体分析，参见本章第二节的内容。

〔2〕Paul Larsen, "Space Traffic Management Standards", *83 Journal of Air Law and Commerce*, pp. 359, 375~377 (2018).

外空交通管理不成体系的问题。[1]不过，即便如此，也需要在国际层面通过相对有效的措施进行协调，否则便会变成简单地将现行规则予以梳理并冠以外空交通管理名义的学术研究性质的描述。

外空活动发展的现实以及对维护外空秩序保障外空活动可持续性的需要决定了外空交通管理机制的长远发展模式应该是建立综合性框架。学者参照目前较为成功的规制外空活动国际规制框架设想了外空交通管理的法律模式，提出其应该包括具有基础性意义的外空活动公约、细节性的外空交通规则以及配套的外空交通技术标准等。[2]显然，这样的综合性框架应当以"硬法"规则为基础并以有效的执行机制为重要支撑。

综上所述，"软法"在空间碎片减缓问题上发挥了至关重要的作用，在相当一段时间内维护了外空活动安全及可持续性发展。但随着外空活动的不断发展，单纯的空间碎片减缓措施已经无法满足保障日益拥挤和繁忙的地球轨道秩序的要求，以"软法"为主的协调模式也开始受到挑战，推动建设内涵更为丰富、更具法律约束力和可执行性的外空交通管理机制应是保障外空活动安全和可持续性的最佳选择，也将是未来相当长的一段时间内国际社会致力于实现的重要目标。[3]

第五节 本章小结

保障外空活动安全与可持续性是随着外空资产不断被用于诸多民事领域

---

[1] See Kai Uwe Schrogl, "Space Traffic Management Towards a Roadmap for Implementation: The 2018 IAA Study on STM", *University of Oslo*, *Law Faculty*, 5 February 2020; Kai-Uwe Schrogl et al. (eds.), *Space Traffic Management - Towards a Roadmap for Implementation*, International Academy of Astronautics, 2018, pp. 128~131.

[2] See Kai Uwe Schrogl, "Space Traffic Management Towards a Roadmap for Implementation: The 2018 IAA Study on STM", *University of Oslo*, *Law Faculty*, 5 February 2020; Kai-Uwe Schrogl et al. (eds.), *Space Traffic Management - Towards a Roadmap for Implementation*, International Academy of Astronautics, 2018, pp. 128~131.

[3] 2018年版《IAA研究报告》的四位主编在联合国外空委的一次发言中提出从世界各国对综合性外空交通规则机制概念和思路的接受，到对相关规则的细化再到其最后实施，需要15年左右的时间。See Kai-Uwe Schrogl et al., *The IAA Cosmic Study on Space Traffic Management*, 6 April, 2017, COPUOS, Vienna.

第四章 保障外空活动安全与可持续性的国际法规则：以"软法"为主的规则模式

而逐渐引起国际社会重视的外空安全问题。作为最重要的影响外空资产安全的因素，空间碎片问题较早引起了国际社会的重视，并为此制定了相关"软法"规则。近年来，国际社会又将眼光投向了大规模低轨小卫星星座这一影响外空活动安全和可持续性的新因素。

以空间碎片为主要治理对象的相关国际规则在表现形式上以"软法"为主，在规制内容上则呈现出了从减缓向移除的发展趋势。目前，针对空间碎片减缓的国际规则主要包括《外空委准则》与《IADC指南》等，这些规则虽然以"软法"为表现形式，但得到了世界多数国家（包括主要空间强国）国内法或国内政策的认可，在很大程度上确保了这些规则的有效性，具有将"软法"硬化的效果。而关于空间碎片移除问题，因为存在诸如空间碎片内涵不明导致的法律适用模糊，国家对外空物体管辖权与移除活动冲突，空间碎片类型不明导致移除责任划分不清，移除活动损害赔偿责任承担不明以及移除技术的军、民用划分困难等法律及现实争议，目前国际社会尚未形成统一意见。

除了以碎片治理为规制对象的单一规则之外，影响外空活动安全与长期可持续性的因素日益复杂化也推动着国际社会寻求更为综合性的法律解决方法。对外空交通管理规则的探索便是其中之一。外空交通管理并非一个全新的概念，学术界对其开展的讨论早已有之，但是外空交通管理的法律规则制定实践起步较晚且不成体系。联合国外空委法律小组委员会于2016年设立了外空交通管理所涉法律方面的一般意见交流项目，相关问题至今仍在讨论之中。外空委科技小组委员会于2010年设立外空活动长期可持续性工作组，并通过《2019准则》构成外空交通管理的重要部分。外空交通管理机制自身具备科技和法律的双重属性，联合国外空委两个委员会的推动符合具体机制建设要求。但是，外空交通管理机制不仅需要满足科技和法律的要求，同时还要协调世界所有国家，尤其是空间强国之间的利益，因此具有相当大的难度。外层空间是不具主权属性的"全球公域"，所有国家依据《外空条约》的规定享有和平利用外层空间的自由，拥有先进外空技术的国家已经开始依据国内外空活动开展的需要制定本国外空交通管理政策，期待形成最佳实践，起到塑造外空交通管理国际规则的作用。国际社会期待依据陆地、海洋或航空运输模式打造外空交通管理模式存在相当的难度。

从目前的实践看，以"软法"为主要表现形式的针对空间碎片这一单一对象进行治理的国际规则取得了一定程度的成功，但同时也面临挑战，需要进一步调整完善。外空交通管理机制是综合性外空活动治理体系，本身包含空间碎片减缓和移除问题，在空间碎片治理领域已经取得的成绩无疑有助于综合机制的构建。但从未来发展看，多类型国际规则杂糅、国内国际规则并存且相互交织、外空活动安全与可持续性影响因素的逐渐复杂、不同国家间在外空活动安全及可持续性保障中的不同利益诉求都会阻碍外空交通管理机制的建立。

◆ 第五章 ◆

月球及其他天体安全开发的国际法规则：
单边措施对国际规则的挑战

  1967年《外空条约》确定了人类在外层空间开展活动的基本规则，其适用范围包括月球及其他天体。[1]1979年《月球协定》主要针对月球资源的探索与开发进行了规定，除月球之外，其适用范围也包括地球以外尚无专门法律规则的其他天体。[2]从规制的事项上看，与专注于资源开发的《月球协定》相比，作为外空活动基本法的《外空条约》涵盖范围更广。然而，从过去六十余年的发展进程看，人类外空探索和开发活动的主流局限于地球静止轨道范围以内。从保障外空活动安全角度看，《外空条约》与《月球协定》虽然确定了广泛的适用范围，但无论是防止外空武器化与军备竞赛还是保障外空活动安全及可持续性的法律规则，均并未超出地球静止轨道范围。而随着深空探测能力的发展，越来越多的国家开始将目光转向外层空间更远的部分。2015年，美国通过制定国内法正式提出的包括小行星在内的天体资源开发设想对现行国际规则提出了挑战，在某种程度上也对保障外空安全的国际规则提出了新的要求。2020年，NASA推出了对月球进行探索和开发的《阿尔忒弥斯协定》，确定了美国探索和开发月球及其他天体的基本原则和思路。[3]几乎同时，包括美国国防部、空军实验室以及太空军在内的诸多机构开始针对地球静止轨道之上直至月球的广大地月空间进行研究，并提出了基本战略布

---

  [1] 1967年《外空条约》序言最后一段表述为："确信缔结各国探索和利用包括月球及其他天体在内外层空间活动的原则条约，会进一步实现联合国宪章的宗旨和原则。"
  [2] 1979年《月球协定》第1条第1款规定为："本协定内关于月球的条款也适用于太阳系内地球以外的其他天体，但如任何此类天体已有现已生效的特别法律规则，则不在此限。"
  [3] "The Artemis Accords", 13 October, 2020, https://www.nasa.gov/specials/artemis-accords/img/Artemis-Accords-signed-13Oct2020.pdf.

局。[1]在美国的推动下,从地球静止轨道直至月球表面的广泛地月空间已经开始被纳入军事、民用以及商业等方面予以综合考虑,美国也对此进行了技术、法律、政策和战略上的多方面准备,由此产生的安全问题突破了现行国际规则的范畴。美国通过本国的单边措施不断挑战现行并不完善的国际规则,并试图塑造在地月空间这一未来若干年国际社会要重点探索、开发的领域的新的国际规则。显然,由某个或某几个国家主导推动的规则必然会带有利益倾向性,与《外空条约》早已确定的"外空活动全人类共同利益"基本法律原则相悖。因此,需要世界各国广泛参与完善现有规则并视需要制定新的规则,以满足在新的外空领域最大限度地保障所有国家利益的需要,构建外空命运共同体。本章主要对地月空间这一新的安全领域法律规制及争议进行总结和分析,为完善措施的提出奠定基础。详言之,本章将首先梳理并分析近年来有关月球(包括小行星等天体)开发规则制定引发的争论;之后分别从军事利用及资源开发活动的安全保障两个层面分析该领域面临的新挑战及法律规制争议;最后分析国内单边措施对月球及其他天体安全开发国际法规则制定的影响及未来选择。

第一节 月球及其他天体开发法律规则制定的新发展与争议

在经历了20世纪70年代美、苏在外空(包括月球)的竞赛[2]与1979年《月球协定》失败之后,针对月球及其他天体的探索实践和国际规则的制定经历了相当一段时间的沉寂。直至21世纪初,月球及其他天体的探索和开发问题才又一次引起了世界各国的注意。与冷战期间美、苏主导外空活动的情形不同,新一轮参与月球探索和开发的国家有所增加,且都采取了切实的行动。[3]

---

[1] "State of the Space Industrial Base 2020: A Time for Action to Sustain US Economic & Military Leadership in Space", *Summary Reported by Brigadier General Steven J. Butow*, Dr. Thomas Cooley, July 2020.

[2] 在月球探索和开发方面,美国于1961年至1972年期间开展了阿波罗计划,See "What Was the Apollo Program?", 19 July, 2019, https://www.nasa.gov/audience/forstudents/5-8/features/nasa-knows/what-was-apollo-program-58.html. 苏联也于近乎相同的时间(1959年至1976年)开展了一系列月球探索及开发计划,See "Soviet Lunar Missions", https://nssdc.gsfc.nasa.gov/planetary/lunar/lunarussr.html.

[3] 例如,中国、欧盟、日本以及印度等都相继提出了本国(地区)的月球探索计划并相继开展了相关活动。对世界各国家和地区的月球探索项目的详细介绍,See Andrew May, "Every Mission to the Moon", 27 October, 2021, https://www.space.com/all-moon-missions.

第五章　月球及其他天体安全开发的国际法规则：单边措施对国际规则的挑战

此外，在新一轮的月球及其他天体开发进程中，非政府实体占据愈加重要的地位。相较于国家主体，非政府实体更加关注资源探索和开发的商业利益，这也在很大程度上改变了国家对相关问题战略方面的考虑。在现行国际规则无法有效保障相关主体探索和开发月球及其他天体利益的背景下，以美国为代表的空间强国开始通过国内立法等单边措施保障其本国相关活动参与者的利益，但这种绕过国际社会采取单边措施的做法在国际社会引起了普遍争议，这也是1979年《月球协定》失败之后最新一轮关于月球及其他天体开发规则制定的争议。

一、以资源开发为主要关切的美国2015年《外空资源探索与利用法案》

2015年11月，时任美国总统奥巴马签署了《外空资源探索与利用法案》（《2015法案》），确认美国公民因从事商业开发活动对获取的小行星资源享有包括占有、拥有、运输、使用和销售的权利。[1]这一做法在国际社会引起了巨大争议，多数国家认为美国这一做法涉嫌违反相关外空法基本原则和规则。同时，也有不少国家以美国做法为先例，相继制定了类似的国内规则。需要注意的是，《2015法案》的规定有相当强的针对性，其适用主体限定为美国公民（私人实体），适用对象则以小行星资源为主。[2]自《2015法案》生效至今，私人实体尚未真正展开小行星资源开发活动，但法案确定的规则却为相关活动提供了法律依据，且有可能进一步延伸适用至月球资源开发问题。

（一）2015年《外空资源探索与利用法案》的源起：私人实体的现实需求与国际规则的缺失

私人实体在外空活动中愈加重要的地位广泛影响了世界各国对包括外空安全在内的诸多问题的考量，从而也间接影响了国内决策的作出以及国际规则的制定。《2015法案》的制定便是美国对其本国私人实体需求的回应。

（1）从技术发展水平角度看，越来越多的美国私营公司开始具备外空发

---

[1] "U. S. Commercial Space Launch Competitiveness Act Title Ⅳ: Space Resource Exploration and Utilization", 114 90, 25 November, 2015.

[2] 《2015法案》51301节确定的第一个定义为小行星资源，可见小行星资源是本法的重要规制对象。

射能力，并表现出了在诸多领域开展活动的潜力。在小行星资源开采领域，美国行星资源公司于2015年发射了第一颗技术试验卫星，此后又于2018年发射探测外空水资源的Arkyd-6卫星，并制定了世界第一个深空资源探测计划，全面探索近地小行星水资源状况。[1]为了增强小行星资源开采在法律上的确定性，该公司极力游说美国政府推动规则制定，《2015法案》的出台便与之密切相关。[2]此外，该公司于2016年与卢森堡政府达成合作意向，由此直接推动了卢森堡制定并通过了《探索和利用外空资源法》。[3]当然，行星资源公司只是较为具有代表性的一个，其他公司（如深空工业等）也相继开启了行星采矿计划。[4]

（2）从小行星资源开采的商业潜力角度看，其蕴含前景可观的商业价值且对深空探测具有一定的辅助意义。依据学者的研究，小行星上富含的稀缺金属是应对未来人类社会资源危机的重要途径。并且，某些小行星蕴含大量贵重金属，单颗小行星资源开采的价值最高可达2000亿美元，具有巨大的商业潜力。[5]此外，对小行星上存在的水资源的开采则可以作为进一步开展深空探测的能源。

（3）从法律规则角度看，现行国际条约的规定对于私人实体的外空资源开采活动可能构成限制，因此需要进一步明确。依据《外空条约》的规定，外空（包括月球与其他天体）由各国在平等和遵守国际法的基础上自由探索和利用。不过本条对探索和利用的概念未作详细说明，外空资源是否被涵盖在这一规定之中并不确定。但是，考虑条约制定的背景，并秉持善意的解释

---

[1] 参见聂明岩：《"总体国家安全观"指导下外空安全国际法治研究》，法律出版社2018年版，第118~119页。

[2] 参见聂明岩：《"总体国家安全观"指导下外空安全国际法治研究》，法律出版社2018年版，第119页。

[3] See "Law on the Exploration and Use of Space Resources", 20 July, 2017. 对卢森堡《探索和利用外空资源法》的更为详尽的分析，See Philip De Man, "Luxembourg Law on Space Resources Rests on Contentious Relationship with International Framework", *Leuven Centre for Global Governance Studies*, *Working Paper No. 189*, July 2017.

[4] 对深空工业公司行星采矿计划的介绍，See David Szondy, "Deep Space Industries Announces Asteroid Mining Plans", New Atlas, 24 January, 2013, https://newatlas.com/deep-space-industries/25915.

[5] Ram S. Jakhu, Joseph N. Pelton, "Yaw Otu Mankata Nyampong", *Space Mining and Its Regulation*, Springer, 2017, pp. 3~4.

第五章　月球及其他天体安全开发的国际法规则：单边措施对国际规则的挑战

原则，[1]将科学技术发展之后可以实现的天体资源开发纳入本条规定的"利用"范畴应无异议。[2]关于参与外空活动的主体，经过条约谈判之时美、苏两大强国的系列博弈，美国的观点在一定程度上得到了认可，私人实体被赋予了参与外空活动的资格，但需要缔约国对其活动承担国际责任。[3]但无论如何，私人实体是参与外空活动的适格主体。国际条约虽然明确了上述两个问题，但是不能直接断言私人实体具有开发外空资源（包括小行星资源）的权利。因为除了上述两项规定之外，《外空条约》还通过第2条的规定确定了"外空不得据为己有"原则。[4]对这一原则理解上的歧义将在很大程度上限制缔约国（包括私人实体）的行为。此外，现行国际法规则没有针对外空资源开采制定合理的法律机制，这也将构成私人实体开展相关活动的限制因素。

美国国内私人公司对于开采外空资源（尤其是小行星资源）的强烈需求与现行国际规则的不足推动美国制定了《2015法案》。其他国家（如卢森堡）则因为与相关公司有一定程度的合作，也通过了类似的规则，以期促进本国外空商业活动的发展。但是，这种国内单边措施与现行国际空间法规则和原则存在冲突，随着小行星开采的浪潮逐渐退去，这种冲突进一步延伸到了对月球资源开采的问题上。

（二）2015年《外空资源探索与利用法案》对现行国际规则的挑战与月球资源开发

《2015法案》赋予其私人实体对外空资源（尤其是小行星资源）拥有所有权的做法与《外空条约》确定的"外空不得据为己有"原则存在冲突。但是，由于条约本身对该原则规定的模糊性，不同研究者对冲突的表现与程度理解不一，因此无法直接断定《2015法案》违反了国际法规定。

依据《外空条约》第2条的措辞，其限制的主要行为是国家对外空和天

---

[1] 有研究依据《外空条约》规定的内容将之认定为应随着客观实践的发展而不断丰富解释的基础性规定。See P. J. Blount, Christian J. Robinson, "One Small Step: The Impact of the U. S. Commercial Space Launch Competitiveness Act of 2015 on the Exploration of Resources in Outer Space", 2 *North Carolina Journal of Law & Technology*, pp. 160, 162 (2016).

[2] 聂明岩：《"总体国家安全观"指导下外空安全国际法治研究》，法律出版社2018年版，第202~203页。

[3] 《外空条约》第6条。

[4] 对外空不得据为己有原则的介绍和分析，参见本书第二章第三节的内容。

体的主权主张或据为己有。有研究者指出，该条规定在表述方式上是一种公法与私法概念上的神秘混合，如果严格遵照条约措辞，本条应仅禁止缔约国的主权主张，不涉及私人实体的所有权，尤其是对资源的所有权。[1]与之相对应，有学者提出条约制定时参与谈判的代表认可本条适用范围同时涵盖主权和所有权内容，私人开采资源的行为也在禁止之列。[2]另有研究者提出，《外空条约》的规制对象为外层空间、月球及其他天体，天体与天体资源并非相同概念，如果类比于海洋法的相关规则，外层空间和天体类似于公海的法律地位，本身不得被占有，而天体资源则类似于公海鱼类资源，所有权归捕获者所有。而在海洋法范畴，捕获船只是私人所有还是政府所有并不构成主张所有权的限制条件。[3]

外空技术的进步以及参与外空活动主体的多元化发展势必会对现行外空国际条约于半个多世纪前确定的规则造成冲击。而条约修改和完善工作的滞后性和低效性与实践要求呈现出了明显的错位。《2015法案》的制定便是一种试图扭转这种错位的做法，但遗憾的是，这是一种立足于美国国内实践和利益需求的单边做法。虽然自《2015法案》推出后有诸多学者从各个方面分析论证了其合理性，但从客观效果看，国内单边措施的做法一方面利用了国际规则的模糊性，对其进行了符合本国利益的单方面扩大解释，另一方面也为其他国家做了示范，如果越来越多的《外空条约》缔约国接受了美国的思路和做法，便会逐渐架空现行条约确定的原则和规则。

制定《2015法案》的主要动力是美国国内私营公司对小行星资源开采的现实需要，法案通过之后，多数研究者也主要将目光局限在小行星资源

---

[1] See Stephan Hobe, "Adequacy of the Current Legal and Regulatory Framework Relating to the Extraction and Appropriation of Natural Resources", in *Policy and Law Relating to Outer Space Resources: Example of the Moon, Mars and Other Celestial Bodies Workshop Proceedings*, McGill University, 2006, p. 204; Alan Wasser, Douglas Jobes, "Space Settlements, Property Rights, and International Law: Could a Lunar Settlement Claim the Lunar Real Estate It Needs to Survive?", 73 *Journal of Air Law and Commerce*, pp. 37, 43~46 (2008).

[2] Steven Freeland, Ram S. Jakhu, "Art. II of the Outer Space Treaty", in Stephan Hobe, Berhard Schmidt-Tedd, Kai-Uwe Schrogl (eds.), *Cologne Commentary on Space Law (Vol. I)*, Carl Heymanns Verlag, 2009, pp. 50~51.

[3] Kfir Ian Perry, "Title IV of the U. S. Commercial Space Launch Competitiveness Act of 2015", in *IISL Proceedings of the International Institute of Space Law 2016*, Eleven International Publishing, 2017, p. 172.

第五章　月球及其他天体安全开发的国际法规则：单边措施对国际规则的挑战

上。然而，2018年10月，在小行星资源开采领域具有引领地位的行星资源公司被收购，[1]2019年初，致力于行星资源开发的另一公司，深空工业也被收购，[2]两个公司的业务方向也随之转变。虽然不能就此断定小行星资源开采计划的彻底失败，[3]但很显然，这股热潮已经退去，且在短期内不会再度兴起。不过，这并不意味着《2015法案》及其他国家类似国内立法的影响不复存在了。在定义界定的章节，《2015法案》同时阐述了"小行星资源"和"外空资源"两个术语的概念。卢森堡于2017年颁布的《探索和利用外空资源法》则摒弃了小行星资源的说法，直接在该法第1条明确规定"外空资源能够被占有"。换言之，无论是美国的立法还是之后其他国家的立法，都不仅仅局限在小行星资源开采上，而是适用于所有外空资源的开发和利用。2020年4月，时任美国总统特朗普签署行政命令，重申了与《2015法案》类似的针对外空（包括月球及其他天体）资源探索、开发与利用的立场，不过这一行政命令明显将月球资源的开发与利用放在了重要位置，明确排除了《月球协定》对美国实体开展外空商业活动的干扰，并提出政府有关部门协同推动对相关活动的国际化支持。[4]此后不久，NASA于2020年10月宣布了《阿尔忒弥斯协定》，在世界范围内广泛争取合作伙伴，为月球开发活动的进一步开展做准备。[5]由此可见，《2015法案》虽然曾一度将全世界的目光聚焦在小行星资源的开采之上，但由于设置了较为广泛的适用范围，其未来将在月球开发的实践中发挥作用。对于美国而言，在这一国内法案引起的诸多争论随着行

---

[1] Jeff Foust, "Asteroid Mining Company Planetary Resources Acquired by Blockchain Firm", Space News, 31 October, 2018, Space News, https://spacenews.com/asteroid-mining-company-planetary-resources-acquired-by-blockchain-firm.

[2] See Jeff Foust, "Deep Space Industries Acquired by Bradford Space", 6 January, 2019, https://www.space.com/42906-deep-space-industries-acquired-by-bradford-space.html; Alan Boyle, "Bradford Space Group Buys Deep Space Industries, Shifting Focus from Asteroid Mining to Propulsion", Geek Wire, 2 January, 2019, https://www.geekwire.com/2019/bradford-buys-deep-space-industries-shifting-focus-asteroid-mining-green-propulsion.

[3] Alan Boyle, "One Year after Planetary Resources Faded into History, Space Mining Retains Its Appeal", Geek Wire, 4 November, 2019, https://www.geekwire.com/2019/one-year-planetary-resources-faded-history-space-mining-retains-appeal.

[4] "Executive Order on Encouraging International Support for the Recovery and Use of Space Resources", 6 April, 2020.

[5] "The Artemis Accords", 13 October, 2020, https://www.nasa.gov/specials/artemis-accords/img/Artemis-Accords-signed-13Oct2020.pdf.

星采矿的热度消失而慢慢沉寂之后，反而在另一个维度为月球开发及利用提供了法律基础。而对于月球开发而言，由于1979年《月球协定》的存在，国际社会并不陌生，此番以美国为首的诸多国家重返月球，必然将给现行国际规则带来更大的挑战。

二、美国月球探索和开发的综合计划：从《2020行政命令》到《阿尔忒弥斯协定》

（一）《2020行政命令》：在2015年《外空资源探索与利用法案》基础上进一步突破国际规则的国内措施

2017年12月，时任美国总统特朗普签署了一项《空间政策指令》（Space Policy Directive-1），对2010年美国《国家外空政策》[1]进行了完善，其完善内容也是此项《空间政策指令》的目标，即"与商业及国际合作伙伴引领一个创新及可持续的项目，保障人类的活动在太阳系内扩展，并将新的知识和机会带回地球"。[2]具体行动则包括"以地球近地轨道外的任务为起点，（美国）引领重新将人类送上月球，并进行长期的探索与开发，继之以火星等其他目的地的载人任务"。[3]延续这一政策指令的基本思路，特朗普政府又于2020年4月签署了《关于鼓励国际社会支持外空资源回收和利用的行政命令》（《2020行政命令》），确定了美国探索和开发地外资源的基本政策。[4]

鼓励商业实体的参与以及支持国际合作是2017年《空间政策指令》透露出来的美国计划重返月球的重要手段。但是，对于外空资源的获取和利用，包括对月球资源商业获取和利用权利认定方面的不确定性会阻碍商业实体参与到此项活动中来，1979年《月球协定》的失败以及其与1967年《外空条约》规定的差异加重了这种不确定性。因此，《2020行政命令》明确提出，在不违反相关法律的前提下，美国人有权对外空资源进行商业探索、获取和利

---

[1] "National Space Policy of the United States of America", 28 June, 2010.

[2] "Presidential Memorandum on Reinvigorating America's Human Space Exploration Program", 11 December, 2017.

[3] "Presidential Memorandum on Reinvigorating America's Human Space Exploration Program", 11 December, 2017.

[4] Michael Sheetz, "Trump Wants More Countries to Join US Policy Approach to Space Resources, Lunar Mining", CNBC, 6 April, 2020, https://www.cnbc.com/2020/04/06/trump-executive-order-on-us-space-resources-and-mining-policy.html.

用。[1]这一说法实质上复述了《2015法案》的内容，只是不再突出小行星资源的特殊地位。但是，与《2015法案》不同的是，《2020行政命令》进一步明确提出了美国对外层空间的性质以及《月球协定》的法律地位的看法。关于外层空间的性质，与国际社会的一般认识不同，美国将之定性为具有法律和物理独特性质的人类活动领域，但并非"全球公域"。[2]而针对近年来有国家和国际组织试图证明《月球协定》包含的相关原则、规则具备国际习惯法效力的做法，[3]《2020行政命令》明确了美国的反对态度，并提出其致力于推动的商业参与月球、火星及其他天体的探索、科学开发以及使用活动不受《月球协定》的影响。[4]

如果说《2015法案》的相关规定还存在对于外空国际条约规则理解的歧义，那么这些歧义在《2020行政命令》中便完全不存在了。其中对于外空"全球公域"性质的否定最大化地削弱了《外空条约》确定的开展外空活动应遵守的"全人类共同利益"原则的影响，同时也在最大限度上淡化了"外空不得据为己有"原则对其所欲开展活动的限制。而对于国际社会仍在讨论的月球及其他天体是否具有"全人类共同继承财产"性质问题，[5]《2020行政命令》通过明确《月球协定》法律地位的方式予以直接否认。从本质上看，《2020行政命令》已经完全突破了现有国际规则关于外空资源探索和利用的规定。当然，作为补救措施，《2020行政命令》又明确了支持国际合作的态度，并对国内相关部门采取措施推动支持国际合作提出了要求。[6]而NASA于此后不久推出的《阿尔忒弥斯协定》则可以被看作是通过国际合作开发月球及其他天体的重要一步。

---

[1] "Executive Order on Encouraging International Support for the Recovery and Use of Space Resources", 6 April, 2020.

[2] 针对《2020行政命令》否定外层空间"全球公域"的说法，有美国学者对此进行了深入分析。See John S. Goehring, "Why Isn't Outer Space a Global Commons?", 11 Journal of National Security Law& Policy, pp.573, 573~590 (2021).

[3] Michael Listner, "The Moon Treaty: Failed International Law or Waiting in the Shadows?", The Space Review, 24 October, 2011, https://www.thespacereview.com/article/1954/1.

[4] "Executive Order on Encouraging International Support for the Recovery and Use of Space Resources", 6 April, 2020.

[5] 对《月球协定》与"全人类共同继承财产"原则的分析，参见本书第二章第三节的内容。

[6] "Executive Order on Encouraging International Support for the Recovery and Use of Space Resources", 6 April, 2020.

(二)《阿尔忒弥斯协定》：美国主导的月球探索及开发的框架性国际倡议

2020年10月13日，包括美国、英国以及日本在内的8个国家签订了美国提出的《阿尔忒弥斯协定》。[1] 至目前为止，已经有25个国家陆续签字认可了该协定。[2] 从法律性质上看，《阿尔忒弥斯协定》不具备国际条约效力，仅仅是美国发起，其他签字国参与的具有政治承诺性质的文件。美国希望将该协定的签订作为后续与签字国家分别签署具有法律约束力的双边条约的前奏。[3]

在NASA于2020年5月公布《阿尔忒弥斯协定》的基本框架性原则之时，因为其名称与美国的"阿尔忒弥斯"探月计划相同[4]，国际社会对其关注点主要集中在月球资源的探索和开发方面。[5] 不过在同年10月份正式签订的协定中，其副标题明确了协定的主要内容包括"为和平目的民事探索和利用月球、火星、彗星和小行星的合作原则"。[6] 虽然除月球之外的其他天体早已被纳入美国之前制定的系列国内法和政策，但是并未将其他天体的涵盖范围表述得如此细致。由此，足以看出美国期待以《阿尔忒弥斯协定》重点关注的月球开发和利用为契机，为更广泛的深空探测活动的开展奠定基础。而从规定的内容上看，《阿尔忒弥斯协定》也具备一定的综合性特征。

详言之，《阿尔忒弥斯协定》正文包括13节内容，除第13节规定了相关程序条款之外，其他部分的规定可以总结为如下四个方面：

1. 纳入现行外空国际条约确定的相关法律原则的规定

（1）外空活动全人类共同利益原则。《阿尔忒弥斯协定》第1节开宗明义，提出其制定目的为建立一套具有可行性的原则、指南和最佳实践，以确

---

〔1〕 Almudena Azcárate Ortega, "Artemis Accords: A Step Toward International Cooperation or Further Competition?", Lawfare, 15 December, 2020, https://www.lawfareblog.com/artemis-accords-step-toward-international-cooperation-or-further-competition.

〔2〕 "Artemis Accords", NASA, https://www.nasa.gov/specials/artemis-accords/index.html.

〔3〕 "Artemis Accords: What Implications for Europe?", ESPI Briefs, 46, November 2020.

〔4〕 对"阿尔忒弥斯"计划的介绍，See "Artemis Moon Program Advances – The Story So Far", NASA, 31 May, 2019, https://www.nasa.gov/artemis-moon-program-advances.

〔5〕 参见廖小刚："NASA宣布《阿尔忒弥斯协定》以建立月球探索国际联盟"，载http://www.cmse.gov.cn/hqsy/lydt/fzzl/202008/t20200812_47044.html，最后访问日期：2022年7月8日。

〔6〕 "The Artemis Accords", 13 October, 2020, https://www.nasa.gov/specials/artemis-accords/img/Artemis-Accords-signed-13Oct2020.pdf.

第五章　月球及其他天体安全开发的国际法规则：单边措施对国际规则的挑战

保增强相关活动的安全操作性、减少不确定性并促进可持续性，从而保障全人类在利用外空过程中的利益。如上所述，《2020 行政命令》通过否认外层空间"全球公域"的性质削弱了"外空活动全人类共同利益"原则的影响，但在此节的规定中，协定采用的措辞似乎有意对这一原则进行细化和解释。虑及《阿尔忒弥斯协定》是一个试图推动国际合作的文件，对于这一原则的接纳有利于吸引更多合作伙伴。当然，如果结合《2020 行政命令》的说法，可以看出此节规定的局限性，其实质意义无非在于将《阿尔忒弥斯协定》的内容与现行国际条约进行契合，以免除国际社会对其合法性的争论。

（2）为和平目的探索和利用外空原则。《阿尔忒弥斯协定》第 3 节规定在其框架下开展的合作活动应仅用于和平目的并遵守现行国际法。此节规定重申了为和平目的探索和利用外空原则，尤其是《外空条约》第 4 条第 2 款对于在月球及其他天体开展活动的要求，[1]这一做法与协定本身以月球及其他天体的开发为主要对象有关。同时，对于"仅用于和平目的"规则的引入，也弱化了合作活动自身的敏感性，将之限定在民事、商业和科学研究活动领域，有利于吸引更多的参与者。[2]

（3）外空活动信息公开透明原则。依据《阿尔忒弥斯协定》第 4 节的规定，签字国承诺将源于协定框架下的活动的科学信息与公众和国际科学界进行善意分享。同时，在符合其国内法和政策的前提下保持对其国内外空政策和探索计划的广泛披露，保障透明度。对科学信息分享的要求与《外空条约》第 11 条的规定相符，而对于签字国国内空间政策和探索计划的披露则是对"外空活动信息公开透明"原则的呼应。如本书前文所述，"外空活动信息公开透明"原则并非国际社会普遍认可的外空法基本原则，但是对于外空安全

---

〔1〕 对"为和平目的探索和利用外空"法律原则及《外空条约》此款规定的具体分析，参见本书第二章第二节的内容。

〔2〕 作为外空合作成功的典范，欧空局在其基础性条约中采用了"仅用于和平目的"的说法，《欧空局公约》序文第 3 段规定："成员国应（专）为和平目的（exclusively peaceful purpose）促进欧洲在空间研究、空间技术及其应用领域的合作。"虽然这一规定很难排除欧空局相关合作活动实际上被用于相关军事目的的可能性，但是这一规定对欧空局的定位在很大程度上保障了这一区域性空间合作组织的成功。《阿尔忒弥斯协定》的这一规定与欧空局的做法类似，其实际上能否起到相同的作用尚未可知。有关欧空局相关法律原则及其合作活动的具体分析，参见聂明岩："欧空局的重要法律措施对亚洲空间合作的启示"，载《北京理工大学学报（社会科学版）》2016 年第 4 期，第 120~125 页。

保障，尤其是防止外空武器化和军备竞赛而言，这一原则的重要作用不容小觑。[1]《阿尔忒弥斯协定》在总体框架设计上着眼于对月球及其他天体的探索和开发，并明确提出了遵守"仅用于和平目的"规则，此节对于"外空活动信息公开透明"原则进行了规定，进一步塑造了协定自身的民用特征，同样有利于吸引合作伙伴的加入。

（4）宇航员救助原则。《阿尔忒弥斯协定》第6节对宇航员紧急情况的救助进行了规定，提出应按照《营救协定》的要求对处于危难中的人员提供救助。载人登月并建立永久的开发基地是《阿尔忒弥斯协定》合作计划的重要内容，因此，对于人员的救助是保障相关活动安全开展的应有之义。本节对"宇航员救助原则"的接纳在一定程度上也揭示了外空安全的内涵在载人航天活动的增多以及深空探测技术发展背景下的不断拓展。

（5）外空不得据为己有原则。《阿尔忒弥斯协定》第10节对外空资源的获取和使用进行了说明。提出获取月球以及火星、小行星及其他天体资源将惠益全人类，并且有利于支持外空活动的安全和可持续开展。此外，对于月球等天体资源的获取和使用不构成《外空条约》第2条所禁止的据为己有行为，亦不违反相关原则要求。本节规定通过引入"外空活动全人类共同利益"原则并对其进行扩大解释，[2]强化协定框架下合作活动开展的合法性，同时弱化违反另一原则（即"外空不得据为己有"原则）的嫌疑。美国期待借助《阿尔忒弥斯协定》这一具备多边性质的倡议向国际社会推出其对于相关外空法原则的理解，从而绕开外空国际条约体系对其计划开展的月球开发和探索活动可能构成的限制，结合前述有关《2015法案》的相关分析可以看出，美国的一系列单方面措施正潜移默化地发挥其所期待的作用。

2. 履行现行外空国际条约和协议确定的相关义务的规定

除了呼应现行外空国际条约确定的诸多基本原则之外，《阿尔忒弥斯协定》也规定了合作活动中应履行的现行条约及其他国际协议的义务。

（1）外空物体登记义务。《阿尔忒弥斯协定》第7节规定了签字国应履行

---

[1] 对"外空活动信息公开透明"原则的具体分析，参见本书第二章第七节的内容。

[2] 依据《阿尔忒弥斯协定》第10节第1项的规定，对外空资源的使用可以为安全和可持续运营提供有力支持，因此可以惠益全人类。这在某种程度上扩大解释了"外空活动全人类共同利益"原则。

对外空物体进行登记的义务,提出签字国应依据《登记公约》的规定确定由哪方主体对相关外空物体进行登记,对于涉及非《登记公约》缔约国的签字国所从事的活动,则应与该非缔约国进行协商,确定适当的登记方式。

(2)空间碎片减缓措施。《阿尔忒弥斯协定》第12节要求签字国履行空间碎片减缓承诺,对任务操作中和结束后的空间碎片进行处理,并避免意外解体等。这些要求与《IADC指南》以及《外空委准则》一致,但由于这两份文件并不具有国际法效力,本节规定并未对其进行引入。在协定框架下的合作活动实际操作过程中,签字国是否按照《IADC指南》或《外空委准则》的规定采取适当措施或以之为基础制定更为详尽的措施还有待实践检验。不过,协定的此节规定也进一步说明了国际社会对空间碎片减缓认识的一致性。

3. 提出未来开展月球及其他天体开发和探索活动过程中应遵守的行为规则框架

除对现行国际条约确定的相关义务进行履行之外,《阿尔忒弥斯协定》针对月球及其他天体开发及探索活动的开展规定了几项守则。

(1)互操作能力。燃料储存、传输系统、登陆设施、通信系统以及能源系统等设备、设施标准的一致性及可互操作性对于合作项目的开展至关重要。因此,协定要求各签字国尽力制定并遵守可以进行相互操作的标准。这一活动准则的设置极为必要,但存在一定的实施难度,其中最为显著的问题可能出现在私人实体参与相关活动的过程中。以国家为主体开展的合作活动一般要遵守较高的技术要求和标准,尤其是在相关活动无法避免战略和军事目的的情形下,标准会更为严苛。在不同国家主体之间追求互操作目标具有一定的可行性,但是这种对互操作性的要求不宜过早施加给私人实体,否则可能会阻碍相关领域商业活动的开展。[1]《2020行政命令》包括《阿尔忒弥斯协定》都致力于推动与非政府部门的全面合作,虽然《阿尔忒弥斯协定》第5节对于互操作能力的提议目前仅针对签字国,但未来势必与私人实体进行衔接,如何处理好这一衔接的过程值得思考。

(2)外空遗产保护。所谓外空遗产是指具有一定历史意义的人类或者机

---

[1] Jeff Foust, "What's in a Name When It Comes to an 'Accord'?", The Space Review, 13 July, 2020, https://www.thespacereview.com/article/3987/1.

器曾在天体着陆的站点、人造物、航天器以及其他活动痕迹。《阿尔忒弥斯协定》希望通过此项具有倡议性的规定,推动各国进一步发展保护外空遗产的国际规则和最佳实践。从当前情况看,有能力进行月球及其他天体开发的国家和国际组织数量有限,已经登陆月球及其他天体的国家更是屈指可数。如何认定外空遗产并在多大程度开展保护?如果某国外空遗产所处位置与他国未来开发活动选址发生冲突如何处理?这些都是需要进一步探讨的问题。

(3)避免空间活动的冲突。避免月球及其他天体开发过程中的冲突(第11节)是《阿尔忒弥斯协定》确定的最为重要的一项活动准则,也是协定所有规定中细节性最充分的。第11节的法律基础是《外空条约》关于避免有害干扰的注意义务的规定,但是本节规定在此基础上做了诸多细化,除了引入《2019准则》之外,还提出了安全区的设置。本节规定对未来月球及其他天体开发安全保障有重要意义,是月球及其他天体这一维度的保障外空活动安全(Safety)与可持续性的重要内容。对此,下文将予以专门分析。[1]

4. 关于协定履行的规定

《阿尔忒弥斯协定》并非国际条约,而是以提议作出政治承诺的方式确定各方在月球及其他天体开发合作过程中应遵守的原则。为了有效推动各国遵守这些原则,协定规定了专门的执行条款,提出各签字国可以通过签订谅解备忘录、在已有政府间条约基础上制定执行安排、推动空间主管当局间安排或以其他方式推动合作活动开展。

《阿尔忒弥斯协定》是美国单方面发起,多国参与的一项国际文件。其本质是对美国国内系列政策的执行,协定参与国承诺遵守的原则在很大程度上是美国的国内原则,但是通过这种操作方式,美国使其国内原则具备了国际性特征。为避免与现行国际条约确定的原则和规则产生巨大冲突,协定纳入了多数国际外空法原则并明确了对相关条约义务的履行。但无法回避的问题是,针对《阿尔忒弥斯协定》的最主要目标(即月球及其他天体资源的开发)并不存在内涵明确的国际原则和规则。因此,协定的做法并不能完全解决国际社会的争议。几乎在美国推出《阿尔忒弥斯协定》的同时,中、俄联合宣布了月球科研站建设计划,针对月球的探索提出了基

---

[1] 参见本章第三节的内容。

本思路。从月球及其他天体开发活动角度看，美国与中、俄两大阵营并存格局已经形成，而这一格局必然会影响国际规则的制定。显然，以《阿尔忒弥斯协定》这一涉嫌违反现行外空国际法原则和规则的文件作为未来月球及其他天体开发国际规则的模板的思路很难得到中、俄的认可。而规则的缺失是否会引发两大阵营对月球及其他天体开发的争夺，使这一全新领域的活动陷入不稳定的无序状态？如何推动保障月球及其他天体开发活动安全规则的制定？这些都是值得思考的问题。

三、月球及其他天体探索开发的双轨格局形成及其对国际规则制定的挑战

（一）中、俄月球科研站计划："人类命运共同体"理念下的开放性国际合作计划

国际月球科研站概念的提出最早可以追溯至 2016 年，其基本思路与南极、北极科考站类似，致力于开展多学科、多目标科研工作。[1]中、俄合作建设月球科研站的思路则于 2020 年 7 月在两国航天局局长会面时提出，此后不久，中、俄成立工作组，从科学、工程及法律方面进行论证。[2]至 2021 年 3 月 9 日，双方航天局局长签署了《关于合作建设国际月球科研站的谅解备忘录》，明确双方将秉持"共商、共建、共享"原则，推动广泛合作，并向所有感兴趣的伙伴开放，加强科学交流，推动外空和平利用。[3]同年 4 月，两国航天机构发布联合声明；6 月，双方向国际社会公布了合作路线图和国际合作伙伴指南。依据研究者的预测，中、俄双方有望在 2022 年签署具备法律约束力的双边合作协议。[4]

从目前公布的文件内容看，中、俄月球科研站的法律原则和规范仍较为模糊，但从双方公布的谅解备忘录以及国际合作伙伴指南的内容看，未来月

---

[1] "国家航天局：完成勘察后再用十年左右完成月球科研站设施建设"，载 https://www.thepaper.cn/newsDetail_forward_16495247，最后访问日期：2022 年 7 月 8 日。

[2] "中俄发布关于合作建设国际月球科研站的联合声明"，载 http://www.mod.gov.cn/topnews/2021-04/24/content_4883874.htm，最后访问日期：2022 年 7 月 8 日。

[3] "中俄两国签署合作建设国际月球科研站谅解备忘录"，载 http://finance.people.com.cn/n1/2021/0309/c1004-32047188.html，最后访问日期：2022 年 7 月 8 日。

[4] "国际月球科研站进展如何？中俄有望今年签署协定"，载 https://www.bjnews.com.cn/detail/164334660814554.html，最后访问日期：2022 年 7 月 8 日。

球科研站的建设应遵守如下外空国际法原则：

（1）为和平目的探索和利用外空原则。中、俄月球科研站合作的主要目的是科学研究，从现行国际条约的规定看，科学技术合作是外空合作的一个重要组成部分。[1]从以往的合作经验看，以科学研究为合作内容的机构和项目一般都秉持"仅用于和平目的"的做法，前文所述欧空局的例子便是如此，与中、俄月球科研站合作项目并行的《阿尔忒弥斯协定》也采纳了"仅用于和平目的"的说法。为此，可以推测，未来中、俄月球站的法律框架体系会纳入同样的法律原则和表述。

（2）外空国际合作原则。中、俄双方共同开展月球科考活动是双边合作模式，但是这一项目向世界所有感兴趣的合作伙伴开放，具有多边合作的潜力和特征。依据1967年《外空条约》包括1996年《国际合作宣言》的规定，外空国际合作的基本模式、思路和理念已经较为清晰，中、俄月球站合作的开展在遵循上述原则、理念的基础上，创造性地引入了"共商、共建、共享"的合作思路，这是"人类命运共同体"理念在具体合作项目中指导意义的体现。"共商、共建、共享"分别从前提条件、实施路径以及宗旨目标三个方面最大限度地保障合作方的利益，有利于吸引更多的合作伙伴，塑造多元化、综合性的多边沟通模式。

（3）外空不得据为己有原则。与《阿尔忒弥斯协定》期待针对月球及其他天体资源进行开发和利用不同，中、俄月球站合作的主要内容是科学研究。从两国目前公布的文件资料看，科研站未来合作的分类也主要限于科学技术层面，[2]不涉及资源开发和利用。而针对《阿尔忒弥斯协定》的相关计划，中、俄两国持谨慎态度，俄罗斯批评其具有殖民主义色彩，认为美国试图借此入侵月球，我国则认为对月球资源进行攫取的行为是美国希望在月球主张主权的表现。[3]中、俄月球站计划中有限的关于月球资源利用方面的问题主

---

[1]《外空条约》序言第4段规定："希望在和平探索和利用外层空间的科学和法律方面，促进广泛的国际合作……"

[2] 参见《国际月球科研站合作伙伴指南》，V1.0版，2021年6月，第14~15页。

[3] 对世界主要国家对《阿尔忒弥斯协定》态度的分析，See Almudena Azcárate Ortega, "Artemis Accords: A Step Towards International Cooperation or Future?", Lawface, 15 December, 2020, https://www.lawfareblog.com/artemis-accords-step-toward-international-cooperation-or-further-competition.

要针对月球原位资源[1]，例如就地取材建立站点等，其主要目的仍是从事科学研究。对比南极科考站的建设，世界各国在建设过程中同样利用了南极当地的一些资源，但是并未开采，各国也未进行主权主张。[2]当然，随着世界各国（包括私人实体）对月球探索和开发活动的增加，原位资源利用与资源开采之间的关系如何界定也将是一个需要谨慎解决的问题。

总的看来，中、俄月球科研站建设遵循了构建"人类命运共同体"，尤其是外空命运共同体的理念。而这一理念与现行外空国际法原则相契合，且在很大程度上升华了相关原则内涵。随着中、俄双边协议的签署以及更多国家的参与，合作各方自然会推动提出更为综合的原则，并在原则基础上制定详尽的规则。

（二）美国 vs. 中、俄：制定月球探索及开发国际规则的竞争与合作

美国发起的《阿尔忒弥斯协定》与中、俄月球科研站计划虽然在本质上存在区别，但具体活动形式有类似之处，基本已经形成了美国与中、俄对月球探索和开发的竞争状态，[3]但活动的竞争状态是否必然导致国际规则制定的竞争和冲突仍是值得详细探讨的问题。

《阿尔忒弥斯协定》是美国在《2015 法案》、2017 年《空间政策指令》以及《2020 行政命令》等一系列国内政策及法律的基础上提出的国际合作倡议。其签字国以政治承诺的方式认可其确定的月球及其他天体开发的相关原则和规范，这种提出方式在国际规则制定过程中有先发制人的作用。作为签字国，其认可的更多的是美国主导的原则和规则，[4]即便这些原则有可能与现行国际条约的规定存在差异。从目前协定的 25 个签字国的情况看，其中不乏日本、韩国等具有一定空间实力的亚洲国家，英国、意大利和卢森堡等欧洲国家以及澳大利亚、新西兰和加拿大等具备一定空间能力的发达国家。与

---

[1]《国际月球科研站合作伙伴指南》，V1.0 版，2021 年 6 月，第 12 页。

[2] Keith Cowing, "What are the Artemis Accords and Why We Need Them?", SpaceRef, 17 May, 2020, http://spaceref.com/artemis/what-are-the-artemis-accords-and-why-do-we-need-them.html.

[3] "中俄将签协定合建月球科研站：联手在航天领域与美国竞争"，载 https://www.kzaobao.com/cngov/2022-01/29109478.html，最后访问日期：2022 年 7 月 10 日。

[4] Ram S. Jakhu, "Artemis Accords: Challenges and Opportunities", McGill University Institute of Air and Space Law, 10 July, 2020, https://www.mcgill.ca/iasl/files/iasl/ram_jakhu-presentation_at_iasl-iaass_webinar-10jul20-final.pdf.

《月球协定》的缔约国（到目前为止同样为18个）情况相比，[1]《阿尔忒弥斯协定》仅用约3年的时间便获得了25个国家的认可，且其中包括数个有一定外空活动能力的国家，显然更具有进一步发展的优势。诸多美国学者认为，《阿尔忒弥斯协定》开启了月球及其他天体合作的新篇章，以其为基础，可以有效避免冲突，进一步达成多边共识，协定提出的诸多原则也将为保障活动的和平开展做出贡献。[2]

应当明确的是，虽然《阿尔忒弥斯协定》拥有25个签字国，表现出了多边模式，但是协定本身仅仅是一项政治承诺。具备法律约束力的协议仍以美国和签字国的双边模式为主，这本质上仍是以美国为中心的合作模式。[3]另外，《阿尔忒弥斯协定》摒弃了传统外空活动国际协定谈判的平台（即联合国外空委），事实上排除了多边谈判的可能性，客观上在月球及其他天体开发和探索活动中塑造了同意、接受和不同意《阿尔忒弥斯协定》的两个对立群体。[4]换言之，通过《阿尔忒弥斯协定》，美国不仅仅想获得制定国际规则的主导权，而且期待以其国内政策和规则为主，塑造新的月球及其他天体开发的国际规则，这在客观上对包括中、俄在内的其他国家提出了巨大挑战。

中、俄月球科研站以合作项目的方式提出，两国虽联合发布了相关文件，但并未提出新的原则和规范。科研站项目以科学研究为目的，因此与现行外空法原则和规则不构成冲突。目前为止，科研站项目计划的参与国仅有中、俄两国，相关法律规则仍以处理双边关系为主，即便未来有更多国家参与其中，以科研项目为基础开展的合作活动的法律原则与规则的制定仍有相对成

---

[1] 至目前为止，《月球协定》有18个缔约国，分别为：亚美尼亚、澳大利亚、奥地利、比利时、智利、哈萨克斯坦、科威特、黎巴嫩、墨西哥、摩洛哥、荷兰、巴基斯坦、秘鲁、菲律宾、沙特阿拉伯、土耳其、乌拉圭以及委内瑞拉。See "Status of International Agreements Relating to Activities in Outer Space", as at 1 January, 2021, A/AC. 105/C. 2/2021/CRP. 10, 31 May 2021.

[2] Almudena Azcárate Ortega, "Artemis Accords: A Step Toward International Cooperation or Further Competition?", Lawfare, 15 December, 2020, https://www.lawfareblog.com/artemis-accords-step-toward-international-cooperation-or-further-competition.

[3] Christopher Newman, "Artemis Accords: Why Many Countries are Refusing to Sign Moon Exploration Agreement", The Conversation, 19 October, 2020, https://theconversation.com/artemis-accords-why-many-countries-are-refusing-to-sign-moon-exploration-agreement-148134.

[4] Almudena Azcárate Ortega, "Artemis Accords: A Step Toward International Cooperation or Further Competition?", Lawfare, 15 December, 2020, https://www.lawfareblog.com/artemis-accords-step-toward-international-cooperation-or-further-competition.

第五章 月球及其他天体安全开发的国际法规则：单边措施对国际规则的挑战

功的先例可循，[1]加之对"共商、共建、共享"等"人类命运共同体"理念的践行，中、俄月球科研站可以最大限度地协调好合作伙伴之间的关系。但是，存在的风险在于如何应对《阿尔忒弥斯协定》合作框架带来的挑战。以《阿尔忒弥斯协定》为基础的合作活动不断突破现行外空国际法原则和规则，对资源的实际开采和利用是未来发展的必然趋势。对此，中、俄合作项目自然不能无视。科学合作发展至一定程度也可能有资源开发的诉求，尤其是目前无法断定未来是否存在同时参与美国和中、俄项目的国家。因此，中、俄应以月球站项目合作为基础，以联合国外空委为平台，推动相关国际规则的制定和完善。鉴于国际规则制定完善谈判的漫长过程，中、俄同样有必要推动与《阿尔忒弥斯协定》框架项目的合作，并就双方之间可能达成合意的科学研究、非敏感技术以及应急救援和协助等问题形成规则体系。

综上所述，《阿尔忒弥斯协定》对现行国际法原则和规则提出了挑战，但是作为类似项目的发起者，中、俄将月球科研站项目的开展置于现行国际法规则框架下，并期待通过吸纳更多伙伴广泛参与合作的方式推动新的国际规则的制定。从这个意义上讲，月球探索和开发双轨格局的形成并不必然引起关于国际规则制定的竞争。不过，两个不同的合作框架并存可能会在有效国际规则暂时缺位的背景下引发一定的混乱或冲突，如何有效避免混乱和冲突仍有赖于双方的进一步沟通和协调。

第二节 从月球资源开发到地月空间战略布局：月球及其他天体开发完全非军事化面临的现实挑战

美国提出的《阿尔忒弥斯协定》以及中、俄提出的月球科研站计划的主要对象是月球及其他天体，且主要原则和规则专注于资源开发与科学技术探索。从保障外空安全的角度看，能在世界上最重要的空间强国（如中、美、

---

[1] 例如，至目前为止合作较为成功的外空项目国际空间站。围绕国际空间站建设便形成了一套以美国为主导的行之有效的国际规则框架体系。对国际空间站法律框架的介绍和分析，See Alain Dupas, "International Cooperation in Space Exploration: Lessons from the Past and Perspectives for the Future", in Kai-Uwe Schrogl, Charlotte Mathieu, Nicolas Peter (eds.), *Yearbook on Space Policy (2007/2008): from Policies to Programs*, Springer Verlag, 2009, p. 175.

俄）之间达成有关月球探索和开发的一致意见并最终形成世界多数国家认可的有效国际规则本身便是对月球（包括其他天体）活动安全、稳定开展的最大保障。即便在短时间内无法实现这一目标，也要在最大限度内维持相对的平衡，为各国在月球上活动的安全开展创造条件。

从现行外空国际条约的角度看，以《外空条约》为基础确定的外空安全保障法律体系虽然在名义上涵盖了外层空间（包括月球及其他天体），但实际上至目前为止起作用的范畴仅限于地球静止轨道之内，且针对对象为卫星等外空物体。因科技水平所限，目前世界各国在月球和其他地外空间并未开展实质军事活动，所以现行相关条约虽有涉及，但并未做详尽规定。然而，随着各国探月活动的不断开展，以美国为代表的空间强国开始关注从地球静止轨道至月球这一广阔地月空间的战略意义，并将未来对此空间的利用视为外空活动的2.0时代。[1]显然，这一转变将极大地撼动现有条约体系已经确定的将地球静止轨道圈层之下以及月球这一天体分别视之的点状安全保障机制，同时对已经提上日程的月球开发规则（尤其是与军事利用等安全层面相关的规则）的制定产生影响。

一、美国对地月空间的战略布局及其对月球及其他天体安全开发的潜在影响

（一）美国的地月空间战略布局

早在20世纪50年代，美国军方便曾针对月球的军事利用进行过论证，并提出了"地平线计划"，讨论在月球上建立科技和军事基地的可行性，以保障美国在月球的利益，不过，此后美国将外空探索项目转移给NASA，该计划也随之被取消。[2]随着外空活动的不断开展以及一系列国际条约的通过，和平利用外层空间的理念逐渐被世界各国认可，对于月球探索和开发而言，越来越多的决策者和研究者开始认识到围绕月球开展的武力部署远不及其民、

---

[1] Malcolm Davis, "Avoiding A Free-for-all: The Outer Space Treaty Revisited", Australian Strategic Policy Institute, 16 July, 2018, https://www.aspistrategist.org.au/avoiding-a-free-for-all-the-outer-space-treaty-revisited.

[2] See "Project Horizon Reports", https://airandspace.si.edu/collection-archive/project-horizon-reports/sova-nasm-2020-0031; Fred L. Borch, "Soldiers on the Moon? The Army's Strange but True Plan for a Lunar Outpost", https://armyhistory.org/soldiers-moon-armys-strange-true-plan-lunar-outpost.

第五章　月球及其他天体安全开发的国际法规则：单边措施对国际规则的挑战

商事用途更有意义。[1]对此，无论是美国主导的《阿尔忒弥斯协定》还是中、俄倡议的月球科研站项目都并不否认。不过，也正如学者所意识到的那样，商业活动的开展必然伴随冲突和争议，[2]在月球探索和开发的参与者不断增加，尤其是中、俄与美国呈现出在月球探索和开发过程中并存和竞争的背景下，美国逐渐意识到其可能在竞争中丧失原有的在外空活动中的领导优势。有学者甚至将中国的嫦娥-4号成功探索月球背面比作新时代的斯普特尼克I号的成功。[3]因此，美国包括诸多其他《阿尔忒弥斯协定》参与国开始将注意力转移到其在月球的利益保护问题上，月球的战略意义再次被关注，与"地平线计划"有所不同的是，此次美国相关方将目光拓展到了范围更广的地月空间。

2020年7月，美国空军研究实验室以及美国太空军等机构联合举办了一个汇集150名来自工业界、政府和学术界的思想领袖的虚拟论坛，并公布了名为《2020年空间工业基地状况：采取行动维持美国经济、军事在外空领导地位的时机》的报告。[4]报告指出，美国正面临其他国家对其在外空活动中的领导地位的挑战，针对地球静止轨道之上的广阔地月空间，越来越多的国家已经具备了抢占这一新的战略制高点的能力。[5]因此，美国有必要展开行动，在明确地月空间外空资产的重要意义及巨大经济潜力的同时，也应重视在此区域的军事利用，以保障其开展活动的安全。

在地月空间战略布局中，美国太空军的作用逐渐凸显。作为一个新设军种，太空军不断与其他外空活动主管部门进行协调和磨合。2020年9月，太空军与NASA签订了谅解备忘录，对二者之间的关系及合作领域进行了说明，其中明确提到NASA开展的活动已经超越国际空间站，到了月球表面、地月

---

[1] Leonard David, "Military Interest in the Moon is Ramping up", 6 December, 2021, https://www.space.com/military-interest-moon-cislunar-space.

[2] Leonard David, "Military Interest in the Moon is Ramping up", 6 December, 2021, https://www.space.com/military-interest-moon-cislunar-space.

[3] Taya Copp, "If China and the US Claim the Same Moon-Base Site, Who Wins?", Defense One, 8 August, 2021, https://www.defenseone.com/technology/2021/08/if-china-and-us-claim-same-moon-base-site-who-wins/184352.

[4] "State of the Space Industrial Base 2020: A Time for Action to Sustain US Economic & Military Leadership in Space", summary reported by Brigadier General Steven J. Butow, Dr. Thomas Cooley, July 2020.

[5] "State of the Space Industrial Base 2020: A Time for Action to Sustain US Economic & Military Leadership in Space", summary reported by Brigadier General Steven J. Butow, Dr. Thomas Cooley, July 2020.

空间以及其他不同天体之间,太空军的建设目的为组织、培训和装备并提供资源以保护和防卫位于地球静止轨道和地球静止轨道之上有损美国利益的行为。因此,两个机构之间进行的协调是保障在这一遥远的新疆域安全开展活动的关键。[1]综上,可以看出,美国已经重新协调了部门间的职能,并赋予了地月空间重要的战略意义,在未来的活动开展中,这一空间与地球静止轨道内的空间一样,同时具备民、商事以及军事多重功能,并且这些功能之间相互交叉、互相影响。从目前的政策指引以及学术界的讨论看,美国未来在地月空间的战略布局可以被概括为基础设施建设、监测系统部署以及法律规则制定三个方面。

(1) 地月空间基础设施建设。与已经被充分利用的近地轨道以及地球静止轨道不同,目前世界各国对地月空间的利用仍处于初级阶段。因此,基础设施建设不仅仅是探索开发地月空间的前提,第一个在地球静止轨道与月球之间建立满足通信、导航以及态势感知要求的基础设施并具备运输能力的国家同时也将具备控制地月空间,尤其是拉格朗日点以及月球资源的优先能力。[2]这是美国期待的保障其在该空间领域活动绝对安全的重要物质前提。同时,对于月球资源的安全及有序开发也可以反过来助力外空民事、商业和安全战略的其他方面。

(2) 地月空间监测系统部署。为在地月空间建立监测系统以保障本国军事战略优势,同时维护外空活动的安全,2021年5月,美国空军研究实验室发布了一份针对从事外空军事相关活动的人员的文件,提出在地月空间的计划、能力建设和运营理念构建等。[3]由此可见,美国不仅从理论上将地月空间纳入具有军事目的的发展战略,而且已经开始了具体行动。从理论上看,地月空间可供军事战略目的利用的对象包括月球基地、月球轨道、拉格朗日点以及运输轨道等。[4]然而,无论从《阿尔忒弥斯协定》还是中、俄月球科

---

[1] "Memorandum of Understanding between the National Aeronautics and Space Administration and the United States Space Force", September 2020.

[2] Laura Duffy, James Lake, "Cislunar Space Power, the New Frontier", Space Force Journal, 31 December, 2021, https://spaceforcejournal.org/3859-2.

[3] M. J. Holzinger, C. C. Chow, P. Garretson, *A Primer on Cislunar Space*, 3 May, 2021.

[4] Laura Duffy, James Lake, "Cislunar Space Power, the New Frontier", Space Force Journal, 31 December, 2021, https://spaceforcejournal.org/3859-2.

第五章　月球及其他天体安全开发的国际法规则：单边措施对国际规则的挑战

研站计划的内容看，月球基地都主要被用于科学研究或者商业开发目的，在其他诸如月球轨道等位置部署的设施也主要是为月球上的活动提供支撑，虽然不同国家在月球建立基地存在选址重叠从而导致冲突的可能性，但这也仅限于开发活动安全（Safety）保障范畴，不涉及军事利用问题。不过，从战略角度看，有学者认为上述位置都具有军事制高点的优势。[1]例如，月球背对地球的一面是绝佳的监测地点；在月球轨道部署设施则可作为地球和月背之间的通信保障；在拉格朗日点部署设施可以清晰监测在地球和月球上的活动等。[2]鉴于这些空间以及轨道资源的有限性，最先占据的国家可以获得绝对的战略优势，可以将月球和地球上的一切活动尽收眼底，以防止其他国家开展敌对或危险行动，进而保障本国在此空间开展活动的安全。

（3）国际规则构建。美国以近乎竞赛的方式开展地月空间应用规划，其本质是期待占据先发优势，从资源开发、科学研究以及军事利用层面全面领先竞争对手，将其他国家对其可能造成的威胁降到最低。而在活动和技术上的全面领先优势也必然为其垄断规则的制定提供可能。有不少美国学者提出，地月空间目前所处的状态类似于当年的美国西部，没有任何有效规则可言。因此，最先在此空间部署设施并开展活动的国家，便有机会塑造未来的国际规则。作为在人类外空时代开启以来便长期占据领导地位的美国而言，其当然不希望对手国家为其设定规则。[3]这一说法完全排除了现行外空国际条约对地月空间活动的适用，具有相当的片面性。然而，美国通过制定和推出《2015法案》、2017年《空间政策指令》《2020行政命令》以及《阿尔忒弥斯协定》等国内法律政策措施或内部倡议的形式不断挑战现行有关月球及天体资源开发和利用的国际规则，在很大程度上弱化了现行国际规则。以《阿尔忒弥斯协定》为基础，美国军方开始了在地月空间的具有军事目的的战略布局，在《外空条约》等国际规则自身存在诸多缺陷的情况下，美国的行动和

---

[1] Leonard David, "Is Earth-Moon Space the US Military's New High Ground?", 17 September, 2020, https://www.space.com/earth-moon-space-us-military-high-ground.html.

[2] Laura Duffy, James Lake, "Cislunar Space Power, the New Frontier", Space Force Journal, 31 December, 2021, https://spaceforcejournal.org/3859-2.

[3] Paul D. Spudis, "The Moon's Role in the New US Space Force: The Military Implications of a Lunar Return", Smithsonian Magazine: Air& Space Magazine, 17 August, 2018, https://www.smithsonianmag.com/air-space-magazine/moons-role-new-us-space-force-180970056.

措施必然会对包括月球在内的天体开发以及相关规则的制定产生巨大影响。

（二）地月空间战略布局对月球及其他天体安全开发的潜在影响

虽然美国提出的对地月空间的全新战略以服务月球及其他天体的开发为主要目的，但是这一带有军事利用色彩的布局已经超出了《阿尔忒弥斯协定》确定的"仅用于和平目的"的范畴，并且在客观上对专注于科学研究以及资源利用的月球及其他天体开发进程产生了深刻的影响。

（1）美国通过出台系列国内政策以及推动诸多职能部门，尤其是主管军事活动的相关机构的广泛参与，已经将原本以月球及其他天体资源开发为主要目标的《阿尔忒弥斯协定》框架下的活动扩展到了整个地月空间。月球探索包括月球资源的开发已经不仅仅是独立存在的活动了，而是综合了从地球静止轨道到月球这一更为广泛的范围。从美国对地月空间战略布局的总体思路看，除了涉及对月球表面的活动安全的保障之外，其覆盖范围同时还包括月球轨道、地月空间本身、地球静止轨道以及地球上的相关活动的安全。[1] 这种将原本相对独立的活动进行一体化联系的做法无疑会对未来的开发探索及法律制定产生巨大影响。

（2）美国地月空间战略的提出主要是基于其自身以及对《阿尔忒弥斯协定》参加者利益的考量，同时要保障美国在外空活动中的领导地位。在这一理念的指引下，美国及其盟友能够采取的措施是尽最大可能加强在地月空间的部署，在各个方面占据先发优势，从而保障威慑能力的实现，以阻止其他国家对其活动的破坏。[2] 这实质上是确定了以美国及《阿尔忒弥斯协定》的参与国在地月空间活动的绝对安全为目标的战略思路，并将其他非《阿尔忒弥斯协定》的参与者开展的项目和活动视作潜在的竞争对手和对其安全的威胁，其结果很可能是引发针对地月空间开发的外空竞赛。

---

[1] 有研究者指出，美国之外的国家，尤其是美国的对手国家在地月空间布置的外空物体在现存的专注于地球静止轨道的空间态势感知系统中是无法探测到的，而这些在地月空间运行的物体，也有可能返回来攻击地球静止轨道上的空间物体，例如军用卫星等。这样的推断虽然有些牵强，但在技术上是有可行性的。See Erin Marquis, "Moon Patrol: U.S. Military to Extend Its Reach 239,000 Miles into Space", Jalopnik, 8 March, 2022, https://jalopnik.com/moon-patrol-u-s-military-to-extend-its-reach-239-000-1848622196.

[2] Malcolm Davis, "Avoiding a Free-for-all: The Outer Space Treaty Revisited", Australian Strategic Policy Institute, 16 July, 2018, https://www.aspistrategist.org.au/avoiding-a-free-for-all-the-outer-space-treaty-revisited.

第五章　月球及其他天体安全开发的国际法规则：单边措施对国际规则的挑战

（3）美国主导外空活动的部门（包括军方相关部门）将地月空间视为人类外空活动的一个全新领域，并且从技术和法律两个层面强调这一空间的特殊性。以《外空条约》为代表的国际空间条约的相关规定从理论上看可以涵盖这一空间，但很明显，依据美国对该空间的战略部署，现行条约的规定能够起到的作用十分有限。[1]美国及其盟友完全可以通过未来实践进一步证明这一全新空间活动性质的特殊性，并通过对现行规定中较为模糊的规则进行解释的方式构建一套有利于其自身的规则和最佳实践。这将对数量更为巨大的其他国家的活动产生深刻影响。

（4）无论是对地月空间活动先发优势和绝对安全目标的追求还是对地月空间进行科学和法律层面的全新定性，其最终结果都是导致以美国为主的部分国家对该领域相关活动和诸多问题产生垄断性优势。而一旦具备此种垄断性优势，便很难期待美国及其盟友将诸多需要国际社会关注并解决的问题诉诸联合国外空委等多边场合，而若想打破垄断，中、俄主导的相关项目（例如月球科研站）则肩负着与之竞争甚至竞赛的责任。然而，开展外空竞赛并不符合中、俄项目的初衷，同时，竞争尤其是竞赛的结果往往并非秩序的建立，而是冲突的加剧。

二、美国地月空间战略布局对月球及其他天体完全非军事化规则的挑战

美国地月空间战略布局可能对月球及其他天体开发活动国际规则的适用和完善带来巨大影响。但是，无论美国试图通过何种国内和内部措施摆脱现行国际规则对其行动的限制，都无法否认其作为1967年《外空条约》缔约国的身份以及对"为和平目的的探索和利用外空"这一外空法基本原则的认可，尤其是《阿尔忒弥斯协定》自身便纳入了"仅用于和平目的"的说法。但是，如上所述，现行国际规则仍以割裂的方式将外层空间和月球等天体单独对待，这已经与美国对地月空间的战略设想无法契合了。如果将地球静止轨道至月球表面并包括月球的这一广阔空间和天体视为一个整体的话，就会发

---

[1] 正如研究者所指出的那样，《外空条约》需要焦虑的问题是，主要空间强国的竞争已经逐渐转移到了地月空间这一新的区域。See Malcolm Davis, "China, the US and the Race for Space", Australian Strategic Policy Institute, 12 July, 2018, https://www.aspistrategist.org.au/china-the-us-and-the-race-for-space.

现以 1967 年《外空条约》为主确定的保障外空活动和平与安全的法律原则及规定面临巨大挑战。

（一）地月空间的军事利用与月面的完全非军事化的冲突

为和平目的探索和利用外层空间是《外空条约》确定的基本原则，也是本书在前文中重点分析的保障外空安全的基本法律原则之一。[1]但也正如前述，虽然"和平目的"的说法被提出来了，但是对于地球静止轨道和广阔的外层空间而言，这一说法的内涵相当具有局限性。

国际社会对《外空条约》确定的"和平目的"一般理解为"非侵略性"而不是"非军事化"。[2]事实上，这一解释的作出同样源自美国。1962 年，美国参议院在联合国大会第一委员会所作的一项声明中提出，美国坚持对外层空间的和平利用（即非侵略及有益目的的利用），对于外层空间开展军事活动的认识不能脱离地球上的军事活动问题，为了在这两种环境中消除这些活动，世界各国应继续努力，在适当的保障下全面和彻底地裁军，在此之前，在外层空间开展的活动不应以军事或者非军事进行区分，而应看其是否违反了《联合国宪章》以及其他国际规则的义务，[3]这一论断同样适用于地月空间活动的开展。

《外空条约》第 4 条第 1 款禁止在地球静止轨道和天体部署核武器和大规模杀伤性武器，但未对相关概念作出说明，亦未禁止其他类型常规武器的部署和使用。这种具有局限性的外空军控规定至今仍未得到完善，即便中、俄《PPWT 草案》意识到了这一问题，并进行了具有针对性的规定，但由于不同国家之间争议过大，目前有关该草案的谈判和讨论进程已陷入停滞。[4]从各国的实践情况看，在外空部署大规模杀伤性武器之外的常规武器的做法并不常见，但是通过反卫星试验的方式掌握打击外空物体能力的做法较为常见。《外空条约》第 4 条第 2 款确定了月球及其他天体活动的"绝对和平目的"规则，这也奠定了在月球及其他天体开展活动的完全非军事化的基础，同样适

---

〔1〕 参见本书第二章第二节的内容。

〔2〕 See Diederiks I. H/ph. Verschoor, *An Introduction to Space Law* (Second Revised Edition), Kluwer Law International, 1999, pp. 140~141.

〔3〕 See Bin Cheng, "The Legal Status of Outer Space and Relevant Issues: Delimitation of Outer Space and Definition of Peaceful Use", 11 *Journal of Space Law*, 89, 99 (1983).

〔4〕 对《PPWT 草案》的介绍和分析，参见本书第三章第一节的内容。

第五章　月球及其他天体安全开发的国际法规则：单边措施对国际规则的挑战

用于未来月球及其他天体的开发。但应当考虑的问题是，对"和平目的"作出"非侵略性"的解释为在除了月球和其他天体之外的广阔外层空间从事具有军事目的的活动提供了合法性支撑。当人类社会的外空活动从地球静止轨道之内转向更为广阔的地月空间之后，"非侵略性"解释的意义便与月球及其他天体关联了起来。换言之，即便在月球（包括其他天体）上的开发活动是完全出于非军事目的，在这种关联建立起来之后，也很难确切地界定其中的界限了。

依据美国对地月空间的战略布局，先发优势的取得在空间上同时包括月球表面、地月空间、地球静止轨道以及地球表面；在具体事项上则同时涵盖了科学研究、民商事务以及军事应用。举例而言，为了获得在地月空间的战略优势，美国需要部署全方位的监测和控制能力，以便阻止他国对其活动的干扰和破坏，但如果这种监测和控制能力的获取需要在月球表面取得具有军事战略优势的高地[1]，美国及其他《阿尔忒弥斯协定》的签署国当然有理由以月球开发和探索的名义为军事活动开展提供支持。这种支持似乎很难被认定为违反了《外空条约》对月球活动的完全非军事化的要求。此外，即便是在月球及其他天体上开展的"仅用于和平目的"的活动，例如资源开采等，也同样有可能为地球静止轨道、地月空间或者地球上的用于军事目的的设施提供支持[2]，这也无法被认定为违背了条约的相关规定，尤其是现行条约对月球表面完全非军事化的规定本身便具有一定的模糊性。

（二）现行国际条约对月球表面完全非军事化规定的模糊性

1967年《外空条约》第4条第2款第2句对在月球及其他天体开展活动的"仅用于和平目的"的说法进行了较为细致的阐述，规定"禁止在月球上建立军事基地、军事装置及防御工事，试验任何类型的武器及举行军事演习"。不过，该款第3句与第4句同时规定"为了科学研究和任何其他和平目的而使用的军事人员不在禁止之列；为和平探索月球及其他天体而使用的任何必要设备和设施同样不予禁止"，《月球协定》的相关规定与之类似。

---

[1] 如上文所述，诸多研究者论证了对月球表面高地利用获得军事优势的可能性，See Malcolm Davis, "Avoiding a Free-for-all: The Outer Space Treaty Revisited", Australian Strategic Policy Institute, 16 July, 2018, https://www.aspistrategist.org.au/avoiding-a-free-for-all-the-outer-space-treaty-revisited.

[2] 例如，科学家探明月球上存在的大量"水冰"、氦-3等可以作为推进燃料助力相关外空设施的运行，有助于拓展军事后勤能力及加强机动能力。See Laura Duffy, James Lake, "Cislunar Space Power, the New Frontier", Space Force Journal, 31 December, 2021, https://spacceforcejournal.org/3859-2.

对于《外空条约》第4条第2款第2句的内容，有研究者做过逐字分析，指出所谓军事基地是指国家建立的具备军事活动和操作活动能力的设施，可以作为军事行动或供给的支持点；军事装置则指在特定位置建设或设置的用于军事使用或服务的机械设备，典型的形式包括永久性雷达站或监测站点等；防御工事在一般语义下则表示用于防守工作的设备设施，包括墙、土方工程或者塔等。[1]结合前文的分析，可以看出，此处涉及的军事基地、装置和防御工事都有可能在月球开发成为现实之后陷入理解上的混乱。如果排除军事目的，在月球上建立基地是世界各国开发探索月球的一项重要远景目标，此类基地可以被用于科学研究以及资源开采等多重目的，当然也无法排除其被用于军事目的的可能性。受制于本条规定，不会有国家明确主张或承认其在月球上建立的基地被用于与军事有关的目的。但正如上文所述，美国对地月空间全方位、综合性的战略布局在实际实行过程中很难将月球表面（包括在月球表面建立的基地等）完全从军事活动中单独剔除出去。至于军事装置和防御工事，研究者依据现行规定能够列举的例子本身都具有中立性特征，即便在月球开发过程中相关国家建立了这些设施和装置，也很难分辨其真正的属性和用途。本句后半部分对武器试验和军事演习的禁止性规定相对较为清楚，尤其提到了禁止试验所有类型的武器，这便涵盖了包括核武器、大规模杀伤性武器以及常规武器在内的所有武器形式，相比于对地球静止轨道和外层空间其他区域的规定，本部分规定更能体现出对月球及其他天体"仅用于和平目的"的要求。

第3句和第4句在前述规定基础上为可能涉及的军事因素做了例外规定。一是针对军事人员；二是针对设备和设施。对于军事人员使用的例外源于现实中宇航员一般所具备的军事人员的身份。[2]不过，第3句对于军事人员在月球开展活动的要求被限定为科学研究和其他和平目的。此处的和平目的与《外空条约》序言所述内涵一致，一般理解为"非侵略目的"。第4句对设备

---

[1] Kai-Uwe Schrogl, Julia Neumann, "Art. Ⅳ of the Outer Space Treaty", in Stephan Hobe, Berhard Schmidt-Tedd, Kai-Uwe Schrogl (eds.), *Cologne Commentary on Space Law* (*Vol.* Ⅰ), Carl Heymanns Verlag, 2009, p.84.

[2] 从人类外空活动的发展历史，尤其是载人航天的发展历史看，无论是传统载人航天强国美、苏，还是后来居上的我国，多数宇航员都有军队背景，有不少宇航员曾经担任过空军飞行员。在未来的月球开发和探索过程中，尤其是载人登月实施进程中，具有军方背景的宇航员仍将是重要参与力量。

和设施使用的规定同样限于和平目的,但是对设备和设施的涵盖范围未作说明。依据一般理解,设备和设施包括用于装备使用的任何内容,例如装置、工具、用于战争的装备以及航行和考察所需设施等。[1]依据第 2 款第 2 句的说法,可以明确此处所指的设备和设施不应该包括任何种类的武器,但是可以包括其他用于"非侵略目的"但是有军事性质的装置和设施。

综上所述,美国对地月空间的战略布局突破了月球及其他天体资源开发的思路而转向了更为综合的方面,同时也打破了国际社会一直以来将地球轨道和天体独立看待的习惯做法,这对现行的国际规则,尤其是有关月球及其他天体安全(Security)保障的规则提出了挑战。地月空间军事化利用的思路会直接影响在月球及其他天体表面开展活动的完全非军事化规定,这些规定自身具有的模糊性也使其无法在地月空间这一综合战略背景下发挥应有的作用,需要在未来的实践中予以进一步完善。

第三节　月球及其他天体开发活动的安全（Safety）保障

上文针对美国地月空间战略布局对月球及其他天体开发活动安全保障的影响及挑战进行了阐释,重点关注了与军事活动相关的内容。然而,美国地月空间战略布局的根本目的是保障其倡议的《阿尔忒弥斯协定》框架下的开发和探索活动有序开展。而在月球及其他天体开发和探索的过程中,不同国家和国际组织可能会逐步建立站点,派遣人员等。如何避免不同国家在天体相同区域活动的潜在冲突和有害干扰,[2]从而保障开发探索活动的安全、有序开展是一个尤为值得注意的问题。相比于地月空间战略从宏观层面提供的安全(Security)保障,对月球及其他天体上具体活动的有序规范则涉及微观层面的安全(Safety)问题。对此,1967 年《外空条约》第 9 条做了较为原则性的说明,美国提议的《阿尔忒弥斯协定》则在此基础上制定了月球探索和开发活动的安全区制度。

---

　　[1]　Kai-Uwe Schrogl, Julia Neumann, "Art. Ⅳ of the Outer Space Treaty", in Stephan Hobe, Berhard Schmidt-Tedd, Kai-Uwe Schrogl (eds.), *Cologne Commentary on Space Law* (*Vol. Ⅰ*), Carl Heymanns Verlag, 2009, p. 85.
　　[2]　此处,不同国家活动的有害干扰包括《阿尔忒弥斯协定》签字国之间开展活动可能产生的干扰,也包括协定签字国与非签字国之间活动可能产生的有害干扰。

一、《外空条约》第 9 条与避免外空活动有害干扰

《外空条约》第 9 条的内容大致可以被分为三个层次。其中第一个层次强调了各缔约国开展外空活动应秉持合作及互助基本法律原则,并提出各国应遵守妥善照顾其他国家同等利益的注意义务。对于"外空国际合作"原则,本书已做过详细分析,此不赘述。[1]针对妥善照顾其他国家同等利益的注意义务的规定,一般认为,这一说法是对《外空条约》第 1 条第 2 款所确定的外空自由探索和利用原则的一种合理的限制,任何缔约国对外空活动自由和权利的行使都应该以不阻碍其他实体行使同样的权利为前提,这是外空自由原则的应有之义,也是保障外空活动安全和避免冲突的重要条件。

在第 9 条第一层次对于外空国际合作原则及妥善照顾他国同等利益义务的规定基础上,第二层次重点规定了缔约国对于外空环境保护的义务。依照规定,各缔约国在从事外空包括月球及其他天体的探索和科学研究活动时,应避免使其遭受有害污染,同时应注意避免地球外物质对地球环境的污染,各国应对此采取适当措施。对外层空间环境的保护是保障外空活动安全和长期可持续性的前提。[2]结合第 9 条第一层次的规定,外空环境保护是对国际合作原则的具体实践,也是履行照顾其他国家利益的注意义务的必然要求。

第 9 条第三层次的内容涉及对缔约国避免外空活动有害干扰的要求。依据规定,若缔约国有理由相信,该国或其国民在外层空间(包括月球及其他天体)计划开展的试验或其他活动有可能对条约缔约国的外空活动造成潜在的有害干扰,该试验或活动的发起国应该在行动开展之前进行适当的国际磋商。反之,如果缔约国有理由相信,另一缔约国计划在外空或月球及其他天体进行的活动或试验可能产生对其他外空活动的有害干扰,也可以就相关活动或试验进行磋商。此处规定对于磋商机制的引入是期待为缔约国之间建立一个避免外空活动有害干扰的渠道。不过,值得注意的是,这一规定对于外空活动或试验的发起方的要求是在具体开展活动之前进行国际磋商,对于可

---

〔1〕 参见本书第二章第四节的内容。

〔2〕 对外空活动安全保障及外空长期可持续性相关原则和规则的分析,参见本书第二章第五节及第四章的内容。

能受影响的国家而言,则没有具体规定磋商开展时间上的要求。[1]关于有害干扰的内涵,本条规定并未作具体说明,有学者提出可以通过建立外空活动透明度与信任措施的具体行为准则执行本条规定要求。[2]然而,随着外空活动的不断深入,有害干扰可能出现的范围也会不断拓展,《阿尔忒弥斯协定》便期待通过建立安全区制度将避免有害干扰的规则在月球及其他天体的探索和开发中予以实施。

二、《阿尔忒弥斯协定》与安全区制度建立

（一）安全区的设置及其对《外空条约》第9条的履行

《阿尔忒弥斯协定》第11节针对避免月球开发活动中的冲突做了较为详尽的规定。为此目标,该节在开篇便明确指出,签字国认识到并重申对《外空条约》的遵守,包括条约对于注意义务和避免有害干扰的规定;与此同时,签字国同样申明《2019准则》对月球及其他天体开发活动的指导意义,但应按照月球及其他天体探索开发活动的特征进行相应的协调。

为履行《外空条约》第9条规定的要求,《阿尔忒弥斯协定》对签字国作了一系列要求。包括:第一,要求签字国对其批准的活动尽到注意义务,如果签字国认为其可能或已经受到了有害干扰,可以要求与批准相关活动的签字国或任何其他的《外空条约》缔约国进行磋商。与《外空条约》第9条相比,《阿尔忒弥斯协定》细化规定了签字国对所授权活动的注意义务,[3]不

---

[1] Sergio Marchisio, "Article IX of the Outer Space Treaty", in Stephan Hobe, Berhard Schmidt-Tedd, Kai-Uwe Schrogl (eds.), *Cologne Commentary on Space Law* (Vol. I), Carl Heymanns Verlag, 2009, p. 180.

[2] 研究者认为,欧盟主导的《ICoC草案》便包含了相当成熟的提议内容,可以以之为模板,制定履行《外空条约》第9条的行为准则。Sergio Marchisio, "Article IX of the Outer Space Treaty", in Stephan Hobe, Berhard Schmidt-Tedd, Kai-Uwe Schrogl (eds.), *Cologne Commentary on Space Law* (Vol. I), Carl Heymanns Verlag, 2009, p. 180~181. 《ICoC草案》除了具备推动建立外空活动透明度和信任措施以防止外空武器化和军备竞赛的特征之外,还具备其他特征。对此,本书也进行了分析,具体内容可参见第三章第三节的内容。

[3] 事实上,《外空条约》也明确规定了缔约国对其本国私人实体活动的批准和持续性监督,不过并未具体说明批准程序与避免有害干扰的关系,从后续各国国内法的实践看,对私人实体外空活动的批准具有防止有害干扰的作用和意义。当然,此处《阿尔忒弥斯协定》针对签字国的规定更加偏重月球开发探索过程的活动,虽然这依然属于《外空条约》覆盖的范围,但《阿尔忒弥斯协定》的规定更具针对性。

过对于其他非签字国，则仍然只能依据《外空条约》的规定采取相应措施。第二，要求签字国开展外空活动时，避免任何故意的可能产生有害干扰的行为。如果一签字国有理由相信其他签字国的活动可能导致有害干扰或对其活动安全造成危害，则可以要求该签字国提供其依据《阿尔忒弥斯协定》开展的相关活动的位置以及性质等信息。第三，要求签字国尽力推动发展国际实践、标准以及可以适用于安全区和有害干扰概念和测定的规则。

《2019 准则》作为行动参考的标准被《阿尔忒弥斯协定》提及，但要在现有基础上依据月球及其他天体探索和开发的需要予以调整。不过，对于具体操作细节，《阿尔忒弥斯协定》未作说明。比照《2019 准则》的现有规定，《阿尔忒弥斯协定》签字国未来可能会从其国内有关月球及其他天体开发活动的政策和监管框架，月球及其他天体开发活动业务安全的技术保障以及合作机制、能力建设与科技研发等几个层面进行进一步的协调，从而达到协定框架下合作活动安全有序进行的目的。

除了通过相对细化的规定对《外空条约》进行执行并提出参考《2019 准则》为未来活动的开展提供思路之外，《阿尔忒弥斯协定》创新性地提出了以建立安全区作为避免有害干扰的具体措施。该协定第 11 节第 7 段规定，为履行《外空条约》义务，签字国应对其开展的活动进行通知并与任何其他有关方进行协调以避免有害干扰，而进行通知和协调以避免有害干扰的区域则为安全区。

应当明确的是，《阿尔忒弥斯协定》提出了建立安全区的思路并为此制定了相关制度，但并未明确界定（事实上也很难界定）安全区的含义。[1]有研究者提出，安全区的设定目的在于为所有月球及其他天体开发和探索活动的潜在参与者提供一个保障活动安全和避免干扰的公开标准，并提供一个预防和解决争端的对话及协调渠道，安全区并非一个禁止他人入内的区域，而是一个协调机制。[2]诚然，顺应外空活动发展的要求，制定具有可执行性的规制月球及其他天体活动安全（Safety）的法律规则具有必要性，以《外空条

---

[1] 依据《阿尔忒弥斯协定》的说明，安全区是指进行相关活动在名义上运营的区域或有可能造成有害干扰的异常事件的区域。但很显然，这一关于安全区内涵的说明不够明确，无法解决诸多相关法律问题。

[2] Jeff Foust, "What's in a Name When It Comes to an 'Accord'?", The Space Review, 13 July, 2020, https://www.thespacereview.com/article/3987/1.

第五章 月球及其他天体安全开发的国际法规则：单边措施对国际规则的挑战

约》第9条作为法律基础也具有相当的合理性。但美国单方提出的安全区制度设想是否就是履行条约义务，从而保障月球及其他天体活动安全（Safety）的唯一合理方式？或者说，即便此种方式具有合理性，《阿尔忒弥斯协定》的相关规定是否必然构成未来制定国际条约的基础？换言之，非《阿尔忒弥斯协定》签字国（例如中、俄等）在开展同样活动过程中是否同样需要以美国主导的规则为准？如果产生冲突，是否就可以判定不履行安全区规则要求的非签字国（包括其私营实体）违反了国际法？这些都是在美国与中、俄月球开发与探索活动并存的格局下很难在短时间内解决的问题。尤其应该注意的是，虽然《阿尔忒弥斯协定》声明安全区的设立以履行《外空条约》第9条的义务为依据，但在具体实施安全区规则的过程中，很可能同时违反《外空条约》确定的其他义务。

（二）《阿尔忒弥斯协定》对安全区的一般规定

为了保障安全区机制的可操作性，《阿尔忒弥斯协定》第11节对安全区建立的相关问题进行了一般性规定。

（1）安全区的性质和特征。依据《阿尔忒弥斯协定》的要求，安全区的规模与范围以及通知和协调措施的开展应考虑活动的性质以及活动所处的特定环境。此外，安全区规模和范围还应以合理方式在充分考虑普遍接受的科学和工程原则的基础上加以确定。安全区设定之后也并非一成不变，应以在相关区域所开展的运营活动的具体情况为标准予以调整，如果运营活动性质发生了变化，安全区的规模和范围也应予以适当调整。安全区的本质是临时设置的区域，应随着相关运营活动的结束而终止。

（2）安全区的功能实现。安全区的主要功能是避免在月球及其他天体上开展的活动受到有害干扰。为此，《阿尔忒弥斯协定》要求签字国对合理设定的安全区内开展的活动予以尊重；在安全区内开展活动时提前在各签字国之间进行充分的通知和协调。此外，安全区运营者还应在其他签字国有需要时，在遵守相关国内法和其他规则的前提下，以安全区区域为基础提供必要协助。

（3）安全区的运营要求。依据《阿尔忒弥斯协定》，安全区的建立、维护和终止都要以适当方式进行，保护人员、设备及活动免受有害干扰。签字国应使安全区的相关信息（包括在安全区内活动的范围及性质）为公众尽快和尽可能知晓。此外，签字国应将安全区运营与活动的开展紧密联系起来，以鼓励支持科学发现和技术应用、外空资源的安全高效开采和利用以及外空探索和其他活动的可持续发展为目标。安全区的使用应遵守国际条约义务，不与外空自由原则相冲突，签字国应在安全区使用过程中增强相互间的多边实践和磋商，并保持与国际社会的沟通。

总体而言，《阿尔忒弥斯协定》虽然并未全面规定安全区的定义、特征、形式以及签字国在安全区开展活动应遵守的行为准则，但从较为宽泛的层面对其性质、功能以及运营要求进行了阐释，为之后制定更为详尽的有关安全区的规则和在安全区开展活动的行为准则预留了可能性。该协定尤其强调了安全区的设立和运营应在遵守现行国际条约义务的基础上进行，并试图从多个角度对各签字国进行限制，从而保障其国际合法性，但仍有诸多潜在问题需要进一步解决。

（三）安全区设立对保障月球及其他天体活动安全的意义及存在问题

作为美国单方面提出的一项月球开发和探索的原则性倡议，《阿尔忒弥斯协定》的法律地位仍值得进一步商榷。对于美国及其合作者之外的其他国家（例如中、俄）而言，这一协定不具备任何效力。但正如上文所述，美国通过一系列国内政策、法规及倡议的制定和提出，已经在月球及其他天体资源开发、地月空间战略布局等方面占据了一定的先发优势。从保障月球及其他天体开发探索活动安全的角度看，《阿尔忒弥斯协定》提出的建立安全区倡议为履行《外空条约》第9条规定的义务提供了思路。从长远来看，其他非签字国可以一方面在国际层面推动更具权威性的国际规则的制定和实施，另一方面考虑到国际规则制定的困难性和长期性，在国际规则正式出台之前，可以通过与美国及其他《阿尔忒弥斯协定》签字国进行合作和协调的方式，维护自身利益。从这个角度看，以保障月球及其他天体活动安全有序开展为目标的安全区机制可能会在未来一段时间内发挥作用。当然，前提是有效预防或者解决这一机制建立可能带来的冲突和问题。详言之：

（1）国际社会对安全区设立的争议之一在于其是否涉嫌违反《外空条约》第2条所确定的外空不得据为己有原则。《阿尔忒弥斯协定》设定安全区的目的在于避免有害干扰，为实现这一目的，设置者必然会对安全区进行某种程度的控制和管理。虽然各签字国可以不（或者至少不会明确表明）通过《外空条约》第2条所禁止的主权要求、使用和占领方式将月球及其他天体的

第五章　月球及其他天体安全开发的国际法规则：单边措施对国际规则的挑战

有关区域据为己有，但事实上，只要对安全区进行一定程度的控制，就不可能避免采取使用、占领或其他方式[1]将其变成事实上的国家势力范围。[2]《阿尔忒弥斯协定》虽一再强调安全区的设置并不违反现行条约义务，但事实上存在的潜在冲突并不能通过一句简单的声明便予以解除。美国《2015法案》已经将月球及其他天体资源所有权的获取从现行条约约束中解脱出来，其他国家对于《阿尔忒弥斯协定》安全区设定是否会进一步挑战《外空条约》相关规定的担忧不无道理。海牙外空资源治理国际工作组于2019年公布了一份《发展外空资源活动国际框架的要素草案》，[3]提出了外空资源开发过程中可能涉及的一些法律问题及参考要素。其针对安全区的规定提出国家或国际组织可以在及时公告理由的前提下，规定限定期间内的进入限制。[4]在月球及其他天体安全区建立无法避免的大趋势下，通过充分公告并确定合理的限制进入时间，可以在一定程度上缓解不同国家对其违反相关国际法原则的担忧和质疑，亦能充分发挥安全区的作用。

（2）对于美国而言，无论是从外空技术研发、外空探索和开发活动的推动、外空战略部署，还是在外空国际规则的制定上，其都坚持抢占先机的思路。因此，对于月球及其他天体的探索和开发，包括长期站点选址及安全区划定问题，先下手为强仍然会是其指导思想。依据学者的研究，月球上可供

---

[1] Jessy Kate Schingler, "Imaging Safety Zones: Implications and Open Questions", The Space Review, 8 June, 2020, https://www.thespacereview.com/article/3962/1.

[2] Dennis O'Brien, "The Artemis Accords: Repeating the Mistakes of the Age of Exploration", The Space Review, 29 June, 2020, https://www.thespacereview.com/article/3975/1.

[3] 2015年，在海牙全球正义研究所的支持下，海牙国际外空资源治理工作组成立，该工作组致力于研究建构外空资源包括月球及其他天体矿产资源开采法律框架的可行性，期待为发展潜在的国际框架的有关国际讨论奠定基础。2017年底，工作组首次公布了《发展外空资源活动国际框架的要素草案》作为第一阶段的成果。此后，工作组自2018年4月起开始了第二阶段的工作，依据国际社会对要素草案的反馈进行新一轮讨论。2019年11月11至13日，经过第二阶段四次会议的讨论，工作组公布了《发展外空资源活动国际框架的要素草案》的最终版本。关于海牙国际外空资源治理工作组的介绍，See Tanja Masson-Zwaan et al., "The Hague Space Resources Governance Working Group", in *IISL Proceedings of the International Institute of Space Law 2016*, Eleven International Publishing, 2017, pp. 163~167; Olavo De O. Bittencourt Neto (eds.), *Building Blocks for the Development of an International Framework for the Governance of Space Resource Activities: A Commentary*, Eleven International Publishing, 2020, pp. 1~5.

[4] 参见"发展外空资源活动国际框架的要素草案"，李逸晨、籍润泽译，载 https://www.universiteitleiden.nl/binaries/content/assets/rechtsgeleerdheid/instituut-voor-publiekrecht/lucht--en-ruimterecht/space-resources/chinese-translation.pdf，最后访问日期：2022年7月16日。

建立长期驻扎的站点的位置较为稀缺,在月球资源探索和开发进程中,各参与国对月极的地位极为看重,但很显然,月极适合深入探索和开发的区域同样是有限的。[1]现行国际规则框架对不同国家同时选中同一开发地点如何处理的问题无能为力,一旦出现了可以和美国并驾齐驱的竞争者挑战其优先地位,便可能引发冲突。作为目前世界上最重要的空间强国的美国,很可能将安全区作为隔开竞争者的高墙,[2]但这一高墙不可能永远隔绝其他竞争者。退一步讲,即便两个竞争者之间不会选择完全相同的开发地点,也可能选择临近的开发地点,相应的,安全区的划定便可能存在一定程度的重叠。在现行所有规则框架都否认对外空及其他天体的主权主张的情形下,如何处理这种可能出现的重叠便只能依赖不同国家间的谈判和协商。《阿尔忒弥斯协定》对此未作进一步的规定,对于其签字国而言,这一冲突可以在协定框架内进行协商解决,但是对于签字国之外的其他国家,则要视不同情况逐个解决了。

(3) 不同国家在月球及其他天体开展的活动区域距离上的临近可能是产生安全区重叠的原因,另外一个原因则可能源于不同国家对安全区范围的确定采取了不同做法。《阿尔忒弥斯协定》提出了影响安全区范围和规模的几个因素,包括在相应区域开展活动的性质、环境、科学及工程原则要求等。与海洋法规定的范围相对确定的安全区相比,[3]《阿尔忒弥斯协定》对月球及其他天体活动安全区的界定较为灵活。即便如此,影响安全区规模的因素也应该有相对确定的标准并应尽量在国际层面形成一定的共识,完全由开展活动的国家单方判断安全区划定的标准可能会为未来的冲突埋下隐患。从设计的初衷看,安全区是为了保障开发探索活动免受有害干扰、安全有序进行,不过规则的不确定性很可能将这一设计变成新的冲突点,从而演变成不安全

---

[1] Laura Duffy, James Lake, "Cislunar Space Power, the New Frontier", Space Force Journal, 31 December, 2021, https://spaceforcejournal.org/3859-2.

[2] Taya Copp, "If China and the US Claim the Same Moon-Base Site, Who Wins?", Defense One, 8 August, 2021, https://www.defenseone.com/technology/2021/08/if-china-and-us-claim-same-moon-base-site-who-wins/184352.

[3]《联合国海洋法公约》第60条第5款规定:安全地带(英文表述为"Safety Zone",与《阿尔忒弥斯协定》安全区一词用法相同)的宽度应由沿海国参照可适用的国际标准加以确定。这种地带的设置应确保其与人工岛屿、设施或结构的性质和功能有合理的关联;这种地带从人工岛屿、设施或结构的外缘各点量起,不应超过这些人工岛屿、设施或结构周围500米的距离,但为一般接受的国际标准所许可或主管国际组织所建议者除外。安全地带的范围应妥为通知。

第五章　月球及其他天体安全开发的国际法规则：单边措施对国际规则的挑战

的因素。

（4）《阿尔忒弥斯协定》规定在相关开发任务结束后，应撤销安全区。该规定旨在表明安全区并不构成对《外空条约》确定的"外空不得据为己有"原则的违反。不过，该规定能在多大程度上落实是值得怀疑的。无论是通过发射探测器对月球进行探测还是载人登月，甚或是未来在月球建立科研站点、开发基地等，都将是耗时极为漫长的巨大工程。从人类第一次登上月球至今，已历经半个多世纪，已经完成的多项任务所遗留在月球上的痕迹已经演变成了《阿尔忒弥斯协定》第9节所规定的需要予以特殊保护的外空遗产。虽然目前认定外空遗产的标准还并不十分明确，但对于最先在月球及其他天体上建立的基地、设施（包括相应的安全区）而言，在任务结束后，仍有可能被纳入一个新的框架作为遗产予以保护。退一步讲，即便未来在月球及其他天体的活动成为常态化发展的模式，对于任务何时结束的认定的主动权仍也在任务主导国自身，遑论目前多数有月球探索项目的国家都计划在月球建立常驻的科研站。

（5）《阿尔忒弥斯协定》规定建立安全区的目标为避免在月球及其他天体活动中的有害干扰，但未作具体说明。《发展外空资源活动国际框架的要素草案》对此同样未作过多阐释，但提到应确保在资源活动中使用的设备、操作程序和进程不受有害干扰。[1] 由此可见，安全区内的活动守则应是未来重点关注的内容。同时，还应考虑的问题是，安全区活动守则是否应依据其不同使用性质而有所区别？例如，常驻科学考察站与资源开采基地，有人的和无人的基地应如何区分等。此外，还要注意协调不同国家对安全区活动的规定，尤其是《阿尔忒弥斯协定》签字国与非签字国之间的协调等。

美国通过提出《阿尔忒弥斯协定》为月球及其他天体的开发进程奠定了法律基础，通过对地月空间进行战略布局，极大地拓展了国际社会原本重点关注的地球静止轨道之下的外层空间范围，从而进一步确保美国在月球及其他天体开发过程中的优先地位。而安全区机制的设计是美国突破现行国际规则的一次创新，虽然涉嫌违反《外空条约》确定的相关基本原则，但总体上为未来在月球及其他天体活动的安全保障提供了思路。在新的国际规则未制

---

〔1〕《发展外空资源活动国际框架的要素草案》，第11.2节。

定之前，安全区机制很可能会在相当长的一段时间内发挥作用。对于非《阿尔忒弥斯协定》的签字国而言，应在坚持现行国际规则的前提下，推动与美国主导的相关活动的合作协调，进一步完善安全区机制中可能存在的不足和问题，细化安全区活动准则，以保障本国合法利益。在此基础上，努力推动更具广泛代表性的国际规则的制定和实施。

第四节 月球及其他天体安全开发国际规则的制定：单边措施的影响及未来选择

1979年《月球协定》的失败为月球及其他天体这一新的综合性外空领域活动的开展留下了法律空白。虽然以1967年《外空条约》为代表的国际条约体系确定了在外层空间（包括月球及其他天体）开展活动的基本法律原则和行动规范，但是存在模糊及歧义之处。随着世界各国深空探测技术的发展，月球及其他天体的开发逐渐成为可能，以美国为代表的空间强国开始逐渐重视地月空间（包括月球及其他天体）在军事、民事及商业领域的战略地位和价值，并通过制定国内法规、政策以及提出内部倡议等单边方式突破现行国际法原则和规则的限制，谋求在新的战略空间的优先地位。从长远角度看，制定有效国际规则是保障月球及其他天体安全开发的最佳方式，然而单边措施的存在是既成事实且在一段时期内有可能成为月球探索和开发活动参与国的行动指南，这在客观上阻碍了有效国际规则的制定，因此需要寻求从单边措施向国际规则过渡的有效方法。

一、单边措施对月球及其他天体安全开发国际法规则制定的影响

从《2015法案》到2020年的《阿尔忒弥斯协定》，美国针对月球及其他天体开发和探索的单边措施经历了从国内法到虽为单方提议但多方参与的内部措施的转变。这两类措施在形式上有所不同，对制定多边国际法的阻碍的表现也有所差异。

（一）单边国内立法对国际规则的曲解可能构成对条约的解释

上文针对美国《2015法案》可能违反的外空国际法原则进行了分析，并探讨了美国对于《外空条约》确定的"外空不得据为己有"原则的解释，而

第五章　月球及其他天体安全开发的国际法规则：单边措施对国际规则的挑战

这些解释本身也构成了《2015法案》（包括之后的一系列政策）及《阿尔忒弥斯协定》合法性的理论基础。目前，针对美国从2015年开始推出的一系列国内和内部措施，国际社会无法明确达成其是否违反了国际义务的一致意见。显然，美国采纳的这种对国际条约规定的解释并未局限在其国内，对月球及其他天体抱有同等利益考量的国家开始逐渐认同其做法，甚至通过相同或类似的单边做法（例如上文提及的卢森堡通过的类似国内立法），为其合理性背书。而作为世界上最重要的空间强国，美国也有能力通过技术发展和政策层面的合作与协调进一步推动本国的理念和思路演化成国际社会认可的规则和措施。事实上，1967年《外空条约》许多重要的原则性规定最初就是被规定在美国法之中的。[1]在月球及其他天体开发问题上，美国的国内单边做法已经获得了不少国家的认可，一旦相关活动正式开启，美国便可以在《阿尔忒弥斯协定》框架下通过与其他签字国签订双边或多边协议的方式就相关问题达成进一步的一致意见（这事实上也正是《阿尔忒弥斯协定》规定的执行措施[2]），而这些协议中达成的一致意见则可能构成对现行条约的解释[3]，从而进一步佐证其开展活动的合法性。

（二）"迷你多边"规则对国际规则的架空

通过《2015法案》及《阿尔忒弥斯协定》的协调对现行国际规则进行解释的做法利用了现有规定的模糊性和歧义性，但无论如何，这种解释仍以国际社会普遍认可的原则和规则为基础。而《阿尔忒弥斯协定》的签订带来的另外一个风险则可能完全摒弃现行国际规则。

本书一直将《阿尔忒弥斯协定》作为美国倡议的具有内部性质的单边措施进行探讨和分析，但这一说法并未得到所有研究者的认可。有美国学者认为，《阿尔忒弥斯协定》包括美国此前的一系列政策都不应被理解为单边措施，而是美国意图采取实用的和可行的方式解决外空资源开发法律规制问题的强烈信号。《阿尔忒弥斯协定》是一种国际协议模式，其具体表现为在一部分具有相同想法的国家达成关于外空法以及实现国内利益等方面

---

[1] 美国国内外空立法对国际外空规则的影响的分析，See Jonathan F. Galloway, "International Implications of National Space Legislation", http://www.iislweb.org/docs/2011_galloway/Galloway.pdf.

[2] 对《阿尔忒弥斯协定》履行条款的介绍与分析，参见本章第一节的内容。

[3] Joanne Gabrynowicz, "The International Space Treaty Regime in the Globalization", *fall Ad Astra*, 30, 31 (2005).

问题的一致意见,并以此为基础开展相关活动,这是一种"迷你多边"的方式。[1]《阿尔忒弥斯协定》是美国单方提出,供其他国家参与的多边合作倡议,其本质上与中、俄单方提出并供其他国家参与的《PPWT草案》没有差别。[2]这种说法的偏颇之处在于将美国为主提出的内部倡议与中、俄在裁军谈判会议这一多边平台提出的正式国际规则草案相提并论。但是,将《阿尔忒弥斯协定》定性为"迷你多边"协议的说法在事实上掩盖了其单边措施的特征,会在国际社会产生一定的影响力,[3]从而阻碍更具代表性的真正的多边合作的开展。如果美国及其合作伙伴借助先进的技术及有效率的合作模式在小范围内的活动中取得一定的成效,则可能会继续吸引其他国家参与,从而进一步扩大合作范围。但是,对于并不接受《阿尔忒弥斯协定》的其他国家(例如中、俄)而言,真正意义上的多边合作才是更好的选择,这就有可能在这两种选择之间产生冲突,甚至形成不同群体间争夺合作伙伴的局面。

(三)不同群体对合作伙伴的竞争与统一国际规则形成的困难

以"迷你多边"合作模式为代表的单边措施可能催生不同利益群体,这些群体在内部开展合作,但相互之间很难有效协调,甚至可能会相互争夺。事实上,早有研究者指出:"国际社会在外空活动中体现出的形态远比想象中的更复杂,除了存在合作、竞争与冲突之外,还存在着对于合作的竞争,如果一个国家可以在合作过程中争取更多的伙伴,便取得了这一竞赛上的优势。"[4]需要强调的是,上述结论是在总结了区域外空活动(尤其是外空商业化)急速发展之后区域外空合作的特点的基础上做出的,对于区域和商业外空合作而

---

[1] 美国学者对"迷你多边"的用法其实本质上就是一种小圈子多边主义。与美国与诸多欧洲国家在防止外空武器化与军备竞赛国际规则制定过程中坚持的做法类似。对防止外空武器化和军备竞赛小圈子多边主义的分析,参见本书第三章第三节的内容。此处分析为与所引美国学者论文表述一致,采纳"迷你多边"用法。

[2] Ian A. Christian, Christopher D. Johnson, "Putting the White House Executive Order on Space Resources in an International Context", The Space Review, 27 April, 2020, https://www.thespacereview.com/article/3932/1.

[3] 从《阿尔忒弥斯协定》签字国的数量的增长速度看,这一影响力已经开始显现出来了。

[4] Jonathan F. Galloway, "International Implications of National Space Legislation", http://www.iisl-web.org/docs/2011_galloway/Galloway.pdf.

第五章　月球及其他天体安全开发的国际法规则：单边措施对国际规则的挑战

言，存在关于合作的竞争在某种程度上有利于刺激外空活动的进步[1]，但是对于需要在全球层面达成普遍共识的月球及其他天体开发和探索问题而言，对于合作的竞争更多是基于对政治因素的考量，并且以美国主导的合作群体有意模糊或者排除现行国际规则的适用，这显然是不利于活动的长期及可持续发展的，还有可能因此引发冲突。

此外，在月球及其他天体开发活动中，除了存在合作伙伴争夺方面的竞争之外，更加明显的竞争体现在规则制定方面。美国通过提出《阿尔忒弥斯协定》已经取得了竞争中的先发优势，而中、俄月球科研站目前仍主要以现行国际规则为基础，但未来势必会制定更为细化的规则。如果美国与中、俄各自秉持一套内部合作规则的话，便可能在事实上造成国际规则的割裂，这很显然不符合两个合作群体共同承认的外空国际合作的基本原则，更与中、俄坚持的构建外空命运共同体的理念背道而驰，不利于统一的国际规则的制定及国际机制的构建。

总的看来，在月球及其他天体开发和探索规则制定问题上，美国通过推出单边措施的方式，一直发挥着主导作用。《2015 法案》及此后的相关政策将美国对外空资源（尤其是月球及其他天体资源）开发的理念推销到了整个国际社会层面，在其国内法律与政策及现行国际法原则及规则之间建立了某种联系，对现行原则作出了具有争议的解释，但却得到了相当数量国家的认可。而随之推出的《阿尔忒弥斯协定》则以"迷你多边"的名义掩盖了其单边措施的内核，挑战了现行国际规则，但仍旧得到了不少国家的呼应。与美国不同，中、俄月球科研站计划以现行国际规则为基础，致力于推动全球范围内的多边合作并制定更具代表性的国际规则，但项目的提出和推进已经与《阿尔忒弥斯协定》框架下的合作活动形成了竞争关系，在短期内突破其"迷你多边"思路的可能性不大。这些事实客观上都将阻碍国际规则和国际机制

---

[1]　针对合作伙伴开展的竞争在区域外空合作进程中也可能产生负面效果。以亚洲空间合作为例，中国发起的亚太空间合作组织（APSCO）与日本发起的亚太机构间空间合作论坛（APRSAF）便处于这种关于合作的竞争的态势。虽然两个机构性质不同，参加主体也有差异，但二者开展的合作活动存在诸多交叉、重叠之处。受政治及其他影响因素，两个机构之间从未开展过实质合作。虽然两个机构都取得了一定的合作成果，但是与合作程度更高的欧空局（ESA）相比，APSCO 与 APRSAF 显然还有较大差距。See Mingyan Nie, *Legal Framework and Basis for the Establishment of Space Cooperation in Asia*, Lit Verlag, 2016, pp. 127~198.

的制定和构建。

二、月球及其他天体安全开发多边国际规则：作为未来选择的可行性

自 1967 年《外空条约》制定并通过之后，国际外空法的发展经历了从多边国际规则到单边国内措施的转变。

以时间发展进程为标准，国际外空法可以被大致划分为四个阶段。[1]第一阶段始于 1967 年《外空条约》的制定和通过，终于 1979 年《月球协定》的失败。这一阶段奠定了外空法发展的基础，确定了外空活动的基本法律原则，包括与外空安全相关的诸多原则。第二阶段始于 20 世纪 80 年代，这一阶段规制外空活动的法律表现形式以联合国大会决议为主，1982 年至 1992 年间，联合国大会通过了一系列针对外空活动中出现的新问题进行规范的决议。[2]第三阶段始于 20 世纪 90 年代，规制外空活动的法律表现形式仍然是以联大决议为主的"软法"规则，不过规制内容则不再以外空活动的新问题为主，而是试图对外空国际条约时代没有解决的问题进行进一步的深化说明。[3]第四阶段始于近年，其主要表现形式为通过国内外空立法、政策或者单边合作规则框架对国际规则中未明确规定或规定不明的原则和规则进行解释，并以此为依据开展相关活动。

以关注的范围为标准，国际外空法可以被划分为两个发展层次。从人类开启外空时代至今，主要空间强国开展的外空活动包括诸多层面，涵盖范围包括地球轨道的利用，月球、火星及其他天体的探测和登陆等。但正如上文所述，国际规则的发展虽然在理论上涵盖了这些范围，但事实上更为关注地球静止轨道之内的外空活动，《月球协定》的失败则将这一特征诠释得更为明显。直至最近美国提出地月空间的战略设想，越来越多的学者才开始重新审

---

〔1〕 对外层空间法发展阶段的划分及具体论述，See Stehan Hobe,"Historical Background of the Outer Space Treaty", in Hobe, Schmidt-Tedd, Schrogl (eds.), *Cologne Commentary on Space Law*, Volume I, Carl Heymanns Verlag, 2009, pp. 15~16；聂明岩：《"总体国家安全观"指导下外空安全国际法治研究》，法律出版社 2018 年版，第 24~29 页。

〔2〕 一系列决议包括：1982 年《各国利用人造地球卫星进行国际直接电视广播所应遵守的原则》；1986 年《关于从外层空间遥感地球的原则》以及 1992 年《关于在外层空间使用核动力源的原则》。

〔3〕 此阶段的系列决议包括：1996 年《国际合作宣言》；2004 年《关于"发射国"概念应用的决议》；2007 年《倡议增强国家和国际政府间组织登记空间物体的实践的决议》以及 2013 年《与和平开发和利用外层空间相关的国内立法建议的决议》等。

第五章 月球及其他天体安全开发的国际法规则：单边措施对国际规则的挑战

视从地球静止轨道至月球这一广阔领域的法律规制问题，并意识到了对现有国际外空规则体系进行升级的必要性。以关注范围的不同为依据，国际外空法发展则可以被分为专注于地球静止轨道之下的国际规则以及扩展到地月空间及月球及其他天体开发的国际规则两个层次。

无论是以时间为标准划分的四个阶段还是以关注范围为标准划分的两个层次，外空活动规则的发展都体现出了从多边国际规则向单边国内立法、政策和其他措施转变的趋势。当然，无论是外空规则发展的第四阶段，还是目前国际社会广泛关注的第二层次，都主要体现在具体的活动中，并且不可能脱离之前的发展历程而单独存在。相关的单边做法虽然更多地体现了某个国家或团体的利益，但无法完全摆脱已有国际规则的影响。值得警惕的是，单边措施可能会随着相关活动的深入开展而逐渐占据优势。因此，如何实现从单边措施向多边国际规则的回归是未来需要解决的问题。

人类外空活动的开启源于冷战时期，当时，苏联成功发射了第一颗人造卫星，给以美国为首的另一阵营造成了极大的震撼和威胁。[1]军事利用在最初便是人类外空活动的底色。[2]然而，就是在美、苏冷战以及外空竞赛的大背景下，国际社会制定了目前为止最为重要的外空国际规则，而伴随冷战的结束，和平与发展成为时代主题之后，国际社会反而再未通过任何外空国际条约。对于冷战时期能够通过国际条约的决定性因素，有学者做过如下总结：第一，外空技术发展加剧了国际社会对规则的需求；第二，外空国际条约制定的时期（1967年至1979年），冷战正处于较为缓和的阶段，政治氛围合适；第三，当时仅有美、苏两国具备外空活动能力，二者之间在相关问题上形成的一致意见，很大概率会获得其他国家的普遍认可。[3]

与冷战时期相比，当前的缔结外空国际条约的条件已经发生了巨大变化。首先，目前外空技术的发展虽然也进入了深空探测以及地月空间开发的新阶段，但这些技术的发展并非开创性的，对国际社会的冲击远不及斯普特尼克Ⅰ号的成功发射给当时的国际社会带来的影响；其次，从政治氛围层面看，

---

[1] 具体分析参见本书第一章第一节。
[2] 具体分析参见本书第三章第一节。
[3] Jack Wright Nelson, "The Artemis Accords and the Future of International Space Law", American Society of International Law, 10 December, 2020, https://www.asil.org/insights/volume/24/issue/31/artemis-accords-and-future-international-space-law.

目前国际社会虽以和平发展和全球化为主题，但以美国为代表的相关国家采取的一系列单边措施已经将全球化的发展逐渐带入到了"逆全球化"的趋势之中，这一发展趋势在外空活动中体现得尤为明显；最后，从外空活动参与主体角度看，国际社会已经形成了数个空间强国并存、多个空间国家普遍参与、众多其他国家同样谋求本国在外空利益的多元化发展局面。与此同时，私人实体和国际合作机构在外空活动中扮演着愈加重要的角色，因此需要协调的利益更加复杂和多元化。

上述一系列发展特征决定了制定新的空间国际条约的困难性，但这并不意味着在月球及其他天体开发过程中单边措施可以取代多边规则。此外，有助于推动月球及其他天体开发国际规则制定的积极因素也应引起重视并予以适当利用。详言之：第一，作为负责任的空间大国，中国主导发起的月球科研站合作项目本身就秉持遵守现行规则并努力推动多元化国际规则发展的理念，这为未来多边合作的开展及规则的制定奠定了良好基础。第二，在科学探索层面的有效合作对于促成多边国际规则具有一定优势，这也恰好是中、俄月球科研站的优势。第三，现行国际条约（包括《月球协定》）仍具有一定的基础性意义。世界各国对《月球协定》的争议主要集中在第11条确定的"全人类共同继承财产"原则，《月球协定》的其他规定仍是未来月球及其他天体开发规则制定过程中可以作为参考的重要内容。第四，有能力在月球及其他天体开展活动的所有国家在保障开发探索活动安全问题上存在共同利益，这也为未来更具代表性的多边规则的制定提供了动力。第五，当前国际社会对于多边规则的追求已经不仅限于国际条约这种"硬法"模式，同时也包括联合国大会决议等"软法"措施，在月球开发和探索规则制定过程中，同样也可以推动两类多边措施的逐步发展和协调。

综上，与人类外空活动之初形成的外空国际条约阶段相比，当前国际社会的诸多发展现实都为月球及其他天体开发这一外空活动新领域国际规则的制定设置了障碍。但从保障全人类共同利益以及月球及其他天体安全有序开发的角度看，国际规则的制定仍是最佳选择。值得欣喜的是，存在诸多阻碍国际规则制定因素同时，也存在不少有利因素。月球及其他天体开发探索的主要参与国及相关国家应积极利用这些有利因素，推动国际规则的制定和实施，为月球及其他天体开发活动的开展提供有效法律保障。

第五章　月球及其他天体安全开发的国际法规则：单边措施对国际规则的挑战

第五节　本章小结

从理论上讲，月球及其他天体开发和探索的安全保障是一般意义上所说的外空安全（Security 与 Safety）的组成部分，因为确定了外空活动基础国际法规则的《外空条约》的适用范围为外层空间，包括月球及其他天体。但是，国际社会长期以来的外空活动实践主要局限在地球静止轨道之内。虽然以美国和俄罗斯为代表的空间强国在外空活动开展初期便已经极力推动月球探索计划并成功实现了载人登月，但是月球及其他天体开发活动的发展并未形成规模，且在相当长的一段时间内处于停滞状态。从法律规制角度看，1979 年《月球协定》失败之后，国际社会也鲜有综合性规制月球及其他天体开发活动的法律规则被制定。随着中国、欧洲、印度以及日本纷纷提出并成功开展月球及其他天体探索和开发计划，加之私人实体在外空活动中的参与度愈加提高，月球及其他天体开发问题才又一次引起了国际社会的重视。

美国制定的《2015 法案》以国内立法的方式授予其本国私营实体占有、拥有、运输、使用和销售小行星资源和外空资源的权利。但随着美国国内几家致力于小行星资源开采的公司被收购，小行星资源开采的热潮也渐渐退去，国际社会关于《2015 法案》是否违反包括《外空条约》在内的国际条约义务的争论也渐渐平息。不过，《2015 法案》虽然重点关注小行星资源开发，但并不排除对其他外空资源的适用。这便为美国随之推出的月球开发和探索计划奠定了法律基础。美国的《2020 行政命令》和《阿尔忒弥斯协定》确定了美国重返月球的思路和综合措施。《阿尔忒弥斯协定》更是提出了国际合作开发和探索月球的原则、规则和实践模式，以单方倡议的方式将原本便十分脆弱的以《月球协定》为基础的条约规则逐步架空。这一系列措施的推出，将月球及其他天体开发和探索问题推向了一个必须予以单独考量的外空安全的新维度。

几乎与《阿尔忒弥斯协定》同时，美国推出了对地月空间的战略规划。重新审视从地球静止轨道之上到月球之间的广阔空间的战略意义，并从民事、商业和军事等综合角度予以全面布局。从现行外空国际规则的角度看，地月空间被包含在广阔的外层空间范围之内，仍受外空国际条约体系的规制。不过,美国将地月空间与月球及其他天体开发探索活动整合在一起进行战略考虑,对原本就存在一定模糊性的月球及其他天体的完全非军事化规定提出了巨大挑战,是应当引起重视的新层面的外空安全(Security)问题。

此外,在月球及其他天体活动安全(Safety)保障层面,《阿尔忒弥斯协定》设置了安全区机制以履行《外空条约》第 9 条的规定。安全区机制虽然是为了避免签字国之间活动的有害干扰、保障活动开展安全而设置,但涉嫌违反"外空不得据为己有"原则,并且可能对非签字国的活动造成阻碍,从而引发冲突,违背保障安全的初衷。此外,《阿尔忒弥斯协定》对安全区的划定规则、活动细则的规定仍较为粗糙,同样不利于其目标的实现。

综上,本章以美国针对外空资源开发和探索的《2015 法案》为背景,以《阿尔忒弥斯协定》确定的月球开发思路以及美国地月空间战略布局为主要内容,探讨分析月球及其他天体开发这一新维度的外空活动的安全保障问题。总的看来,以美国国内立法、政策和倡议为主的单边措施正逐步推动塑造这一领域的国际规则,具有相当强的局限性和狭隘性。除美国探索和开发月球计划之外,中、俄也于 2020 年提出了月球科研站合作计划,形成了月球探索和开发的双轨制格局。与美国期待通过单边措施挑战和塑造现行国际规则的思路不同,中、俄合作计划以现行国际条约为基础,秉持"人类命运共同体"理念,并向世界所有国家开放。虽然现阶段以美国《阿尔忒弥斯协定》为代表的单边措施以"迷你多边"之名在国际规则制定过程中占据一定的优势,不过从长远发展角度看,以联合国为平台推动制定国际社会普遍认可的多边规则仍是最佳选择。

第六章
"人类命运共同体"理论指导下外空安全国际法完善路径建议

上文分别从外空法基本原则以及国际法规则层面对外空安全保障相关问题进行了详细分析。作为本书的理论基础,"人类命运共同体"理论对外空法基本原则有重要的深化作用,在保障外空安全的国际规则制定和完善的过程中,"人类命运共同体"理论同样有重要指导意义。在防止外空武器化及军备竞赛、保障外空活动安全与长期可持续性以及月球及其他天体安全开发国际规则的制定和完善过程中,我国积极提出方案,努力推动"人类命运共同体"理念在具体的规范和规则之中的贯彻。此外,作为重要的空间大国,我国以裁军谈判会议及联合国外空委等多边场合为平台,推动国际规则的制定和完善,同时发起诸如"一带一路"空间信息走廊以及中、俄月球科研站等国际合作项目,还以亚太空间合作组织东道国的身份推动亚洲地区外空合作。这些践行"人类命运共同体"理念的具体活动本身同时也是推动以该理念深化外空法原则、完善保障外空安全国际法规则的方式。本章首先探讨"人类命运共同体"理论指导下完善现行外空法基本原则的思路,之后分别从防止外空武器化与军备竞赛、保障外空活动安全及可持续发展以及月球及其他天体安全开发三个方面提出完善现行国际法规则的思路,最后结合我国推动外空和平利用与合作的实践探讨推动相关基本原则及规则得到国际社会广泛认可的实施路径。

第一节 "人类命运共同体"理论指导下外空法基本原则的完善

一、以"人类命运共同体"理论完善外空法基本原则的基本遵循

作为重要的理论创新,"人类命运共同体"理论覆盖全球治理、世界秩序

规范、人类共同价值、大国外交战略等多个维度,[1]拥有极为深刻和丰富的内涵。国际法是全球治理和维护世界秩序的重要工具。而本书重点关注的外空法是国际法的一个重要分支,外空安全保障又是外空法框架下的一个最为突出的问题。因此,在讨论"人类命运共同体"理论的指导意义时,有必要厘清这几个对象之间的逻辑关系,作为基本遵循。

(1)"人类命运共同体"理论对现行国际法基本原则有重要的深化和完善意义,对此,上文已经做过详尽分析。[2]外层空间作为现行国际法的重要规制对象之一,经过多年发展已经形成了一套完整的规则体系,并形成了国际社会认可的指导外空活动的基本法律原则,而这些原则中的大部分对于外空安全保障都具有重要意义。[3]但有必要指出的是,外空法虽然形成了一套相对独立的原则和规则,且有一定的自洽性,但无法脱离国际法单独存在,[4]以《联合国宪章》为代表的国际法规则同样适用于外空活动。[5]通过上文的分析可知,外空法基本原则以国际法基本原则为基础,只是因为外空活动自身存在一定的特殊性,相关外空法基本原则有较为明确的指向性。换言之,在"人类命运共同体"理论指导下,完善和深化的国际法基本原则和理念对于外空活动及外空安全保障同样适用,[6]外空法原则应在遵循上述原则的基础上,再考虑外空活动包括外空安全保障的特殊性予以完善,这也是"人类命运共同体"理论的应有之义。

(2)外空活动的开展以及外空安全的保障呈现出了多种发展模式并存和

---

〔1〕 相关论述参见李丹、李凌羽:"构建人类命运共同体的理论内涵与实践路径研究评析",载《理论月刊》2020年第1期,第22~25页。

〔2〕 "人类命运共同体"理论对国际法基本原则的深化和完善意义的探讨,参见本书第一章第二节的内容。

〔3〕 对外空法基本原则的论述和分析,参见本书第二章的内容。

〔4〕 See Stephan Hobe, Erik Pellander, "Space Law - a 'Self - Contained Regime'?", in Stephan Hobe, Steven Freeland, Bernhard Schmidt-Tedd (eds.), *In Heaven as on Earth? - The Interaction of Public International Law on the Legal Regulation of Outer Space*, Deutsches Zentrum fuer Luft-und Raumfahrt, 2013, pp. 1~12.

〔5〕 具体分析参见本书第三章第一节关于《外空条约》对防止外空武器化和军备竞赛的意义的分析。

〔6〕 事实上,"人类命运共同体"理论对现行国际法基本原则的完善和深化本身便与外层空间、海洋和南极等部门国际法的实践密切相关,比如全人类共同利益原则的国际法原则化便是在总结上述部门国际法实践的基础上提出的。

第六章 "人类命运共同体"理论指导下外空安全国际法完善路径建议

协调的特征。以我国为例，除了积极参与联合国框架下的多边机制，推动外空活动开展及外空安全保障之外，还通过发起国际合作项目、主导区域合作等方式开展外空活动。从法律层面看，外空法以国际法为基础，以合作项目和区域机制为平台开展的相关活动要以外空法为依托。在推动保障外空安全国际法原则、规则完善和制定问题上，联合国框架下的国际场合、外空合作项目框架下的具体安排以及区域合作组织框架下的地区平台都是相关原则得以制度化和有效实施的重要推动力量。同时，这些各具特点的协调平台和机制框架下也都会形成对其自身活动具有较强指向性的原则和规范。但在"人类命运共同体"理论视阈下，无论是国际层面还是区域层面，抑或是以项目为表现形式的合作活动，都应该遵循共同的价值理念和原则。这是由外层空间这一"全球公域"自身特点决定的，同时也是"人类命运共同体"理论蕴含的深刻的天下主义和世界主义内涵的必然要求。[1]

（3）外层空间是较为典型的"全球公域"，与公海、国际海底以及南极等领域具有相同性质，网络空间虽然不具备"全球公域"性质，但在法律规制模式上与上述领域有类似之处。从现行国际法的发展情况看，海洋、极地以及外空等主要"全球公域"都形成了相对独立的国际法框架体系，这是国际法碎片化的表现。[2]"人类命运共同体"理念是全球治理的最新理论创新，对于所有相关领域都有普遍适用性，对"全球公域"治理问题尤其具有重大指导意义。公海、国际海底、极地以及外层空间虽然存在差异，但在基本法律原则和规则层面有诸多相似之处，对此本书前文已做过相关阐述。[3]外空安全保障的基本法律原则和规范最直接的意义在于实现防止外空武器化及军备竞赛、保障外空活动安全及可持续性以及维护月球及其他天体开发活动安全的目标。同时，这些原则与规则也是保障"全球公域"有效治理的重要组成内容，与其他类似领域的原则和规范存在一定的互动和协调关系，这实际上也是"人类命运共同体"理论本身能够起到的沟通和联结作用在不同国际法部门的体现。

---

[1] 对"人类命运共同体"理论蕴含的天下主义与世界主义内涵的介绍和总结，参见倪连涛："人类命运共同体与新时代的中国法学"，载《贸大法学》2019年第0期，第242~244页。

[2] 对国际法碎片化和不成体系的具体介绍参见古祖雪：《国际法：作为法律的存在和发展》，厦门大学出版社2018年版，第173~180页。

[3] 参见本书第一章第三节的内容。

二、"人类命运共同体"理论指导下完善外空法基本原则的思路

（一）以共同利益观深化外空活动全人类共同利益原则

"人类命运共同体"理论蕴含的共同利益观本质上超越了狭隘的对于民族和国家短期利益的追求，而着眼于全人类长远和共同利益。同时，共同利益观强调在追求本国利益时也应兼顾他国合理关切。[1]全人类共同利益原则为规范"全球公域"的诸多条约和协议所采纳，但并非国际法基本原则。但正如上述，有研究者指出，人类共同利益在国际社会普遍存在，也得到了国际社会的普遍认可，因此已经具备了国际法基本原则的特征。[2]从国际法基本原则的视角反过来审视"外空活动全人类共同利益"原则，则更加强调该原则的国际公认性、普遍适用性、普遍约束性以及基础性意义。[3]从具体内涵角度看，第二次世界大战之后累积起来的全球性的变迁已经改变了以国家为中心的现实，人类共同利益的理念得到了广泛传播，人类共同利益可能高于各自国家利益，也可能高于各国利益之和，外空和海洋的和平利用和生物圈的保护这些绝不亚于保护人权、非殖民化和穷国发展问题，若离开了人类共同利益这一概念，就不可能得到正确的理解。[4]从外空法的具体规定看，"外空活动全人类共同利益"原则在相关条约中的表述比较模糊。1967年《外空条约》序言第2段仅提到为和平目的的探索和利用外层空间是全人类的共同利益。第1条第1款又提及探索和利用外层空间应为所有国家谋福利和利益，而不论其经济和科学发展程度如何。1979年《月球协定》对该原则同样有所体现，规定月球的探索和利用应为全人类的事情并应为一切国家谋福利，不论其经济和科学发展程度如何。[5]从两个条约的规定看，外空活动中的全人类共同利益原则内涵至少包括两个层次的内容：其一，外层空间的和平利用，

---

[1] 马忠法："论构建人类命运共同体的国际法治创新"，载《厦门大学学报（哲学社会科学版）》2019年第6期，第25页。

[2] 李寿平："人类命运共同体理念引领国际法治变革：逻辑证成与现实路径"，载《法商研究》2020年第1期，第53页。

[3] 对国际法原则特征的论述，参见杨泽伟：《国际法》（第3版），高等教育出版社2017年版，第51页。

[4] 参见［美］熊玠：《无政府状态与世界秩序》，余逊达、张铁军译，浙江人民出版社2001年版，第187页。

[5] 《月球协定》第4条。

第六章 "人类命运共同体"理论指导下外空安全国际法完善路径建议

也就是本书重点关注的外空安全保障问题（主要是"Security"层面）；其二，外空活动的开展应为所有国家谋福利，而不论其经济或科学发展程度如何。这实质上是要求各国在开发和利用外层空间的过程中考虑他国利益，从后续的发展来看，以 1996 年《国际合作宣言》为代表的文件确定了对发展中国家利益的特别考量的思路，[1] 可以被看作是对这一层内涵的深入阐释。

以"人类命运共同体"理念所蕴含的共同利益观深化"外空活动全人类共同利益"原则，有利于进一步推动保障外空安全的国际规则的完善和制定。详言之：

（1）防止外空武器化和军备竞赛问题。目前，多数国家均将外空和平利用原则解释为非侵略目的，这在短时间内无法进行修正。但如果以共同利益观为指引，则应当形成一定共识，即各国不应仅以本国在外空取得的战略利益和战略优势为出发点考虑外空军控问题，对于外空活动具有巨大潜在危险的外空武器和军备竞赛不仅不可能保障相关活动者在外空的绝对安全，且对所有从事外空活动的国家（包括私人实体）的利益有巨大威胁。因此，即便世界各国目前无法对采用何种法律形式作为外空军控的有效措施达成合意，但至少应认识到制定有效法律规则的迫切性，而不应将规则制定本身作为战略博弈的手段。

（2）外空活动安全及长期可持续性保障问题。对此，国际社会已经形成了一定的共同认识，也制定了较为有效的"软法"规则。但是，从长远来看，这些"软法"规则并不能维持外空活动安全（Safety）的平衡状态，大规模小卫星星座的部署将是打破这一脆弱的平衡状态的重要因素之一。具备综合性质的外空交通管理机制是保障外空活动安全及长期可持续性的有效措施，但是这一机制的建立和实施需要世界所有参与外空活动的国家（尤其是空间强国）之间进行有效协调。各国采取措施的前提应该是对外空活动安全长远利益的保障，而不仅着眼于某个或某几个国家的眼前利益。

（3）月球及其他天体安全开发保障问题。1979 年《月球协定》的失败原因从表面上看主要源于世界主要国家对第 11 条确定的"全人类共同继承财产"原则的认识不统一，其深层次原因则在于不同发展水平国家之间对于月

---

[1] 具体分析参见本书第二章第四节的内容。

球及天体资源利益分配不均的担忧。[1]月球及其他天体的有序开发有利于整个人类社会的长远利益，但如果空间强国借助技术优势在月球及其他天体开发进程中取得优先权，显然不符合共同利益原则的要求。以美国为代表的空间强国通过制定国内法、政策和其他单方措施的方式将月球及其他天体开发活动纳入了战略范畴，并提出了具有"美国优先"思路的开发措施，这对于经济和科技水平发展较为欠缺的国家而言显然并不公平。"人类命运共同体"理论视阈下的共同利益观要求在考虑本国利益时兼顾他国的合理关切，是否能够有效调整数量众多的发展中国家和不发达国家之间的利益诉求是衡量月球及其他天体安全开发国际规则效力的重要标准之一。

(二) 以持久和平、普遍安全理念为指导解决对外空和平利用原则的理解争议

持久和平理念是实现"人类命运共同体"的基石，与多个国际法基本原则密切相关。[2]外空和平利用是1967年《外空条约》确定的保障外空安全最重要的法律原则之一，[3]不过该原则对外层空间以及天体的表达方式不一致。对于包括地球轨道在内的广阔的外层空间，这一原则被解释为非侵略目的，而对于月球及其他天体，这一原则被加上了"仅用于和平目的"的前提，被严格解释为非军事利用。从世界各国的具体实践看，以科学和技术合作为主要目标的欧空局在其公约中明确采纳了"仅用于和平目的"的说法，但是随着欧盟对外空活动参与程度的加深，这一说法事实上已经被打破了。《阿尔忒弥斯协定》同样采纳了"仅用于和平目的"的说法，不过美国对于地月空间的战略部署同样会淡化这一规定的效力。

与内涵已经较为明确的"和平目的"和"仅用于和平目的"相比，持久和平理念在表述上较为宽泛，更多地揭示了"人类命运共同体"理念的目标。在国际法的宏观层面，实现持久和平依赖于已经成为国际社会共识的禁止使

---

[1] 对《月球协定》及其第11条的详细分析，See Ram Jakhu et al., "Article 11 – Common Heritage of Mankind/International Regime of the MOON", in Stephan Hobe, Berhard Schmidt-Tedd, Kai-Uwe Schrogl (eds.), *Cologne Commentary on Space Law* (Vol. II), Carl Heymanns Verlag, 2013, pp. 388~399.

[2] 如上所述，持久和平原则与禁止以武力威胁或使用武力以及和平解决国际争端等国际法原则相契合，参见马志强、张梓良："人类命运共同体理念的国际法阐释"，载《河南工业大学学报（社会科学版）》2020年第3期，第52页。

[3] 参见本书第二章第二节的内容。

用武力或以武力相威胁以及和平解决国际争端等国际法原则的有效实施。在外空安全保障问题上，这一理念发挥作用的方式同样如此。但有所不同的是，外层空间和平利用原则自身具有一定的模糊性，而持久和平理念的目标指向性可以对这些模糊之处进行相对有效的弥合。换言之，在目前的理念下，无论是对外层空间军事利用的妥协还是对武器化和军备竞赛的严格控制，都是冷战背景下美、苏两大阵营妥协的结果，对于整个人类的长远利益未作过多关注。持久和平理念是"人类命运共同体"理论的重要内容，具有着眼于全人类长远发展的深刻眼光，从理念和价值层面丰富了"外空和平利用"原则的内涵。

持久和平与普遍安全理念密切相关，普遍安全是实现持久和平的保障，同时，安全保障应以和平为前提。[1]依据这一思路，在外空活动领域，保障外空安全是实现外空和平利用的保障，而外空安全保障又要以和平利用为前提。二者相辅相成、不可分割。普遍安全蕴含共同、综合、合作、可持续的安全观，其本质上是一种共享的新安全观，与"共商、共建、共享"原则遥相呼应。

（1）普遍安全理念意味着应坚持共同安全。外层空间"全球公域"的性质决定了任何对该领域安全的损害都有牵一发动全身的影响，无论是外空武器的有意破坏行为还是因为空间碎片数量不断增长或小卫星星座部署造成拥堵导致碰撞损害，潜在受害者都不可能仅限于一个或几个国家，而是与全人类共同利益息息相关的整个脆弱的外空环境。这种共同安全在内容上涵盖了联合国框架下的"国家安全""合作安全"和"人类安全"，需要全面综合地、最大限度地实现共同协调。

（2）普遍安全理念意味着综合安全。外空安全的概念本身具有综合性，从内容上看包括与外空军事化和武器利用密切相关的"Security"层面以及与外空活动安全及可持续性密切相关的"Safety"层面；从对象上看又同时包括地球静止轨道以下以及地月空间（包括月球及其他天体）的安全。外空安全

---

〔1〕 相关论述参见"人类命运共同体与国际法"课题组："人类命运共同体的国际法构建"，载《武大国际法评论》2019年第1期，第16页；宋乐静："人类命运共同体制度化建设的国际法保障及其作用研究"，载《理论月刊》2020年第10期，第118页；张乃根："试论人类命运共同体制度化及其国际法原则"，载中国国际法学会主办：《中国国际法年刊（2019）》，法律出版社2020年版，第25页。

概念的不同层次虽有较为明显的区别，但彼此之间不可分割，相关法律规则也存在诸多重叠之处。在外空安全保障规则的制定中秉持综合安全理念就是要求规则制定者全面考虑外空安全的所有方面并注重适用于不同范围与对象规则之间的沟通与协调。

（3）普遍安全理念意味着合作安全。外空安全目标的实现依赖世界各国，尤其是空间强国之间的合作，保障外空安全国际规则的制定和有效实施同样依赖于合作。合作一方面是实现安全的手段，另一方面也是规则制定和实施的重要路径选择。而关于合作开展的具体方式，则应以"共商、共建、共享"理念为指引。

（4）普遍安全理念意味着可持续安全。实现安全的可持续性同样是外空安全保障的最终目标，同时也与外空活动可持续发展原则相互作用。

（三）以"共商、共建、共享"理念丰富外空国际合作原则内涵

以"共商、共建、共享"为内容的"三共"原则是"人类命运共同体"理论对国际合作原则的深化和具体化。外空合作原则是国际合作这个一般国际法原则在外层空间活动中的具体体现，同样未能摆脱欧美中心主义的影响。[1] 1996年《国际合作宣言》明确了在外空合作中对发展中国家利益的特殊考量，但是限于其"软法"性质及规定自身的模糊性，这一理念在具体合作活动中虽有一定体现但并不充分。[2] 在外空安全保障问题上，无论是防止外空武器化及军备竞赛、外空活动安全及长期可持续性还是对月球及其他天体的安全开发，都高度依赖世界各国的有效合作，但与这些问题相关的合作开展难度比外空活动的其他领域要高，因此有必要对外空国际合作这一原则进行进一步强化。

---

〔1〕对国际合作基本国际法原则以及欧美中心主义影响的分析，参见郭树勇："人类命运共同体面向的新型国际合作理论"，载《世界经济与政治》2020年第5期，第24~25页。

〔2〕以美国为代表的空间强国在外空合作问题上仍旧坚持政治考量以及对其自身优先利益的维护，比较典型的事例包括国际空间站合作项目，该项目对作为发展中国家的中国的参与便持排斥态度。2011年，美国国会更是通过了沃尔夫条款，限制美、中在航天领域的合作。该条款规定不得利用联邦资金以任何方式与中国在太空项目上进行合作或协调，以及禁止NASA接待来自中国的任何官方访客。不过，近期（2022年4月27日），美国国家航天局局长比尔·尼尔森又指责中国航天缺乏透明度和合作意愿，颠覆了沃尔夫条款规定的合作态度，这种态度的转变源于中国近年来航天事业的快速进步，同时也是美国基于政治和美国优先思路对外空合作作出的判断。参见鞠峰："10年前出台沃尔夫条款，NASA现在又怨中国不合作"，载 https://www.guancha.cn/internation/2022_04_27_637161.shtml?s=zwyxgtjbt，最后访问日期：2022年9月1日。

第六章 "人类命运共同体"理论指导下外空安全国际法完善路径建议

在"三共"原则的语境下,"共商"为外空国际合作原则确定了前提条件。在保障外空安全这种与世界各国都密切相关的事项上,应努力在最大范围内达成多边共识,只有国际社会经过广泛沟通、充分协商形成的合作意向才最符合全人类共同利益,小部分国家间达成的带有一定倾向性的共识显然具有单边性质,无法被称为真正的多边主义。在平台的选择方面,经国际社会多年实践证明,以联合国为核心形成的相应机制的地位不可替代,在外空安全问题上,则主要为裁军谈判会议及联合国外空委。"共建"是国际合作的实施路径,在外空安全保障及外空合作方面,"共建"原则意味着法律规则、机制以及实施措施都应由所有相关国家广泛参与、共同建设。"共商"是"共建"的前提和保障,而"共建"是"共商"应努力达成的结果。"共商"和"共建"综合在一起为有效的国际规则的制定和实施提供了可能性。"共享"是国际合作的宗旨,通过"共商"而"共建"国际规则一方面必然贯彻"共享"的安全观,另一方面则保证了世界各国"共享"由外空活动开展而带来的裨益。

(四)以灵活多元的争端处理理念丰富和平解决外空争端原则

与传统国际法重点关注的国家间争端和平解决的思路有所不同,外空活动争端因为参与主体多元化及活动的复杂性而呈现出了综合性特征。从外空安全保障角度看,外空安全概念自身的综合性决定了无论是以国家为主体的关于外空武器化和军备竞赛的争端,还是主要以国家和私人实体为主体的外空活动安全和长期可持续性争端,抑或是更加复杂的由月球及其他天体开发引起的争端,都属于和平解决外空争端的范畴。

从外空争端解决机制的发展情况看,尚不存在解决国家间争端的专门机制。对此,国际社会虽有提议,但并未受到普遍认可,更无有效实践。解决私人实体由开展外空商业活动引起争端的权威机构不少见,且愈加呈现出专业化特征,不过目前以欧美国内设立的机构为主。[1]结合"人类命运共同体"理论蕴含的灵活多元争端处理理念,对以外空安全保障为目的的和平解决外空争端原则及相关机制的建构思路可做如下阐释:

(1)防止外空武器化和军备竞赛的核心参与主体为国家,如果此领域出

---

[1] 例如,美国仲裁协会国际争端解决中心便建立了解决航天、民航与国家安全、特大工程项目、网络安全、能源以及知识产权等诸多方面的新兴争端的特别事务委员会,参见本书第二章第八节的内容。

现争端，则是典型的国家间争端。鉴于目前尚不存在专门处理此类争端的国际司法机构，因此此类争端可以诉诸国际法院或国际常设仲裁院予以解决，不过此类机制并不具备专业性特点。2011年，国际常设仲裁院曾发布《外空活动争端任择性规则》，为国家、国际组织和私人实体之间产生的一切外空争端提供法律依据，推动建设专门外空争端解决机制，[1]但是该规则的认可度不高。从发展趋势看，短期内建立解决国家间外空争端的专门规则体系和机制的可行性不高，针对有较高政治敏感性的外空军控问题解决机制难度更大。中、俄《PPWT草案》是专门针对外空军控问题的国际法建议，其设置的争端解决机制主要针对因草案规定内容的适用和解释而产生的争议，解决方式包括澄清、磋商、缔约国会议以及提请联合国大会或安理会注意等。[2]欧盟《ICoC草案》对于签署国因违反草案事宜引起争端所规定的解决方式也主要是磋商等手段。[3]总体看来，目前无论是主张通过"硬法"还是"软法"规则规制外空军控问题的倡议，都主要选择了以协商为主的解决争端的政治性方法。《PPWT草案》虽然规定了更为详尽的缔约国会议模式，不过其仍主要起到斡旋和调解的作用，与仲裁和司法解决等解决国际争端的方式有本质区别。[4]诚然，国际社会对通过建立国际司法制度实现国际法治的追求在近年愈加明显，[5]但是对于诸多领域而言，对话、协商等解决国际争端的政治方法仍占有重要地位。"人类命运共同体"理论提出的争端解决方式包括对话、协商等，[6]是一种灵活多元的争端处理观。在仲裁和司法解决等法律方法在涉及防止外空武器化和军备竞赛方面的争端解决问题上短期内无法适用的情况下，对话、协商和调解等政治方法可以起到补充作用。另外，"人类命运共同体"理论框架下的灵活多元争端解决方法在适用过程中同样秉持"共商、共建、共享"的合作理念，可以极大地提升争端解决效率，克服政治方法的

---

[1] 相关介绍参见本书第二章第八节的内容。
[2] 关于《PPWT草案》的相关分析参见本书第三章第一节的内容。
[3] 关于《ICoC草案》的相关分析参见本书第三章第二节的内容。
[4] 聂明岩：《"总体国家安全观"指导下外空安全国际法治研究》，法律出版社2018年版，第258页。
[5] 参见赵海峰等：《国际司法制度初论》，北京大学出版社2006年版，第1~14页。
[6] 党的十九大报告明确指出，要"坚持以对话解决争端、以协商化解分歧，统筹应对传统和非传统安全威胁……"参见习近平：《决胜全面建成小康社会 夺取新时代中国特色社会主义伟大胜利-在中国共产党第十九次全国代表大会上的报告》，人民出版社2017年版，第59页。

第六章 "人类命运共同体"理论指导下外空安全国际法完善路径建议

固有缺陷。待时机成熟之后，则可逐步推动建立结合政治与司法方法的综合性争端解决机制。

（2）因空间碎片损害和轨道拥堵等原因产生的外空争端所涉主体比较复杂，同时涵盖国家、国际组织和非政府实体。此类争端（尤其是以非政府实体为主体的争端）虽具有一定的国际性，但主要是民事性质，在多数情况下不属于严格意义的和平解决国际争端的范畴。[1]然而，此类争端的有效解决对于外空活动的安全和可持续性开展具有重要意义，因此亦不可小觑。相比于政治敏感度较高的部署外空武器和军备竞赛争端，外空活动民事争端的解决方式相对多元化，除了《责任公约》确定的赔偿委员会机制之外，诸多国内仲裁机构同样具备相应职能。不过，随着外空活动愈加复杂，争端也必然随之琐碎和繁杂。针对外空活动安全及可持续性保障问题，目前较为突出的争端类型主要表现为空间碎片损害争端，如果国际社会未来针对空间碎片主动移除以及外空交通管理规则达成一致意见，需要解决的争端则可能包括由有关方不履行国际规则义务引发的争端或者由相关方不履行移除义务或不遵守交通管理规则造成的碰撞损害之外的其他损失引起的争端等。诸如此类的由新规则的制定引发的争端可能在一段时间内仍会沿用现有争端解决规则和机制，但势必会呼吁新规则的制定以及新机制的建立。鉴于争端主体的多样性以及争端类型的复杂性，采用磋商、调解、仲裁与司法相结合的多元灵活的争端解决模式仍是最佳选择。

（3）月球及其他天体开发属于一个全新的外空活动领域，涉及外空安全的争端类型同样多元、复杂。从目前的发展状况看，美国与中、俄发起的探索、开发框架下的争端可以依赖内部机制分别予以解决，[2]因此相对简单。而对两者之间潜在的争端的解决则相对复杂。从发展模式看，中、俄月球科研站计划的开展依赖于现行多边国际规则，美国的《阿尔忒弥斯协定》则试图冲破现行多边规则限制，在"迷你多边"框架下打造新的国际规则。因此，中、俄有责任以科研站计划为基础，努力推动具有真正多边意义的争端解决

---

[1] 对和平解决国际争端的具体论述，参见杨泽伟：《国际法》（第3版），高等教育出版社2017年版，第289~290页。

[2] 《阿尔忒弥斯协定》规定了专门的协定履行条款，提出各签字国可以通过签订谅解备忘录、在现行政府间条约基础上制定执行安排、推动空间主管当局间安排或以其他方式推动合作活动开展。有关争端解决的相关规定可以被包含在此类文件之中。

规则和机制的建设。而在国际规则和机制建立之前，则应谋求与《阿尔忒弥斯协定》框架的有效合作，建立二者之间的沟通及争端解决机制。中、俄主导的合作计划自身具有践行"人类命运共同体"理念的特性，因此也必然遵循争端解决的相关理念。而在月球开发这一目前具有竞争甚至对抗性质的领域，灵活多元的争端解决方式也恰恰是最为有效的方式。

综上所述，"人类命运共同体"理论对于全球治理和新型国际关系构建的最为显著的意义在于对国际法基本原则的深化。外空法作为规范外层空间这一"全球公域"的国际法部门，自然同样受此裨益。而事实上，"人类命运共同体"理论已经被写入多项保障外空安全的联合国大会决议之中。在"人类命运共同体"理论蕴含的共同利益观、持久和平与普遍安全理念、"共商、共建、共享"理念以及灵活多元的争端解决理念的指导下对现有外空法基本原则进行深化，能更好地应对外空安全保障层面的诸多新问题，而在基本原则得到深化的基础上，才有可能进一步完善和制定具体的国际规则。

第二节 保障外空安全国际法规则的完善思路

在经"人类命运共同体"理论深化的基本原则的指导下，对现行国际法规则进行完善或补充是实现外空安全保障目标的必由之路。本书第三章至第五章分别对现行防止外空武器化及军备竞赛、保障外空活动安全及长期可持续性以及月球及其他天体安全开发的国际规则进行了全面分析，本节则在此基础上探讨这些规则的未来发展路径及完善思路。

一、以《PPWT草案》为基础推动建立"硬法"与"软法"相结合的外空军控国际规则

（一）《PPWT草案》修改思路

由于外空军控谈判工作的停滞，自中、俄于2014年提出《PPWT草案》修改版本至今，国际社会对其内容并未进行更深入的讨论。2017年起，中、俄在联合国大会提出了《防止外空军备竞赛的进一步切实措施》决议并经高票通过。[1]这是在推动《PPWT草案》谈判受阻的情形下，中、俄共同提出

---

［1］对《防止外空军备竞赛的进一步切实措施》的论述及分析，参见本书第三章第二节的内容。

第六章 "人类命运共同体"理论指导下外空安全国际法完善路径建议

的权宜之策。《防止外空军备竞赛的进一步切实措施》提议制定适当、可靠、可核查以及具有法律约束力的多边协定，并提出充分考虑《PPWT草案》的基础性作用。上文分析了以《PPWT草案》作为制定外空军控国际规则进一步谈判基础的可行性与合理性，不过比照《防止外空军备竞赛的进一步切实措施》提出的未来多边协定的设想的要求，有必要对《PPWT草案》进行相应修改。

（1）"人类命运共同体"理论已经被纳入包括《防止外空军备竞赛的进一步切实措施》在内的多项涉及外空军控的联合国大会决议，该理论对外空法基本原则的深化作用以及对防止外空武器化与军备竞赛的指导意义，上文也已经做了详细分析。因此，在修改《PPWT草案》过程中应在其文本的序言中直接引入"人类命运共同体"的说法，并将该理论蕴含的深刻内涵在序言包括正文规定的相关部分进行体现。

（2）美国针对《PPWT草案》的术语界定提出了多项质疑，针对"在外空的武器"的定义，美国指出《PPWT草案》的做法并未考虑相关设备的军事任务及具体技术如何便进行了全面禁止。[1]诚然，在草案未来的谈判进程中，对这一概念的细节如何确定还有必要予以进一步讨论，不过从目前确定的内容看，美国的质疑其实并不成立。对"在外空的武器"的界定，《PPWT草案》已经明确其目的在于"消除""损害"和"干扰"在外空中物体的正常功能等，出于此类目的开展的部署活动本身便违反了《外空条约》第9条对避免有害干扰的规定。虽然第9条仅对可能存在的有害干扰规定了国际磋商等程序性要求，但对于此类活动的产生的潜在危害的关注之意已经较为明显。而如果相关活动的目标即为"消除""损害"和"干扰"，则显然应予以明确禁止，不应留有模糊的空间。美国的反馈文件提到《PPWT草案》术语界定的另一个问题是"放置在外空"的说法排除了对在亚轨道部署武器的适用。[2]这是一个值得重视的问题，不过也是国际社会在短期内无法解决的问

---

[1] "2014年9月2日美利坚合众国驻裁军谈判会议代表团致会议代理秘书长的普通照会，其中转交美利坚合众国对2014年俄罗斯和中国所提《防止在外空放置武器、对外空物体使用或威胁使用武力条约》草案的分析"，CD/1998，2014年12月3日。

[2] "2014年9月2日美利坚合众国驻裁军谈判会议代表团致会议代理秘书长的普通照会，其中转交美利坚合众国对2014年俄罗斯和中国所提《防止在外空放置武器、对外空物体使用或威胁使用武力条约》草案的分析"，CD/1998，2014年12月3日。

题。从理论上讲，构成外空法基础的五个国际条约的适用范围都是外层空间（包括月球及其他天体），其中外空的概念与《PPWT草案》的适用范围并无区别，外层空间概念的缺失并未构成条约适用的障碍。而关于亚轨道问题，其能否在未来得到解决取决于联合国外空委对空气空间与外层空间划界的争论能否有一个圆满的结果。[1]近年来，越来越多的国家开始关注临近空间的应用和法律规制问题，将这一特殊空间区别于空气空间和外层空间单独视之。[2]《PPWT草案》对"外空"以及"放置在外空"的界定在未来谈判中有进一步细化的必要，不过进行全面修改的可能性不大，对亚轨道问题的关注在现行外空条约体系框架下讨论也很难有所突破，还要视国际社会对临近空间的法律定位从长计议。美国提出术语界定部分的另外一个问题是《PPWT草案》"使用武力"和"威胁使用武力"的说法突破了现行国际法的明文规定，是一种徒劳的做法。依前文分析，国际社会对《联合国宪章》第51条所规定的"武力攻击"概念本就存在理解上的分歧，[3]《PPWT草案》在国际法框架下结合外空活动的特殊性对此进行细化解释具有重要意义，并非如美国所述是一种徒劳的做法。不过，该草案在界定"使用武力"概念时采用的"蓄意损害"这样的措辞值得商榷。从字面意思上理解，"蓄意"更倾向于从主观角度判断行为的性质，而"损害"则以行为开展（或结果）的客观角度作为判断标准。虽然《PPWT草案》的文本表述并未明确指出"蓄意"是判断行为是否符合条约规定的前置性条件，但是采用这一具有主观性的措辞可能会给草案未来的解释带来不确定性，因此有必要予以修改完善。

（3）《PPWT草案》的一个重要缺陷是核查机制的缺失。对此，作为草案倡议者的中、俄也有明确认识。两国于2017年提出的《防止外空军备竞赛的

---

[1] 联合国外空委法律小组委员会下设外空定义与定界有关事项工作组，审议与外层空间的定义和定界有关的各种事项。为此目的，工作组审议有关外层空间的定义和定界的国家立法和惯例资料，并审查各国和国际组织对有关外层空间的定义和定界问题调查表的答复，以及与科学任务和（或）载人航天亚轨道飞行有关的问题。外空定义与定界有关事项工作组的更多信息，See UNOOSA, "Working Group on the Definition and Delimitation of Outer Space of the Legal Subcommittee", https://www.unoosa.org/oosa/en/ourwork/copuos/lsc/ddos/index.html.

[2] See International Association for the Advancement of Space Safety, "Near Space-The Quest for a New Legal Frontier", http://iaass.space-safety.org/wp-content/uploads/sites/24/2021/07/IAASS-near-space-the-quest-for-a-new-legal-frontier.pdf.

[3] 参见本书第三章第一节的相关论述。

第六章 "人类命运共同体"理论指导下外空安全国际法完善路径建议

进一步切实措施》便明确提出理想的外空军控国际规则的特征应该是适当、可靠、可核查和具有法律约束力。事实上，2008年版与2014年版《PPWT草案》规定了核查措施的问题，只不过这些规定被认为不够有效。那么，是否有可能在《PPWT草案》未来的修改中加入有效的核查机制条款呢？或者说，在《PPWT草案》中增加核查措施的条款是否会解决美国等西方国家的顾虑，从而促进其接受草案内容呢？对此，答案是否定的。针对第一个问题，《PPWT草案》制定的目的在于禁止对外空物体使用武力或武力威胁以及在外空放置武器。其中使用武力或威胁使用武力的行为有较明显的外在表现，一般可以察觉，因此无需进行额外核查。对在外空放置武器行为进行有效核查是此问题的关键。但是，对于此类行为的核查需要采用监测、跟踪和定位等技术，目前尚不具备充分的技术条件建立多边国际核查机制。[1]针对第二个问题，即便未来具备了核查在外空放置武器行为的技术能力，能否在国际层面建立有效核查机制从而推动美国等西方国家接受草案内容同样值得怀疑。从技术发展程度上看，美国目前拥有全世界最综合、全面的空间态势感知能力，[2]国际层面建立针对外空军控的核查机制必然离不开美国的技术支持。而美国空间政策中对于国际军控规则的诉求是公平、可核查并加强美国及其盟友的安全。[3]在这种以其自身及盟友安全为主要追求的思维指导下，核查机制的建立本质上是为美国及其盟友提供了利用技术能力控制外空的战略优势。这与《PPWT草案》追求的实现构建外空命运共同体的理念背道而驰。在《PPWT草案》框架下开展的多边谈判和协商必然坚持"共商、共建、共享"的真正多边主义思路，这便有可能与美国坚持的思路产生冲突。换言之，即便未来技术足够成熟可以在国际层面建立核查机制，美国及其盟友是否认可《PPWT草案》的前提也依旧是其自身利益是否得到了最大化保障。在这样的背景下，针对核查机制的完善问题，中、俄可以在未来的谈判中广泛征求世

---

[1] "2009年8月18日中国常驻裁军谈判会议代表和俄罗斯联邦常驻裁军谈判会议代表致会议秘书长的信，其中转交一份文件，该文件回答了中国和俄罗斯联邦提交并作为2008年2月29日CD/1839号文件分发的《防止在外空放置武器、对外空物体使用或威胁使用武力条约草案》提出的主要问题和评论"，CD/1872，2009年8月18日。

[2] 相关论述参见本书第四章第三节对空间态势感知能力的阐述。

[3] See "National Space Policy of the United States of America", 28 June, 2010, https://history. nasa. gov/national_ space_ policy_ 6-28-10. pdf.

界大多数国家的建议，对《PPWT草案》中已经规定的监督措施，即附加议定书以及透明度与信任措施进行细化，作为草案正文规定的补充规则。另外，还可以进一步完善争端解决规则，推动缔约国对条约义务的履行，弥补由核查机制缺失导致的违反条约义务问题。

（4）《PPWT草案》较为狭窄的规制范围也是以美国为代表的西方国家质疑较多的问题。详言之，美国认为，作为一项外空军控条约，《PPWT草案》并未禁止研究、发展、生产和储存外空武器行为，对针对本国外空物体开展的反卫星试验问题同样未予禁止。[1]美国的这一总结相对比较准确，中国在国际场合回应美国此项意见时也表示了认同。那么，存在的问题是，在未来的进一步谈判中，是否有可能扩大《PPWT草案》的适用范围，将上述活动全部纳入禁止范畴呢？从目前世界多数国家对外空活动的利益诉求以及国际规则和机制的发展程度看，这一目标很难在短期内实现。针对外空武器的研发、生产和储存这些典型的外空军备竞赛问题，即便是将之纳入草案禁止范畴，同样也会面临难以核查的问题，反而可能会为强权国家提供干涉他国内政提供机会。而如果《PPWT草案》对外空武器化明确禁止的规则可以得到有效执行，便能起到抑制外空军备竞赛的作用。因此，草案涵盖范围的不周延不应构成阻碍其受到广泛认可的原因。这也正如草案的另一提议国俄罗斯所言，当务之急是先建立法律制度，相关问题可以在制度建立之后逐步完善。[2]反卫星试验同样是一个比较难以协调的问题，在现行条约框架体系下，陆基武器非用于损害别国外空物体或威胁别国外空物体安全的情形并不构成违反国际法的行为。而以美国和俄罗斯为代表的空间强国都曾开展过类似试验。[3]对其进行禁止性规定在短期内不具备可操作性。从近年的实践发展看，开展相关试验的国家愈加强调对外空环境的保护，并将有效处理试验产生的空间碎片作为论证其合理性的依据。如果这一观念逐渐在世界各国之间形成共识，便可以在保障外空资产安全的同时在某种程度上限制此类试验的开展，待到

---

[1] "2014年9月2日美利坚合众国驻裁军谈判会议代表团致会议代理秘书长的普通照会，其中转交美利坚合众国对2014年俄罗斯和中国所提《防止在外空放置武器、对外空物体使用或威胁使用武力条约草案》的分析"，CD/1998，2014年12月3日。

[2] "2017年9月7日智利常驻代表团致裁军谈判会议秘书长的普通照会，其中转交关于防止外层空间军备竞赛的非正式讨论报告"，CD/2100，2017年12月14日。

[3] 对反卫星试验的介绍，参见本书第四章第二节的相关内容。

谈判条件成熟之时，再探讨制定禁止反卫星试验的具有拘束力的法律措施。

（二）"硬法"与"软法"相结合的外空军控规则的建立

上文对防止外空武器化和军备竞赛法律规制模式的分析提出了"硬法"与"软法"相结合的"中心"－"外围"模式。[1]处于这一模式"中心"地位的"硬法"的作用是奠定外空军控规则体系的基础。《PPWT草案》明确规定了禁止对外空物体使用武力或威胁使用武力以及在外空放置武器。在"人类命运共同体"理念深化原则的指导促进之下推动草案具体规则的修改，使其更具国际认可度和可操作性，则可进一步确定其在防止外空武器化和军备竞赛法律框架体系中基础性的"中心"地位。"软法"规则的完善和制定则可围绕这一"中心"展开。

《PPWT草案》并不排斥"软法"模式在外空军控中的适用，2008年版《PPWT草案》第6条，2014版第5条都提出了为保证条约遵守，各缔约国可以在自愿的基础上执行商定的透明度与建立信任措施。在未来修改完善的过程中，对透明度与信任措施的细化是进一步推动草案受更多国家认可的方式。围绕草案框架下的透明度与信任措施如何制定，如下几个问题应该引起重视：

（1）"硬法"与"软法"的"中心"－"外围"模式确定了"硬法"处理基础性法律关系的地位，而"软法"则主要涉及事务性关系。事务性关系涉及更多的细节性规定，但应以确定基础关系的"硬法"为依据。《PPWT草案》的修改思路包括对"人类命运共同体"理论的全面综合纳入，因此透明度与信任措施的规定也应体现出对该理念的具体履行。

（2）国际社会努力推动的针对建立外空活动透明度与信任措施的"软法"规则成果主要为2013年的《专家组报告》以及欧盟提出的《ICoC草案》。其中，前者提出了建立外空活动透明度与信任措施的关键要素，后者则设计了详细的制度安排。[2]两个文件虽然不具法律约束力，但是其基本框架和相关内容是在诸多国家广泛参与的基础上作出的，《专家组报告》的专家组成员包括来自中国、俄罗斯、美国、英国、法国、意大利、韩国、巴西以及

---

[1] 参见本书第三章第三节的内容。

[2] 当然，也正如上述，《ICoC草案》并非仅针对建立外空活动透明度与信任措施展开，还涉及诸多其他层面的内容，但是其设计的诸多制度性安排对建立外空活动透明度与信任措施有重要的保障意义。对《ICoC草案》的详细介绍与分析，参见本书第三章第二节的内容。

南非等多个国家的外空技术及法律、政策专家，[1]《ICoC草案》虽然由欧盟主导，但也通过在联合国框架下召开会议的方式将草案内容提供给世界各国进行讨论。[2]因此，两个文件的内容对于建立外空活动透明度与信任措施具有重要的借鉴意义。《PPWT草案》框架下透明度与信任措施的建立不应抛开已有基础而自成体系，而应在全面参考和吸纳《专家组报告》和《ICoC草案》已经确定的基本框架、要素和制度措施的基础上，结合《PPWT草案》自身期待实现的防止外空武器化和军备竞赛目标制定具有可操作性的规则和措施。

（3）在外空军控国际规则的"软法"措施提议之中，除了建立外空活动透明度与信任措施之外，2020年联合国大会通过的《通过负责任行为准则、规则和原则减少空间威胁决议》提出了进一步制定和实施负责任行为准则、规则和原则的倡议。试图以区分行为性质的方式实现保障外空和平、安全、稳定、可靠和可持续的目标。将外空军控的"物控"思路向"行为控"转变。鉴于将行为以"负责任"和"不负责任"的标准进行简单划分带有较强的主观色彩，容易受到空间强国国内利益的左右，我国并不认可这一做法。但值得注意的是，经过联合国大会的投票，《通过负责任行为准则、规则和原则减少空间威胁决议》作为一个全新的提议，获得了多数国家的支持，且相较于俄罗斯和中、俄提出的另外两项提议，《通过负责任行为准则、规则和原则减少空间威胁决议》获得了最多的赞成票和最少的反对票。[3]可以想见，

---

[1] 起草《专家组的报告》的成员包括：若奥·马尔切洛·加沃·德·奎罗斯（巴西外交部裁军和敏感技术司司长）；赫尔穆特·拉各斯（智利常驻联合国副代表）；戴怀诚（中国外交部军控司处长）；杰拉德·布拉赫特（法国空域和空间研究院院长）；赛吉欧·马尔基希奥（意大利国家研究委员会国际法律研究所所长）；鲁斯兰·阿米尔热耶（哈萨克斯坦国防部军事方案负责人）；奥古斯丁·U.恩沃萨（尼日利亚常驻联合国代表团公使）；朴楚敏（大韩民国外交部国际组织局副局长）；迪米特鲁·多林·普鲁纳留（罗马尼亚空间局科学理事会会长）；维克托·L.瓦西里（俄罗斯联邦常驻联合国日内瓦办事处和其他国际组织代表团常驻副代表）；彼得·马丁内斯（南非空间事务委员会主席）；穆斯塔法·M.贾费亚（斯里兰卡驻挪威大使）；安德烈·卡西亚诺夫（乌克兰外交部裁军与不扩散处参赞）；博里斯·阿塔马年科（乌克兰国家空间局国际关系司长）；理查德·克劳瑟（大不列颠及北爱尔兰联合王国空间局总工程师）以及弗兰克·A.罗斯（美利坚合众国国务院军控、核查与执行局国家空间与防务政策助理国务卿帮办）。

[2] See Lucia Marta, "Code of Conduct on Space Activities: Unsolved Critiques and the Question of Its Identity," https://www.frstrategie.org/publications/notes/code-of-conduct-on-space-activities-unsolved-critiques-and-the-question-of-its-identity-201526.

[3] 对三项专门针对防止外空武器化及军备竞赛联大决议投票结果的统计和具体分析，参见本书第三章第二节的内容。

在未来的若干年中，围绕该决议展开进一步谈判并推出相关外空负责任行为准则和最佳实践将是一个必然的发展趋势。我国虽然对此决议投出了反对票，但并非全然否定外空负责任行为的这种说法。在针对该项决议进行反馈的中方文件中，我国提出了外空负责任行为应遵守的原则和具体行动。其中应遵守的原则包括：维护共同和普遍安全；遵守现行国际法原则；坚持防止外空军备竞赛；保持外空安全（Security）与和平利用活动（Safety）的平衡；坚持多边主义，寻求综合性解决方案。[1]负责任外空行为的具体行动则包括：支持外空军控条约的谈判；停止在外空的对抗和干扰活动；在自愿的基础上建立透明度与信任措施；保证和平利用外层空间的长期及可持续性。[2]总的来说，我国对于外空负责任行为应遵守原则和采取的具体行动的提议与《PPWT草案》的规定一致，并且提议中明确《PPWT草案》这样的具有约束力的条约倡议是实现外空负责任行为的法律基础。因此，在未来针对《通过负责任行为准则、规则和原则减少空间威胁决议》的谈判中，我国可以借助《PPWT草案》完善的契机，在努力推动"硬法"-"软法"协调的同时，探寻协调外空军控"物控"和"行为控"这两种思路的合理结合方式。

二、以完善"软法"规则为契机推动制定外空交通管理规则

以保障外空活动安全及长期可持续性为目标的相关法律规则一般被归类至"Safety"层面。对外空安全国际规则，依据内容（Security与Safety）进行二元分类符合国际规则发展的现状，也更有利于形成具备综合性特征的法律框架体系。前文对防止外空武器化和军备竞赛规则的设想可以被概括为"硬法"-"软法"相结合的模式。而针对外空活动安全及长期可持续性保障，从现行国际规则的发展态势来看，仍应以完善"软法"规则为主，在此基础上逐步推动外空交通规则的制定。

---

[1] "Document of the People's Republic of China pursuant to UNGA Resolution", 75/36 (2020), 30 April, 2021, https://www.fmprc.gov.cn/ce/ceun/eng/chinaandun/disarmament_armscontrol/unga/t1873083.htm.

[2] "Document of the People's Republic of China pursuant to UNGA Resolution", 75/36 (2020), 30 April, 2021, https://www.fmprc.gov.cn/ce/ceun/eng/chinaandun/disarmament_armscontrol/unga/t1873083.htm.

(一)"软法"规则的完善

外空活动安全及长期可持续性保障的"软法"规则的发展经历了一个从单一走向综合的过程。[1]其中,单一规则主要关注空间碎片治理,尤其是空间碎减缓问题,综合性规则对外空交通秩序进行全面考虑,期待建立外空交通规则。从目前的情况看,以"软法"为主要表现形式的单一性质规则发展较为完备,不过愈加显示出无法应对新发展需求的弊端。综合性质规则仍限于学术讨论范畴,联合国框架下虽有一定进展但处于发展初级阶段。对保障外空安全及可持续性的"软法"规则进行完善,应主要从单一性规则入手但同时要考虑相关的综合性规则。

(1) 专注于空间碎片减缓的《IADC指南》与《外空委准则》得到了世界多数国家的认可,诸多国家也通过制定国内政策与规则的方式履行了指南和准则提出的对空间碎片减缓的要求,起到了对"软法"规则的硬化效果。即便如此,《IADC指南》与《外空委准则》仍有进一步完善的必要性。学者们较为关注的任务后处置不超过25年轨道停留时间的适当缩短问题随着外空物体以及空间碎片数量的增加而显得愈发必要。此外,外空碰撞的风险越大,对法律有效执行的要求越高。以《IADC指南》与《外空委准则》为代表的空间碎片减缓"软法"规则虽然目前基本上满足保障外空活动安全开展的需要,在一定程度上维持了"硬法"缺失情况下的稳定,但这种稳定会随着碰撞风险的增大而被打破。近年来,无论是外空科学技术领域专家还是法律及政策专家都已经意识到了有效治理空间碎片的紧迫性和必要性,然而,在短期内无法在主要国家之间达成制定"硬法"规则的协议的情况下,推动各国对"软法"规则的有效执行是一种可选的方式。

(2) 空间碎片移除问题没有在现行"软法"规则框架之下进行详细规定,但随着对空间碎片移除的实际需求日益增加,国际规则的制定也应尽快提上日程。从表现形式上看,空间碎片移除活动的开展要求相关国家主动采取行动,与具有被动预防性质的减缓活动有本质区别。此外,空间碎片移除活动的开展在多数情况下不仅仅涉及一个国家,可能需要处理多个国家之间不同性质的法律关系。从规则的组成上看,移除活动的开展至少需要具体操

---

[1] 具体分析参见本书第四章第一节的内容。

第六章 "人类命运共同体"理论指导下外空安全国际法完善路径建议

作规则、管理协调机构建立与职能分配规则以及争端解决规则等。因此,参照空间碎片减缓模式制定"软法"规则很难满足空间碎片移除活动的具体要求。但在国际条约无法通过的情形下,"软法"仍能起到过渡的作用。可以先针对技术特征较明显的空间碎片移除操作准则展开谈判,并推出"软法"规则,在技术标准相对确定的前提下,再逐步推动其他必要规则的制定。

(3)《2019准则》是包含建立外空交通管理规则思路的保障外空活动安全的综合性规则,从外空活动监督管理框架、外空业务安全以及外空合作等多个角度提出了细节性要求,勾勒出外空交通管理法律规则、技术措施以及机制保障等几个重要方面的基本特征。《2019准则》是历经8年谈判而推出的保障外空活动安全的最新成果。[1]虽然仍有诸多细节未能达成一致,但是随着该准则的通过,联合国外空委建立了专门的外空活动长期可持续性工作组,作为进一步谈判和执行准则的保障机制。[2]《2019准则》对现行国际规则起到了补充和细化的作用,[3]如果其确定的相关准则能在未来的实践中有效实施,必然将为外空交通管理规则的建立奠定坚实的基础。从实践情况看,美国高度关注准则执行情况,英国于2020年1月向联合国外空委提交"《外层空间活动长期可持续性准则》的自愿实施和英国建议的报告方法"会议室文件,提出准则实施报告模板。[4]2021年1月,英国空间局还与联合国外空司达成落实《2019准则》的合作关系。[5]我国代表团一直积极参与外空活动长期可持续性议题的审议工作,[6]并秉持履行国际规则、推动外空国际合作

---

[1] 关于《外空活动长期可持续性准则》的谈判过程可以参见联合国外空委科技小组委员会外空活动长期可持续性工作组的具体工作介绍。UNOOSA, "Working Group on the Long Term Sustainability of Outer Space Activities", https://www.unoosa.org/oosa/en/ourwork/copuos/working-groups.html.

[2] UNOOSA, "Working Group on the Long-Term Sustainability of Outer Space Activities", https://www.unoosa.org/oosa/en/ourwork/copuos/working-groups.html.

[3] 崔宏宇:"从软法的作用与影响看《外空活动长期可持续性(LTS)准则》的执行问题",载《空间碎片研究》2021年第1期,第67页。

[4] "Voluntary Implementation of the Guidelines for the Long-term Sustainability of Outer Space Activities and Proposed Reporting Approach by the United Kingdom", A/AC.105/C.1/2020/CRP.15, 7 February, 2020; 崔宏宇:"从软法的作用与影响看《外空活动长期可持续性(LTS)准则》的执行问题",载《空间碎片研究》2021年第1期,第68页。

[5] "UK Space Agency Announces New Partnership with UNOOSA to Further Space Sustainability Efforts", Astrolscale, 28 January, 2021, https://astroscale.com/uk-space-agency-unoosa-sustainability.

[6] "中国代表介绍中方关于'外空活动长期可持续性'议题的立场和主张",载https://www.fmprc.gov.cn/ce/cgvienna/chn/hyyfy/t1437975.htm,最后访问日期:2022年9月9日。

的原则和理念。[1]可以想见，在《2019准则》未来的具体实施过程中，我国同样会发挥负责任空间大国的作用。

综上，对现行相关"软法"规则进行完善的思路主要体现在规则细化及增强执行性上，细化的意义在于应对愈加复杂的外空活动实践需求，而采取增强执行性的硬化措施则是应对日益拥挤的外空轨道环境产生的诸多问题的必然选择。从长远角度看，制定国际外空交通管理规则是保障外空活动安全和长期可持续性的最佳选择。

(二) 外空交通管理规则的制定

建立综合性外空交通管理机制对"硬法"及有效执行机构依赖性较高。依靠国家自愿执行的"软法"规则对外空交通管理机制的构建有重要的推动意义，并且可以在一段时间内起到过渡作用。不过，从长期发展目标看，"硬法"规则的制定仍是建立外空交通管理机制的必要条件。值得欣慰的是，越来越多的国家开始重视对空间碎片减缓以及外空活动长期可持续性的执行问题。这为外空交通管理规则谈判的进一步开展提供了可能性。

诸多机构都曾经对外空交通管理机制的构建提出过综合性建议措施，[2]一般而言，外空交通管理机制的建立需要同时满足科技和法律规范的要求。结合前文分析，本书认为外空交通管理的法律层面应兼顾规则的制定和实施，且应在完善现行国际"硬法"和"软法"规则的基础上制定新的外空活动规则。此外，制定外空交通规则还应考虑与其他相关规则的互动与协调。详言之：

(1) 确立外空交通管理机构，并制定机构组织规则。将外空视为交通管理范畴进行规制的一个重要前提是确定具有协调职能的管理机构。以发展得较为成熟的民航领域为例，1944年《芝加哥公约》建立的国际民航组织具备发展国际航行原则及技术、促进国际航运规划和发展的职能。[3]国际民航组

---

[1] 《2021中国的航天》白皮书提出未来我国构建外空国际合作新格局采取的基本政策包括：维护联合国在外空事务中的核心作用，遵循《外空条约》重视联合国相关原则、宣言、决议的指导意义，积极参与外空国际规则制定，促进外空活动长期可持续发展。

[2] 如上文所述，国际宇航科学院分别于2006年和2018年发布《外空交通管理研究报告》。除其之外，国际空间大学也曾针对外空交通管理规则作过详尽分析，See International Space University, *Space Traffic Management: Final Report*, Summer Session Program 2007, Beijing, China.

[3] 《芝加哥公约》第44条。

第六章 "人类命运共同体"理论指导下外空安全国际法完善路径建议

织框架下的诸多职能部门负责空中交通管理与协调,其中空中航行局通过与相关者进行合作协调管理空中航行安全、能力和效率策略,同时负责国际民航组织危机应对和突发事件处理工作。[1]与民航领域相比,外空活动的空间范围不属于国家主权管辖范畴,外空发射活动本身体现出来的运输功能与专注于客、货、邮运输的民用航空活动也有本质差别。因此,即便采纳了交通管理的概念,外空交通管理与空中交通管理的具体内容也相去甚远。[2]但从管理机构设置的角度看,民航领域的做法仍具有一定的借鉴意义。作为外空法基础的五个条约没有设置专门的外空活动管理机构,但早在1959年,联合国大会便建立了外层空间委员会管理外空探索和利用活动。联合国外空委的主要职责包括审议和平利用外层空间的国际合作、研究联合国可以开展的外空相关活动、鼓励外空研究项目以及研究探索和利用外层空间的法律问题等。随着外空技术的进步,外空相关议题也不断增加,联合国外空委则扮演了对新发展进行讨论和提出应对措施的全球性平台角色。[3]1961年,联合国外空委下设了科技和法律小组委员会。科技小组委员会现有外空与全球健康工作组、全体工作组、在外空使用核动力源工作组以及外空活动长期可持续性工作组;法律小组委员会则下设了联合国五项外层空间条约的现状与适用情况工作组、与外空定义与定界有关事项工作组以及外空资源工作组。[4]从几个工作组的职能和关注事务的范畴角度看,科技小组委员会下设的外空活动长期可持续性工作组对于外空交通管理机构的建立有重要意义。《2019准则》包含外空交通管理机制的诸多要素,以外空活动长期可持续性工作组未来的具体实践为起点,同时考虑法律小组委员会外空交通管理议题进展是建立外空

---

[1] ICAO, "Air Navigation Bureau", https://www.icao.int/safety/airnavigation/Pages/default.aspx.

[2] 空中交通管理是对空域和空中交通的综合管理,包括空中交通服务、空域管理和空中交通流量管理三个方面的内容。空中交通服务的一般目的是确保安全有序的交通流动,并向机组人员以及在紧急情况下向适当的机构提供必要的信息。空域管理的目的是尽可能有效率地管理空域这一有限资源,满足用户需求。空中交通流量管理的首要目的是尽可能调整飞机流量以避免某些控制区域出现拥堵。对空中交通管理的具体介绍,See "Air Traffic Management (ATM)", Skybary, https://skybrary.aero/articles/air-traffic-management-atm.

[3] UNOOSA, "Committee on the Peaceful Uses of Outer Space", https://www.unoosa.org/oosa/en/ourwork/copuos/index.html.

[4] UNOOSA, "Working Groups of the Committee and its Subcommittees", https://www.unoosa.org/oosa/en/ourwork/copuos/working-groups.html.

交通管理机构规制的可行方式。目前，外空活动长期可持续性工作组的职能已经由最初的推动准则的通过演变为促进《2019 准则》的实施，在推动《2019 准则》实施的过程中，可以逐步探索工作组在协调各国和国际组织在关于信息收集和分享等诸多问题上的方式，逐步明确工作组在《2019 准则》实施过程中的职能和权限等，为未来正式的外空交通管理机构的建立和规则制定积累足够的经验。

（2）进一步完善现行国际规则并推动制定新的外空活动管理规则。现行外层空间条约及相关规则虽然未能构成综合性的外空交通规则体系，但诸多关于外空活动的规定（例如空间碎片减缓、宇航员营救、避免有害干扰以及地球静止轨道频率分配等）都是外空交通管理规则的重要组成部分。对这些规则进行符合外空技术和外空活动发展要求的完善和更新不仅是外空交通管理的需要，也是这些规则发展的内在要求。除了在内容上进行完善和更新之外，推动缔约国对相关规则的遵守也是完善措施的一部分。《2019 准则》第一部分提出各国应在现有规则的基础上完善国内外空活动监督管理法律的细节性措施便是推进履行国际规则义务的做法。联合国外空委法律小组委员会下设的联合国五项外层空间条约的现状与适用情况工作组多年来开展的相关工作也能起到相同的作用。仅完善现行国际规则显然不足以构建综合性外空交通规则，因此还应适时制定新规则。未来需要制定的新规则包括在轨阶段的通行权规则、在轨机动的优先权规则等。针对新出现的近地轨道卫星星座则可能需要专门的操作和避碰规则。〔1〕

（3）制定处理与外空交通管理相关的附加规则。从体系内部看，建立协调管理机构并制定机构活动规则加上完善和制定相应的管理外空活动的实体和程序规则可以形成一个相对完整的外空交通规则框架。但外空交通管理并非孤立存在，从空间范围上看，外层空间与临近空间和空气空间密切相关，从规制对象的性质上看，重点关注外空民商事活动安全的外空交通管理规则与外空军控规则也无法完全分割。因此，有必要制定附加规则对相关问题进行协调。当然，存在的问题是，目前临近空间规则与外空军控规则的发展都并不完善，附加规则的制定依赖上述领域规则的发展情况。联合国外空委可

---

〔1〕 对外空交通管理规则具体内容的分析参见本书第四章第三节的内容。

以逐步加强与国际民航组织[1]及裁军谈判会议的沟通，为未来具体规则的制定奠定基础。

三、促成《阿尔忒弥斯协定》框架下活动与中、俄月球科研站项目在安全保障规则上的合作以推动国际规则制定

讨论月球及天体开发安全保障法律规则的建立与完善，无法回避的问题是如何建立月球及天体资源开发国际规则与机制。1979 年《月球协定》的失败以及 2015 年起美国连续推出的一系列针对天体资源开发的单边措施将这一问题的解决推到了一个极为尴尬的处境。联合国外空委法律小组委员会的外空资源工作组计划在未来若干年之内通过收集关于探索、开发与利用外空资源相关的信息以及在各成员及相关参与方间充分交换意见等方式提出适用于外空资源开发活动的原则及规则和规范建议，为国际法框架的建立做好准备工作。[2]其中关于信息收集的内容包括在探索、开发及利用外空资源方面科学技术的进步以及现行实践，对于计划提出的原则的要求包括满足安全、可持续、合理及和平开发利用外空资源的需要。[3]显然，美国诸多私营实体开发和探索天体资源的需求以及诸多国家对天体资源的国内立法属于工作组应收集并予以讨论的信息，而对基本原则的讨论也无法回避《月球协定》早已确定的"全人类共同继承财产"原则的适用问题。因此，期待短期内在联合国框架下制定规范天体资源开发和利用的国际规则不具备现实基础。[4]从目

---

〔1〕 临近空间法律性质和法律地位未定，其介于空气空间和外层空间之间的特征会使得国际民航组织和联合国外空委都对其予以关注。两个机构之间的协调也是未来制定临近空间国际法规则的重要前提之一。

〔2〕 "Co-Chairs' Proposed Five Year Workplan and Methods of Work for the Working Group on Legal Aspects of Space Resource Activities", 5 April, 2022, https://www.unoosa.org/documents/pdf/copuos/lsc/space-resources/Co-Chairs_ Proposed_ Workplan_ as_ at_ 5_ April.pdf.

〔3〕 "Co-Chairs' Proposed Five Year Workplan and Methods of Work for the Working Group on Legal Aspects of Space Resource Activities", 5 April, 2022, https://www.unoosa.org/documents/pdf/copuos/lsc/space-resources/Co-Chairs_ Proposed_ Workplan_ as_ at_ 5_ April.pdf.

〔4〕 外空资源工作组的未来五年工作计划提出，工作组计划于 2027 年提出天体资源开发活动应遵守原则的初步建议，并在法律小组委员会达成一致。可见，如果期待工作组提出详细的天体资源开发规则，可能要等到 2027 年之后的另外一个五年计划中完成。See "Co-Chairs' Proposed Five Year Workplan and Methods of Work for the Working Group on Legal Aspects of Space Resource Activities", 5 April, 2022, https://www.unoosa.org/documents/pdf/copuos/lsc/space-resources/CoChairs_ Proposed_ Workplan_ as_ at_ 5_ April.Pdf.

前的实践状况看，美国的《阿尔忒弥斯协定》框架下的合作活动已经开始逐步推进，相关的资源开采活动可能会在国际规则正式制定和实施之前便已经开展，而在美国与中、俄在月球探索进程中存在项目竞争的背景下，在双方之间达成一致意见（尤其是关于保障活动安全和避免冲突的协议）显然更具现实性也更加紧迫。

（一）《阿尔忒弥斯协定》框架与中、俄月球科研站对月球及其他天体开发活动的安全保障协调

美国与中、俄在月球及其他天体开发和探索问题上虽存在一定的竞争关系，但同时也有诸多共同利益，保障月球及其他天体的安全开发及可持续发展便是其中之一。美国对地月空间的战略部署客观上减弱了《外空条约》确定的月球及其他天体完全非军事化规则的作用，对此问题，中、俄与美国之间在短时间内很难达成一致意见。虽然美国对地月空间与地球静止轨道之下的空间做了战略上的区分，但从理论上讲，地月空间仍是外层空间的一部分，国际社会仍旧认可其"非侵略性"利用的性质。因此，即便在地月空间开展的战略部署会影响月球表面的活动，对地月空间利用的法律规制也仍以一般的外空军控规则为主。换言之，中、俄与美国及欧洲国家之间如果能在防止外空武器化与军备竞赛的国际规则制定和实施问题上达成一致意见，地月空间的军事利用问题便可迎刃而解。而对于在月球表面开展的活动的安全保障问题，中、俄与美国及其盟友之间则应尽最大努力寻求共同利益，推动促成双方的合作。

（1）中、俄与美国之间可以寻求月球探索方面的科学技术和非敏感信息领域的交流和合作。外空科学技术方面的合作是《外空条约》确定的重要合作领域之一，1996年《国际合作宣言》对此同样有所规定。在月球探索和开发过程中，不同参与主体之间的科技合作和沟通有利于人类社会在月球这一未知领域活动的可持续发展，符合全人类共同利益要求，而对非敏感活动信息的公开也是不同项目之间避免冲突的必要手段。针对科学技术和相关信息的合作与交流虽然不直接作用于月球开发的安全保障，但是可以为中、俄及美国之间打开沟通渠道，为双方在其他方面开展更深入的合作奠定基础。

（2）中、俄与美国及其盟友之间可以努力寻求月球探索和开发活动守则和技术标准制定方面的沟通及合作。法律规则方面的合作是《外空条约》确

第六章 "人类命运共同体"理论指导下外空安全国际法完善路径建议

定的另外一个合作领域。对于月球及其他天体开发活动而言，关系到资源开发与分配的问题是争议的焦点之一，也是国际规则关注的重点。对此，联合国外空委法律小组委员会外空资源工作组已经开启了规则制定进程。在国际规则谈判和制定的漫长进程中，中、俄与美国很可能已经在月球开展了探索和开发活动，国际法的缺失加之美国单边做法的影响会使双方在规则层面的合作比较困难，但是双方在规则上的完全割裂也会阻碍各自活动的展开。因此，即便在短时间内无法实现宏观上的共识，双方也可以在切实关切到活动安全的具体问题上形成协调，例如项目参与方的活动准则以及技术标准等。活动准则同时也涉及安全区的划定和活动规则的相对透明和统一。安全区的划定可以避免双方不必要的冲突和干扰，关系到各自项目的安全问题。技术标准的相对透明统一则有利于紧急情况下的协助和救援，同样涉及安全保障。此外，技术标准的透明和统一还能为非政府实体的商业活动开展预留空间。

（3）应发挥两个项目的共同参与国在双方合作中的推动和协调作用。无论是外层空间五个基础性条约确定的诸多关于"为和平目的探索和利用外空""外空国际合作"以及"外空活动全人类共同利益"原则还是我国首倡的"人类命运共同体"理论和构建外空命运共同体的思路，都希望将外层空间作为全人类共同的事情进行探索、开发和利用。但如人类已经踏足的其他"全球公域"一样，外空规则的制定也无法摆脱大国和强国之间政治博弈的影响。在"逆全球化"思潮甚嚣尘上以及以美国为代表的相关国家的单边措施大行其道的当下，在中、俄与美国之间达成关于月球探索和开发的一致意见的难度可想而知。但正如上述，将地球上的对抗和冲突带到外层空间尤其是月球这一需要所有国家紧密合作的领域并非明智之举，因此在双方之间达成某些方面的合作和协调是活动开展的必然要求。当然，在推动合作的进程中，可以发挥项目的共同参与国的沟通协调作用。目前《阿尔忒弥斯协定》框架下已经有25个参与国，诸多欧洲国家尚未参与其中。中、俄月球科研站项目目前虽仅有两个国家，但欢迎其他国家的广泛参与，不少欧洲国家都表现出了对项目开展的兴趣。[1]随着双方合作项目的进展，不能排除出现两个项目的

---

[1] 2021年10月，欧空局曾与成员国讨论加入中、俄月球科研站项目的可行性。参见"俄媒：欧空局正在讨论加入中俄月球科研站项目的可行性"，载 https://www.thepaper.cn/newsDetail_forward_15096245，最后访问日期：2022年9月9日。

共同参与国,而这些国家能够发挥的作用应予以重视。

(二) 保障月球开发及探索安全国际规则的制定

即便未来中、俄与美国之间在月球探索和开发问题上达成某些合作协议,也只能视为一种过渡措施。外层空间(包括月球及其他天体)的探索和开发是全人类共同的事情,推动制定国际法规则是保障活动有序开发和安全的最佳方式。然而,无论是针对月球及其他天体资源开发还是安全保障,国际规则的制定都存在一定的困难,需要世界各国通过协商予以进一步推动。作为负责任的空间大国以及月球探索项目的重要倡导者,我国应以中、俄月球科研站的实践为契机,努力推动国际规则的制定。

如果中、俄与美国之间在月球探索和开发活动中形成了一定的共识并制定了标准和规则,这些活动本身便会变成未来国际规则制定过程中应考虑的现有实践。中、俄月球科研站坚持"人类命运共同体"理念,实质上确定了月球探索开发所应秉持的基本原则。在未来国际规则的制定过程中,可以将相关理念予以纳入,构成指导月球开发探索、保障月球活动安全的基本国际法原则。

从具体规则和规范角度看,参照《月球协定》的内容,未来规制月球探索和开发活动的国际规则至少应包括国际法适用和国际合作规则、非军事化保障规则、科学研究及信息交流规则、环境保护规则、人员救助规则、资源开发和分配规则、管辖权规则、责任规则以及争端解决规则等。[1]联合国外空委法律小组委员会外空资源工作组因天体资源的开发争议而设立,其已纳入工作规划的国际原则和规范应能包含上述大多数内容,且可能在此基础上制定新的规则。本书关注安全保障,对于月球及其他天体开发中的武器利用和军备竞赛问题,在《外空条约》和《月球协定》已经确定的月球完全非军事化规则的基础上进行细化规定是未来规则的发展方向。而关于月球开发和探索活动的安全保障问题,则有必要进一步明确信息沟通、人员救助、安全区划定与区内活动开展以及争端解决等方面的规则。

综上所述,囿于外空安全概念本身的综合性和复杂性特征以及不同的外空安全领域国际规则发展的不一致,保障外空安全的国际规则的制定思路也

---

[1] 关于《月球协定》的逐条分析, See Stephan Hobe, Berhard Schmidt-Tedd, Kai-Uwe Schrogl (eds.), *Cologne Commentary on Space Law* (Vol. Ⅱ), Carl Heymanns Verlag, 2013, pp. 348~426.

第六章 "人类命运共同体"理论指导下外空安全国际法完善路径建议

有所不同。外空军控层面已经基本形成了"硬法"与"软法"并存的局面，在进一步完善《PPWT草案》的前提下，形成"硬法"与"软法"的"中心"-"外围"模式应是未来的发展方向。在外空活动安全及可持续性保障层面，"软法"依然是最主要的规制模式。不过，从未来发展需求看，仍旧有必要达成"硬法"规则并建立外空交通管理规则。月球探索开发活动安全保障的问题稍显复杂。其一方面融合了外空"Security"与"Safety"两个层面的内容；另一方面还涉及由地月空间这一新领域的战略布局以及资源开发活动开展带来的新安全问题。在规则方面，国际规则的实际作用受限，目前起到主要作用的是国内单边立法和政策等。当然，制定有效国际规则仍是未来的发展趋势。作为月球探索和开发活动的重要参与国，我国一直坚持"人类命运共同体"理念，在未来国际规则的制定过程中势必起到重要的推动作用。

第三节 推动"人类命运共同体"理论指导下保障外空安全原则与规则国际认可的实践措施

"人类命运共同体"理论是中国提出来的全球治理方案，对于国际法基本理念、原则和规范有重要的指导意义。对于"人类命运共同体"理论的基本内涵，不少国家存在担忧和误解，认为中国期待通过该理论的推出重建天下秩序，取代现有国际组织，建立中国主导的新的全球组织。[1]因此，即便"人类命运共同体"理念已经被多项联合国大会决议接受，但仍受到不少国家的质疑。[2]为消除这些误解，推动国际社会更好地认知和接受"人类命运共同体"理念以及在其指导下完善的保障外空安全的国际法原则和规则，中国应在相关国际和区域平台以及合作项目中发挥负责任空间大国优势、以身作

---

〔1〕 具体论述参见本书第一章第一节的内容。
〔2〕 例如，美国和英国在于2017提交的针对中、俄提议的《防止外空军备竞赛的进一步切实措施》的阐释中认为该决议包含了一个例子，说明中国试图将其多边主义和世界地缘政治的国家观点强加于国际体系。而美、英所说的这个例子正是《防止外空军备竞赛的进一步切实措施》决议纳入的"人类命运共同体"理念。See "Explanation of Vote in the First Committee on Resolution L. 54：Further Practical Measures for the Prevention of an Arms Race in Outer Space", Ambassador Robert Wood U. S. Permanent Representative to the Conference on Disarmament, October 20, 2017, https://usun.usmission.gov/explanation-of-vote-in-the-first-committee-on-resolution-l-54-further-practical-measures-for-the-prevention-of-an-arms-race-in-outer-space.

则，贯彻践行相关理念。同时，还可以借助开展国际和区域合作项目的契机，推动参与合作的国家全面了解并践行"人类命运共同体"理念，从而接受经理念指导完善的相关原则和国际规则，共同助力实现外空安全保障的国际治理目标。

一、以政府间和非政府间国际组织为平台推动国际社会对"人类命运共同体"理念的认可

（一）依靠联合国相关机构推动"人类命运共同体"理念对国际规则的制定与完善的指导

联合国是第二次世界大战之后建立的维护国际秩序的最重要的政府间国际组织，我国是联合国成员国、联合国安理会常任理事国，同时也是联合国各相关机构的重要参与国。此外，我国一直支持联合国在处理国际事务包括外空事务中的核心地位。[1]以联合国及其相关机构为平台推动相关国际规则的制定和完善，促进世界各国对"人类命运共同体"理论的接受和认可具有天然的优势和合法性。从保障外空安全的角度看，外空军控及外空活动安全及可持续开展问题的裁军谈判会议和联合国外空委应受到重视。

在裁军谈判会议平台上，我国提出了《PPWT草案》供世界各国讨论，同时，我国也积极参与联合国外空委关于外空合作、外空活动长期可持续性以及外空资源规则制定等诸多议题的讨论，并提出建议。从当前的发展情况看，《PPWT草案》面临细化和完善问题；保障外空活动长期可持续性的《2019准则》面临在世界各国间进一步达成共识并有效实施问题；外空资源开发面临新规则的制定和完善问题。对此，前文已做过具体分析，此不赘述。我国积极参与和推动上述规则制定和完善的过程本身便是推动贯彻"人类命运共同体"理念的体现，而如若经过完善的规则获得越来越多的国家认可，反过来会推动各国对该理念的认知和接受。

（二）重视国际性学术平台对国际规则制定的重要作用

除了联合国等政府间国际组织平台之外，诸多非政府间国际学术机构的作用也应予以重视，例如国际法协会、国际宇航联以及国际空间法学会等。

---

[1] 参见《2021中国的航天》白皮书，第6部分（构建航天合作新格局），第1节（基本政策），http://www.scio.gov.cn/ztk/dtzt/47678/47826/index.htm，最后访问日期：2022年9月10日。

第六章 "人类命运共同体"理论指导下外空安全国际法完善路径建议

国际法协会于1873年在布鲁塞尔成立,其性质为非政府间国际组织,在诸多联合国机构拥有咨询地位。国际法协会的成员包括律师、学者、政府和司法机构人员以及来自工商界、商业界和金融界等非法律领域专家,还包括航运、仲裁及商会等机构代表等。[1]其主要目标是研究、澄清和发展国际法,并促进国际社会对国际法的了解和尊重。[2]国际法协会现有20个专业委员会和8个研究小组。专业委员会的主要职责是开展研究,并对悉心甄选过的国际法相关问题在两年一度的会议上做报告,报告的形式可以包括对法律问题的重申、条约或公约草案、对国际法准则或原则的详细说明或者对国际法实践和最新发展的评论等。[3]研究小组的建立相对灵活,其建立目的为调查由委员会进一步研究的主题的适用性,以便对紧急问题作出快速反应或解决不太适合由委员会审议的问题。[4]国际法协会外空法委员会成立于1962年8月,负责与外空相关的国际规则的研究并准备报告。迄今为止,该委员会已经针对诸多外空活动的规制问题提出了立法建议并产生了良好国际影响,包括1994年的《关于空间碎片造成损害的国际文书》[5]以及2013年的《国内空间立法示范法索菲亚范本》[6]等,目前空间法委员会正在起草《亚轨道空间活动草案》[7]。

国际宇航联成立于1951年,目前共有来自72个国家的433个成员,成员包括所有主要国家的航天主管部门,以及来自世界各地的公司、研究机构、

---

[1] International Law Association, "About Us", https://www.ila-hq.org/index.php/about-us/aboutus2.

[2] International Law Association, "Constitution of the Association", adopted at the 77th Conference, 2016, https://www.ila-hq.org/images/ILA/docs/constitution_english_adopted_johannesburg_2016.pdf.

[3] International Law Association, "Committee Rules and Guidelines", https://www.ila-hq.org/index.php/committee-rules-and-guidelines.

[4] International Law Association, "Study Groups", https://www.ila-hq.org/index.php/study-groups.

[5] 对《关于空间碎片造成损害的国际文书》制定的过程介绍,See Gyula Gal, *The ILA Draft Instruments on the Protection of the Environment from Damage Caused by Space Debris*, 38 Acta Juridica Hungarica, 125, 126~127(1997).

[6] 对《国内空间立法示范法索菲亚范本》的制定过程及具体内容的分析,参见[德]史蒂芬·霍伯:"国际法协会国内空间立法示范法",聂明岩译,载李寿平主编:《中国空间法年刊(2016)》,世界知识出版社2017年版,第30~39页。

[7] International Law Association, "Committees: Space Law", https://www.ila-hq.org/index.php/committees.

团体、协会和研究所的代表。[1]国际宇航联的主要目的是促进国际合作、发展与知识交流。其组织机构包括行政委员会和技术委员会，其中技术委员会涵盖了包括外空技术、产业、教育以及文化等在内的诸多领域。[2]国际宇航联每年在不同国家举办年会，针对外空活动的诸多领域进行学术交流，同时也吸引商业和产业界参与，这些活动的开展对外空国际规则的制定有重要意义。对国际外空规则的发展有重大推动意义的另一机构（即国际空间法学会）就是在国际宇航联大会举办期间同时召开年会，力图将法律层面的研究和交流与技术界和产业界密切联系起来。国际空间法学会成立于1960年，[3]其主要目的为促成相关国家机构和国际组织在外空法领域的合作以推动外空法的发展，以及就外空法律与社会方面的问题开展学术会议及讨论等。[4]

无论是国际法协会外空法委员会、国际宇航联还是国际空间法学会，都吸纳了来自世界各国的技术、法律、经济以及政策等多个领域的权威专家和实务者，具有极高的学术声望和国际影响力，因此对外空国际规则和国内法的制定和完善有重要的推动作用。近年来，越来越多的中国外空法律和政策专家开始积极参与上述机构的会议活动、发表学术观点，形成了一定的积极影响。今后，我国学者应继续融入并参与相关非政府组织的学术讨论和交流，分享信息、阐释"人类命运共同体"理念的深刻内涵及其对外空活动原则、规则包括对保障外空安全的原则、规则的深化及指导意义，推动国际社会尤其是国际学术界对该理念的认知和理解。

二、通过我国发起的外空国际合作组织与项目践行"人类命运共同体"理念

（一）在亚太空间合作组织框架下践行"人类命运共同体"理念

亚太空间合作组织是中国于2005年发起的区域空间合作机构，是亚太地

---

[1] International Astronautical Congress, "About: A Space-faring World Cooperating for the Benefit of Humanity", https://www.iafastro.org/about.

[2] "IAF Administrative and Technical Committees", https://www.iafastro.org/about/iaf-committees.

[3] 国际空间法学会成立于2007年，此前，其为国际宇航联的一个组成部分，成立于1960年。See "Statutes and Bylaws of the IISL", https://iislweb.space/statutes-and-bylaws.

[4] 对国际空间法学会职能的详细规定，See "International Institute of Space Law Statutes", https://iislweb.space/wp-content/uploads/2022/01/IISLSTATUTES_2013.pdf.

第六章 "人类命运共同体"理论指导下外空安全国际法完善路径建议

区唯一的政府间空间合作组织。该组织目前共有8个成员国。[1]依照《亚太空间合作组织公约》的规定，其合作领域包括外空技术及应用、对地观测、灾害管理、环境保护、卫星通信及卫星导航定位、外空科学研究、教育、培训及交流等。[2]迄今为止，亚太空间合作组织框架下已经开展的项目包括数据分享服务网络项目、空间部分网络以及与地面设施互连项目、地基外空物体监测网络项目、灾害监测网络项目以及空间应用网络项目等。[3]这些项目的开展要求各成员国紧密合作，"共商、共建、共享"。从保障外空安全的角度看，信息的分享以及外空技术的应用合作有助于增强成员国的空间能力，而地基外空物体监测网络项目本身便以监测空间碎片，保护外空物体安全为主要合作目标。[4]

亚太空间合作组织是全球范围内除欧空局之外致力于开展区域空间合作的另一政府间组织，中国是该组织的发起国和东道国，[5]且是所有成员国中唯一的空间强国，该组织框架下的合作项目更多地依赖中国的技术和资金投入。[6]但是，自亚太空间合作组织成立以来，中国一直秉持平等互利原则，发起和参与了一批卓有成效的合作项目，客观上践行了"人类命运共同体"理念。在保障外空安全方面，亚太空间合作组织也发起了专门的维护外空活动安全及可持续发展的合作计划。以亚太空间合作组织为平台，继续深入贯彻"人类命运共同体"理念，一方面有利于在组织框架下更好地开展合作，另一方面也能将"人类命运共同体"理念切实推行到区域合作的实践之中。经该理念指导的合作裨益又将反过来促进更多国家对其认知和认可，形成良性循环。

（二）通过"一带一路"空间信息走廊等合作项目践行"人类命运共同体"理念

"一带一路"倡议是贯彻执行"人类命运共同体"理念的成功实践，对

---

[1] APSCO, "Member States", http://www.apsco.int/html/comp1/channel/Member_States/25.shtml.

[2] 《亚太空间合作组织公约》第6条。

[3] APSCO, "Cooperative Programs", http://www.apsco.int/html/comp1/channel/Cooperative_Programs/26.Shtml.

[4] APSCO, "Ground-Based Space Object Observation Network", http://www.apsco.int/html/comp1/content/GBSOON/2018-07-05/44-180-1.shtml.

[5] 《亚太空间合作组织公约》第2条。

[6] Mingyan Nie, *Legal Framework and Basis for the Establishment of Space Cooperation in Asia*, Lit Verlag, 2016, pp.161~163.

此，学者已有诸多论证和分析，[1]在外空活动层面，"一带一路"倡议框架下提出了建设空间信息走廊项目的计划。

2016年底，我国国务院新闻办公室发布《2016中国的航天》白皮书，表明空间信息走廊项目的合作领域包括卫星应用及其他内容，例如共建地面站和应用系统以及产品开发和应用。[2]空间信息走廊项目的主要任务是为"一带一路"沿线国家提供空间信息服务。[3]有政策研究者认为，这是中国政府提供给"一带一路"伙伴国家的福利。[4]"一带一路"倡议本身并不是实体的合作机制，其框架下提出的空间信息走廊项目由我国发起，但同时欢迎沿线国家和国际组织积极参与项目的共建以达成共享目标。[5]这是对"人类命运共同体"理念的实际执行，有利于"一带一路"沿线所有国家的同时也能够通过合作开展更大规模的外空项目，[6]因此"一带一路"空间信息走廊不能被视为一种单纯的福利措施。

除了亚太空间合作组织与"一带一路"空间信息走廊之外，我国开展的其他外空合作项目同样可以作为践行"人类命运共同体"理念的平台，2018年5月，我国邀请所有联合国会员国与联合国空间事务办公室加入我国即将建成的空间站开展合作，和平利用外层空间。[7]这一邀请对于发展中国家有重大利好，将为中国对外关系的开展提供有力工具，同时也是推动各国更好地认识、接受"人类命运共同体"理念以及相关国际法原则和规则的契机。

---

[1] 参见本书第一章第二节的内容。

[2] 《2016中国的航天》白皮书，第5部分（国际交流与合作），第3节（未来五年重点合作领域）。

[3] 《国防科工局、发展改革委关于加快推进"一带一路"空间信息走廊建设与应用的指导意见》（科工一司［2016］1199号）。

[4] Trefor Moss, "China's 'One Belt, One Road' Takes to Space", The Wall Street Journal, 28 December, 2016, https://blogs.wsj.com/chinarealtime/2016/12/28/chinas-one-belt-one-road-takes-to-space.

[5] 《国防科工局、发展改革委关于加快推进"一带一路"空间信息走廊建设与应用的指导意见》（科工一司［2016］1199号）。

[6] 空间信息走廊项目由我国发起，目前法律规制措施并不完善，在与沿线国家包括国际组织开展合作的过程中，有诸多法律问题需要解决，这也是项目本身能否有序开展的关键。See Mingyan Nie, *Asian Space Cooperation and Asia-Pacific Space Cooperation Organization: An Appraisal of Critical Legal Challenges in the Belt and Road Space Initiative Context*, 47 Space Policy, 224, 224~231（2019）.

[7] 参见"中国与联合国共邀各国参与中国空间站合作"，载 http://www.gov.cn/xinwen/2018-05/29/content_5294522.htm，最后访问日期：2022年9月10日。

第六章 "人类命运共同体"理论指导下外空安全国际法完善路径建议

综上所述,"人类命运共同体"理论对国际法原则的发展以及国际法规则的完善具有重要指导意义,这在外空安全保障层面表现得尤为明显。然而,"人类命运共同体"理论是我国提出的全球治理新方案,虽然在国际社会上引起了相当的重视,但期待以之为基础发展和完善的基本理念、原则和规范得到国际社会的接受和认可仍需进一步努力推动。以联合国框架下相关机制、具有国际学术影响力的非政府组织以及我国发起主导的合作机构和合作项目为平台:一方面,践行"人类命运共同体"理念,借助相关平台功能,完善有关原则和规则;另一方面,以相关平台为基础阐释和践行"人类命运共同体"理念,使世界各国充分认识、理解其内涵,是推行该理念以及其指导下深化和完善的原则、规则的有效措施。

第四节 本章小结

本章在总结前文各章的基础上,提出了"人类命运共同体"理论指导下完善外空安全国际法保障措施的路径建议,分别从原则深化、规则完善和制定以及推动国际社会广泛认可的实践措施三个层面展开。

"人类命运共同体"理论对现行国际法原则有重要的深化作用,这对作为国际法部门的外空法有直接意义。而在外空法框架下,"人类命运共同体"理论对指导外空活动以及保障外空安全的法律原则的深化意义也较为突出,其所蕴含的共同利益观对外空活动全人类共同利益原则的升华、持久和平与普遍安全理念对外空和平利用原则的细化以及"共商、共建、共享"理念对外空国际合作原则的补充作用都将为完善保障外空安全的国际规则以及建立相关国际机制提供坚实的理论支撑。

完善和制定保障外空安全的国际法规则的思路依照所涉安全领域的不同而有所差异。针对防止外空武器化和军备竞赛问题,目前已经基本形成"硬法"与"软法"共存的局面。中、俄《PPWT草案》是国际社会通过"硬法"规制外空军控问题的最新成果,具备作为未来谈判基础的潜质。自2014年新版《PPWT草案》提出之后至今,针对该草案定义界定、核查机制缺失以及规制范围不周延的争议并未在裁军谈判会议进行新一轮谈判加以解决。因此,有必要以"人类命运共同体"理念深化的外空法基本原则为遵循,探讨完善措施。与此同时，还应在全面考量现有"软法"规则的基础上，推动建设透明度与信任措施规则，实现"硬法"-"软法"的协调。在外空活动安全与可持续性保障层面，威胁外空资产安全的因素随着外空活动的不断发展而愈加复杂。现有的以空间碎片减缓为主要内容的"软法"规则在相当的一段时间内起到了维护外空活动秩序、保障外空安全的作用，但是随着外空活动的日益频繁以及近地轨道小卫星星座的部署，现行"软法"规则的弊端开始逐渐显现，应在规则内容上予进一步调整和细化并推动发展保障"软法"规则可以有效实施的"硬化"措施。从长远角度看，还应逐步推动空间碎片移除国际规则并建立外空交通管理规则。月球及其他天体安全开发问题同时涉及外空安全的"Security"与"Safety"层面。但是，解决安全保障问题的前提是在国际层面达成月球及其他天体资源开发的一致意见并制定国际规则。毕竟，对于多数国家而言，月球及其他天体与安全相关的战略意义体现在资源开发和利用上。然而，《月球协定》的失败决定了国际规则的制定不可能在短期内实现。而美国已经通过制定系列国内规则和政策，开启了以《阿尔忒弥斯协定》为基础的月球探索和开发计划，中、俄也几乎同步提出了月球科研站项目。对月球的探索和开发实践大概率会在相关国际规则制定之前展开，而在这个过程中，为了避免冲突、保障安全，中、俄与美国之间有必要在双方项目的基础上进行合作、制定规则，为国际规则的制定积累经验。当然，中、俄与美国及其盟友之间复杂的政治关系是双方开展合作的巨大障碍，但是人类社会在外空中的共同利益以及月球及其他天体开发活动的巨大风险对双方在相关问题上提出了合作要求，例如科学研究、信息交流、规则制定以及活动守则和标准的沟通等领域。中、俄月球科研站项目秉持的"人类命运共同体"理念也将推动合作的展开，并进一步促进国际规则的制定。

"人类命运共同体"理论由中国倡导，且已被多项联大决议采纳。但即便如此，仍有必要采取措施推动国际社会对该理论的充分认识及普遍接受，这样才能最大限度地发挥该理论对保障外空安全的国际法原则与规则的深化及指导作用。联合国是处理国际事务包括外空活动事务的最重要国际机构，我国也一直坚持联合国在国际事务及外空事务中的核心地位，且在联合国及其框架下相关机构发挥重要作用，以联合国及其相关机构（包括裁军谈判会议和联合国外空委）为平台推动"人类命运共同体"理念以及保障外空安全国

第六章　"人类命运共同体"理论指导下外空安全国际法完善路径建议

际法原则和规则的完善具有天然优势和合法性。此外，还应重视利用非政府间国际学术组织，推动学术界对"人类命运共同体"理念的全面认识和接受。我国发起的外空合作机制及合作项目（例如亚太空间合作组织、"一带一路"空间信息走廊项目等）自身便是实践"人类命运共同体"理论的重要平台，以之为基础完善合作原则和规则，可以为合作者阐明该理论的优越性，在吸引更多合作者的同时也可以推动世界各国对"人类命运共同体"理论的认知和理解。

◆ Conclusion ◆

结 论

  本书以"人类命运共同体"理论为指导，以外空安全的国际法保障为研究对象，在全面分析现行保障外空安全的国际法原则、规则以及相关措施的基础上，提出了具体的完善思路。
  外空安全不仅是在开展外空活动过程中需要关注的问题，同时也是国家安全的重要方面。随着外空技术的发展以及人类社会对外空依赖程度的加深，外空安全的内涵也经历了一个不断发展和演变的过程，从最初对防止外空武器化和军备竞赛（Security）的深度关切，逐渐过渡为兼顾对涉及外空活动安全及可持续性的外空资产安全（Safety）的保护。而随着人类探索和开发外空步伐的不断加快，原本主要局限于地球静止轨道之下的活动逐步拓展至月球及其他天体。相应的，对于安全问题的考虑也随之调整。
  现行外空国际条约体系确定了开展外空活动应遵守的多项基本原则，其中"外空活动全人类共同利益"原则、"为和平目的探索和利用外空"原则、"外空不得据为己有"原则、"外空国际合作"原则、"外空可持续发展"原则、"宇航员救助"原则、"外空活动信息公开透明"原则以及"和平解决外空争端"原则与外空安全保障密切相关，也是未来完善和制定具体国际规则的基础。
  从具体国际法规则的角度看，外空安全不同的内涵层次情况有所不同：第一，针对防止外空武器化与军备竞赛（Security）问题，目前的国际法规则呈现出了"硬法"与"软法"并存的状态。传统"硬法"规则确定了防止外空武器化和军备竞赛的基本法律原则和规范，但是存在诸多模糊之处。中、俄近年联合向裁军谈判会议提交的《PPWT草案》试图弥补现行"硬法"规则的不足，但尚未获得普遍认可。与通过"硬法"作为外空军控的基本模式的思路相对应，欧美各国提出了多个"软法"倡议，但无论是欧盟提出的《ICoC草案》，还是其他国家在联合国外空委提出的具体针对外空军控的"软法"提议都存在一定的问题，只能作为"硬法"规则的补充。第二，针对保障外空活动安全与可持续性（Safety）问题，目前国际规则以"软法"模式为主。从规制对象角度看，国际规则呈现出从单一性向综合性的演变过程。单一性规则以空间碎片治理为目标，且主要针对空间碎片减缓。不过，随着外空活动的日益频繁以及空间碎片数量的不断增加，世界各国逐渐意识到了空间碎片移除的必要性。此外，近年来，近地轨道大型小卫星星座的部署进一步加剧了对有效维护外空活动安全及可持续性的国际规则的需求，具有综合性特征的外空交通管理概念再一次引起了国际社会的重视。从目前的发展情况看，短期内建立综合、有效的外空交通管理规则存在较大困难，但无法回避的是，制定有效的外空交通管理国际规则是未来保障外空活动安全和可持续发展的必然要求。第三，针对月球及其他天体安全开发法律规制问题，1979年《月球协定》的失败导致了综合性国际规则的缺失。近年来，以美国为代表的空间强国逐渐通过国内政策、法律和单方倡议的形式突破相关外空法原则和规则的限制。为保障在月球及其他天体资源探索和开发进程中的优势地位，美国相继提出了地月空间战略设想以及《阿尔忒弥斯协定》，对月球及其他天体安全（包括"Security"与"Safety"）开发法律规制提出了挑战。与之相对应，中、俄提议的月球科研站计划则坚持贯彻"人类命运共同体"理念。从未来发展看，综合的、可有效执行的国际法规则是保障月球及其他天体安全探索和开发的最佳选择，在美国单边措施试图塑造国际法规则的大背景下，如何寻求在中、俄与美国发起的项目框架下的合作，并最终制定符合全人类共同利益的月球安全开发及利用国际规则是需要进一步考虑的问题。

"人类命运共同体"理论蕴含的共同利益观、持久和平与普遍安全理念、"共商、共建、共享"理念以及灵活多元的争端解决理念对外空法基本原则有深刻的指导意义。经"人类命运共同体"理论深化、完善的外空法基本原则一方面有利于在不同国家间形成保障外空安全的基本共识，另一方面也能够指导具体国际规则的制定。具体而言：第一，以《PPWT草案》为基础，建立"硬法"与"软法"相结合的国际规则体系是防止外空武器化和军备竞赛的最佳方式。中、俄联合提出的《PPWT草案》自身是对"人类命运共同体"理念的践行，不过，有必要在综合考虑其他国家意见的基础上做进一步的完善和修改。以之为基础推动建立透明度与信任措施是完善外空军控核查机制的可选方式，此外，对于近年来日渐兴起的外空军控的"行为控"思路，也应纳入多边框架与《PPWT草案》确定的规则进行综合考量，逐步建立"硬法"与"软法"协调，"物控"与"行为控"贯通融合的综合国际规则模式。第二，从短期发展看，"软法"仍然能在一定程度上保障外空活动安全及可持续性，但有必要随着外空活动实践的发展予以不断调整、修改。从长远目标看，建立外空交通管理国际规则仍是必然选择。外空交通管理国际规则的建立应在完善现行"软法"规则的基础上进行，同时进一步推动相应"硬法"规则的制定。外空交通管理所涉的法律关系复杂，需要建立具体国际管理机构并配套组织规则，制定、完善符合外空交通管理目的的外空活动规则以及建立其他相关附加规则等。第三，1979年《月球协定》的失败经验决定了在短期内很难制定超越其内容的新国际公约，以协调、规制月球及其他天体开发的安全保障问题。以美国为代表的空间强国提出的地月空间战略设想以及《阿尔忒弥斯协定》会在一段时间内深度影响月球及其他天体探索及开发活动。但是，在中、俄与美国月球项目并存的现实背景下，应努力推动二者之间在规则制定上的协调。这一方面是保障月球探索开发秩序的有效途径，另一方面也可以为未来国际规则的制定奠定基础。

"人类命运共同体"理论对外空安全保障国际法原则和规则的指导和深化作用的实现依赖我国的推动，同时也需要世界各国的接受和积极参与。作为世界上重要的发展中国家和空间强国，我国应坚持联合国在外空活动中的核心作用，积极利用政府间和非政府间国际平台，推动国际社会对"人类命运共同体"理念以及其深化、指导的保障外空安全国际法原则和规则的接受和认可。此外，我国发起的区域空间合作机构（即亚太空间合作组织）以及主导的外空合作项目（如"一带一路"空间信息走廊等）本身便践行了"人类命运共同体"理念，以此形成的法律原则和规则在各参与主体之间形成的示范效应有助于进一步将中国方案推广至世界范围。

综上所述，外空是各空间强国期待抢占的战略制高点，也是人类社会生存和发展的第四空间，同时还是国际社会普遍认可的"全球公域"。建立有效保障外空安全的国际规则不仅是世界各国在外空开展活动的最重要基础，也是人类社会生存和发展的需要。"人类命运共同体"理论蕴含的深刻思想为外空安全国际法的发展和完善提供了思路，以之为依据完善相关外空法原则并建立综合的国际规则体系对世界各国在外空的活动开展必将大有裨益。

后　记

2018年，我完成了自己的第一部中文学术著作《"总体国家安全观"指导下外空安全国际法治研究》，对威胁外空活动安全的几个方面做了分析，并提出了初步建议措施。同时，我以外空安全国际法保障为主题，申请了国家社科基金项目并有幸获得资助，本书便是在基金结题成果的基础上修改完成的。

随着空间技术的不断发展，外空安全的内涵也愈加丰富，相关规则与政策也更为繁杂。此外，逆全球化思潮的兴起使得外层空间这一高度依赖国际合作和协调的领域面临巨大挑战。当然，这同时也意味着制定、完善保障外空安全的国际法规则的重要性和紧迫性。本书在前作基础上，关注外空安全保障问题的最新发展，并重点从"硬法"与"软法"两个层面剖析现行国际法规则，希望能够对外空安全国际规则的完善起到一定的推动作用。

我于2005年初次接触外空法，多年来一直从事外空法的学习与研究。虽很惭愧未取得什么学术成就，但在学习和研究过程中遇到的多位良师益友已是弥足珍贵的财富。借此书出版之机，对在本科、硕士、博士期间指导我外空法学习的赵海峰教授（哈尔滨工业大学法学院原院长、教授，现国家法官学院教授）、李滨教授（哈尔滨工业大学法学院原教授，现北京师范大学法学院教授）、吴晓丹教授（哈尔滨工业大学法学院原教师，现中央财经大学法学院副教授）、史蒂芬-霍波（Stephan Hobe）教授（科隆大学法学院教授，航空、空间与网络法研究所所长）深表谢忱。各位前辈老师的教诲是指引我继续前进的精神动力。同时，感谢南京航空航天大学人文与社会科学学院各位领导、同事对我的支持与鼓励。

本书是国家社科基金项目《"人类命运共同体"理论视阈下外空安全国际法保障研究》（18CFX081）的研究成果，本书的出版还得到了南京航空航天大学中央高校基本科研业务费学术著作出版基金（NR2020027）的支持，此外，中国政法大学出版社丁春晖、吴承垚老师高效、专业的工作为本书出版提供了有力保障，在此一并致谢。

  本书正式写作始于 2021 年末，而至此"后记"写作之时，已是 2022 年末。在这年终岁尾以及南京一夜入冬的奇妙季节更替中，很合时宜地下了入冬之后的第一场雪。虽然雪花仅夹杂着雨水在空中稍作停留，无法与北国的漫天飞舞、无边无际相比，但有雪总算有了些冬天的样子。而有雪的季节，也总会让人无端发出些感慨。灰蒙蒙的天空向上百余公里的空间的法律问题（空气空间与外层空间界限存在争论，此处不严谨说法仅作感慨用），是我多年来努力学习、研究的对象。而空间也仅仅是空间，问题是随着人类活动的不断拓展带去的。当人类有能力走得更远的时候，问题也会被带到更远。遇到问题、解决问题是生活的智慧，而努力思考如何避免问题应该是法律的智慧，这一智慧在保障外空安全这一问题上尤为适用。

聂明岩

2022 年 12 月 1 日于南京